U0136566

麥 田 人 文

王德威／主編

黃英哲

「去日本化」「再中國化」

戰後台灣文化重建（1945-1947）

UPROOTING JAPAN; IMPLANTING CHINA

Cultural Reconstruction in Post-War Taiwan (1945-1947)

by

YING-CHE HUANG

序

北岡正子著[*]　許時嘉譯

　　黃英哲先生旅居日本已有二十餘年，一直持續研究戰後初期台灣從日本文化過渡到中國文化的轉換期議題，依照黃先生的說法，即所謂的「文化再構築」問題。這項研究，最初為學位論文，接著在內容上進行大幅度的增補，以《台灣文化再構築1945-1947の光と影：魯迅思想受容の行方》（日本愛知大學國際問題研究所叢書，創土社，1999）為書名在日本公開出版。現在又增加兩個章節在台灣出版。本書在關於台灣從殖民地解放後所必然經歷到的文化危機方面之探討，堪稱為台灣史研究上的第一本正式研究專著。這份意義非凡的研究成果得以在台灣出版，著實令人雀躍。

　　本書透過豐富的史料探討，綜合性地描繪出「文化再構築」的實體，包括1944年已預測到日本戰敗因而準備的「台灣接管計畫綱要」、戰後公布的〈台灣省行政長官公署組織條例〉、以台灣省行政長官公署的旗下組織推動文化工作的「國語推行委員會」、「宣傳委員會」、「編譯館」之規定與條例等各式各樣層級的公文資料、《台灣文化》、《新生報》、《和平日報》、《中華

---

[*] 本文作者現為日本關西大學名譽教授。

日報》等新聞雜誌、國民教育用的教科書及以「現代文學學習叢書」名義出版並附譯註與解說的魯迅的小說作品、時任台灣省編譯館館長的《許壽裳日記》，以及其他尚未公開的書簡或電報等，此外還有照片與版畫等等，這麼多的文字與圖像資料都在本書中被適當的援用。

　　光是要將這麼多的史料集結成一冊已相當值得驚嘆，況且這些史料每一份都經過了六十年以上的歲月，且分別收藏在台灣、美國、日本、中國各個不同地方。作者仔細地挖掘出這些經過歷史洶湧波濤下的史料，單從這些個別內容分看還瞧不出任何端倪的史料，透過作者連接其間的相關性而被一一地解讀出來。史料被作者注入生氣，以埋沒於歷史中的「文化再構築」之姿，現在得以重新復甦於我們的眼前。戰後初期台灣的「文化再構築」到底所謂為何，能夠如此地依據史料來綜合性解讀的實證性研究，本書實為嚆矢。今後，關於台灣「文化再構築」的研究，定會以黃英哲先生的研究為基礎而展開。

　　本書中，從官方與民間兩方面來探討，一方面是身為執行者的台灣省行政長官公署（國民政府）的立場，一方面是身為被接收者的台灣知識分子立場，探討關於「文化再構築」此問題所具有的意義。透過這種複眼式的思考，首度將潛在於「文化再構築」中的複雜要素凸顯出來，並進一步闡明這問題本身的意涵會隨立場的不同而出現變化。這也是本書中要特別加以提出的卓越觀點。

　　事實上，擔任「文化再構築」施行工作的台灣省編譯館館長許壽裳為了實現台灣「中國」化，特地從過去中國五四新文化運動中尋求「文化再構築」的典範，將魯迅精神化為理念來推動文

化政策。這意味著，作者所論述的是，許壽裳本人意圖將魯迅的戰鬥精神、國民性改造的意志、懷抱「誠與愛」的人格當成「文化再構築」的動力，並以此灌輸給台灣民眾之事，與「文化再構築」的核心重要問題息息相關。

我透過該論述發現，許壽裳將過去國民黨一直戒慎恐懼的魯迅思想作為擔負政府公家機關台灣省行政長官公署「文化再構築」理念的一角，這種政策施行實在是既大膽且是史上罕見的實驗，讓人著實大吃一驚。

此外，在接下來的章節中，作者進一步敘述台灣知識分子如何受魯迅精神鼓吹，而在不久後養成批評執政者的精神，並強烈反對將日本化斷言為奴隸化的強硬政策。作者提到，此時期的台灣知識分子主張他們透過日語的媒介開拓了對世界文化——近代西歐文化的視野，這應當被視為文化受容的「世界化」，而不該被當成「奴隸化」而遭否定。

另外作者還指出，台灣知識分子中有許多人早在日本殖民時代即透過日語閱讀過魯迅的作品，並對其精神深表同感，到了戰後，公開出現魯迅精神的傳播狀況時，他們便抱持著這種學自魯迅的批判精神，進一步地以嚴格的標準審視政府或官僚奪取財富或貪腐盛行的台灣現狀，並發表嚴詞異議。這也成為日後演變為二二八事件之自治運動的支撐點之一，由此可了解台灣知識分子對魯迅思想受容之實際樣貌。

透過該論述可以理解到台灣人的魯迅思想接受，正是對於該思想本質部分的接受，這一點讓人十分印象深刻。此外，魯迅思想在現實中有過強烈的作用這竟然在台灣歷史上存在過，著實讓人驚訝，同時加深了對魯迅思想力量之撼動力的認識。

　　我認為，作者得以如此深入的闡明魯迅思想之傳播與接受，與「文化再構築」的思想性基礎之密切相關性，這些都是來自於作者從頭到尾熟讀史料後的真知灼見。本書記載了許多增進歷史理解的發現，從中所看到的作者之創見，時時會讓人驚嘆。其中，作者所點明「文化再構築」的成型，與魯迅思想的傳播及接受有著密不可分的關係，這點堪稱為本書的經典之處。藉此，「文化再構築」的思想核心也得以精確地被表明。

　　不僅如此，從同樣作為一個魯迅研究者的角度來看，我想強調的是，這段魯迅思想對「文化再構築」有所影響的史實發現，也為到目前為止的魯迅研究成功地開拓新的視野。

　　在本書最後部分，作者寫道，不論是運用魯迅精神盡力推進文化政策的台灣省編譯館館長許壽裳，或是在民間呼應，進而藉魯迅精神進行敏銳社會批判的諸多台灣知識分子，他們皆死於非命。每讀至此，想到那些被魯迅思想引領著的人們都非得經歷過一段不可不走的磨難之路，便沉入深深的悲哀當中。

　　當讀到本書的日語版時，第一次理解到殖民地統治結束後，台灣所體驗到的充滿辛酸的歷史實態，我深刻地了解：一旦使用的語言或文化被否定，攸關一個人生存與否的基盤也會因此動搖。這項事實，更不時提醒著我自己是一個身為殖民者後代的日本人。首先，腦中浮掠過的，是距今超過一世紀之前，日本將台灣作為殖民地時，必定給過台灣的人們同樣的痛苦。再者則想到，長期支配台灣的日本文化、日語在戰後遭到否定、禁止，再度為台灣社會帶來混亂與痛苦，而這一切歸根究底，終究還是起因於日本在台灣進行的殖民政策。透過本書，我更加深刻地認識到，戰後的台灣歷史是無法將過去日本殖民的歷史抹去不談的，

而身為一個日本人，是無法將日本殖民政策的罪孽從腦海裡抹卻後再來閱讀本書的。

此外，儘管是在日本殖民政策強迫下接收語言與文化，卻仍堅決不被「奴隸化」，在這種精神的支撐下，戰後台灣知識分子企圖創造出新的文化，這種作為讓我深深地受到衝擊。看到這些在苦難中依然堅持奮鬥，保有尊嚴的身影，更加深了我對他們的敬畏之意。

透過本書，我藉著正視日本過去的本身歷史，首次學習到台日之間學術交流開拓新展望的時候應該要來臨了。為了期待那天的到來，我希望將台灣知識分子充滿尊嚴的模樣好好地銘記在心裡。

在這裡，祝賀著戰後世代的少壯學者，與我親同母子的黃英哲先生讓戰後初期台灣所經歷過那段光榮與磨難的歷史重新復甦，並以此為序，祈禱這段由他所復原的歷史將會成為銜接未來的扉頁。

2007 年 6 月

目 次

「去日本化」「再中國化」
戰後台灣文化重建（1945-1947）

前言

　　1945年，二次大戰結束，日本戰敗，台灣脫離日本的殖民統治，重歸中國版圖[1]。長達半世紀的殖民統治期間，日本殖民當局強力推行同化政策，利用國家機器將日本文化移殖到台灣，透過各級學校教育將日本國家意識與日本國民意識強加灌輸予台灣青少年。此同化政策自1937年中日戰爭爆發後，更是變本加厲，日人在台進一步推行皇民化運動，禁止中文報紙與台灣民間宗教信仰，在全台各地設置皇民鍊成所，企圖以法西斯式的軍國主義思想將台灣人塑造成「皇民」。在這種情況下，即使部分台灣人認同了日本，亦是極其自然之事。殖民統治末期，大多數台灣人

---

[1] 國民政府把台灣重歸中國版圖一事，稱為「光復」，言下之意有「再度統治」或「重回祖國」的意味。另一方面，脫離帝國主義統治之後成立新國家的亞非舊殖民地，卻把脫離殖民統治一事稱為「獨立」或「解放」。「光復」與「獨立」兩個詞語裡有不同的政治意涵，各地區在戰後各自發展的歷史軌跡亦是造成此差異的起因之一。詳參考吳密察，〈台灣人の夢と二・二八事件──台灣の脫植民地化──〉，收入大江志乃夫等編集，《近代日本と植民地8・アジアの冷戰と脫植民地化》（東京：岩波書店，1993）。本書將台灣被中華民國接收以後的時代以「戰後」稱之，避免使用諸如「光復後」或「解放後」或「獨立後」等等帶有政治意涵的詞語。唯文中所引用的參考文獻若使用「光復」等詞語，則仍根據原文引用。

幾乎都已完全日本化了[2]。關於台灣人的日本化,作家葉石濤
(1925-)回憶戰爭結束時,他甚至連台灣話也不會說,因而斷言
當時,台灣有三分之二的人口已經日本化了[3]。儘管這個數字只
是他個人的主觀感受,卻在相當程度上提示了日本戰敗前後當時
台灣的社會情況。

　　西歐社會在近代國民國家的形成過程中,「國民」(Nation)
和「國家」(State)大體上是同時產生的。然而,這種模式未必
切合亞洲國家,尤其殖民地的情形。昔日接受帝國統治的殖民
地,在獲得獨立之後首當其衝的問題便是:如何在既成的「國家」
裡,將住民「國民」化,而且這兩階段都必須在短時間內施行。
換言之,這些國家尚不能稱為Nation-state,乃是在State-nation的
情狀裡倍加窘迫。因此,由上而下的「國民建設」(Nation-
building)成為殖民地獨立國家最重要的課題[4]。

　　戰後初期的台灣正是處於這樣的態勢。此所謂的「戰後初
期」,乃指1945年10月25日國民政府(以下簡稱國府)正式接收

---

[2] 黃昭堂,〈台灣の民族と國家——その歷史的考察〉,《國際政治》84號
(1987年2月),頁73-76。

[3] 許雪姬,〈台灣光復初期的語文問題——以二二八事件前後為例〉,《思與言》
29卷4期(1991年12月),頁158。

　　有關台灣人的日本化,尚可參考著名人類學家、原台北帝國大學醫學部教授
金關丈夫(戰後初期仍留任在改組後的國立台灣大學)的回憶錄。從他的敘述
中,可以充分理解當時國立台灣大學裡的台灣人學子心情:「他們已經體認到
自己和日本文化是切割不斷的。雖然誰也沒講開,卻可以感覺得出他們甚至已
經把日本當作自己的故鄉。我們當然能夠明瞭他們的心情,但也莫可奈何」(金
關丈夫,《孤燈の夢》[東京:法政大學出版局,1979],頁297)。

[4] 岡部達味,〈アジアの民族と國家——序說〉,《國際政治》84號(1987年2
月),頁3。

台灣以後，至1949年12月國府因國共內戰敗退到台灣為止的期間。此期間又可以行政組織重編為界，區隔成台灣省行政長官公署時期（1945-1947）和台灣省政府時期（1947-1949）兩個階段。

對於當時的國府而言，如何將接收來的「非我國民」——即日本化了的台灣人——「國民」化，是治理台灣的首要課題。此即意味著台灣進入「中國」化的同時，台灣人亦需隨之「中國人」化。在這段時期內，國府採取的一切文化政策悉以「去日本化」「再中國化」為目的，積極重建台灣的文化，建立以中國文化為中心的新的「文化體制」（cultural institution），將台灣整合入中國文化圈。在此所謂的「文化重建」（cultural reconstruction），意指為了強固國家體制而以人為的力量建構文化。如此情況下建構出的文化不是自然形成的，乃是自上層或外部強制產生[5]。取代日本成為新領導者的國府之所以從文化問題著手，無非為了破解台灣的日本文化迷咒，同時催化台灣人的「中華民國的國民」認同。

筆者擬藉由拙著考察國府，以及當時台灣的實際最高統治機構——台灣省行政長官公署，於戰後初期推動台灣文化重建政策的初衷及具體的實行過程、中心思想，爾後更進一步探究國府在這些文化政策底下的真實目的，以及台灣人[6]對此諸文化政策的反

---

[5] 關於戰後台灣的「文化重建」之概念，楊聰榮有極好的提示，詳參考氏著，〈從民族國家的模式看戰後台灣的中國化〉，《台灣文藝》138期（1993年8月）。

[6] 本書中所謂的台灣人，指的是1945年國府接收台灣以前居住在台灣的住民，包括福佬人（福建系）、客家人（廣東系）以及台灣的原住民。1945年以後來台的人，在本書中以中國人稱之，二者皆不含有任何政治意涵。根據1946年的統計，當時台灣的總人口數共6,090,860人，其中台灣人有6,056,139人（包括原住民88,741人），占總人口數的99.48%。與此相較，中國人僅34,721人，占總人口數的0.52%。方家慧等監修，陳紹馨等纂修，《台灣省通志稿・卷二・人民志》

應如何。

1987年「戒嚴令」廢除以來，至拙著初稿執筆中的1995年時，台灣的文化政策採取的是可以容納本土文化等多元概括的文化統合（cultural integration）政策。從戰後初期的「文化重建」到近年的「文化統合」，歷史進程不但迂迴曲折，組成元素也複雜不一。如欲了解近年施行文化統合政策的意義，實不可不明瞭其原點——戰後初期，特別是台灣省行政長官公署時期（1945-1947）裡，國府所施行的台灣文化政策。拙著的另一目的，便是藉由對文化重建政策的檢討，引導出文化統合政策的新觀點。

根據筆者的調查，有關台灣戰後史方面的正式研究，大約是七〇年代時，由美國和日本的學者開始，然而此時的研究均屬於政治、經濟的範疇，這是六〇年代後半以來，台灣經濟成長和獨立運動逐日高漲，引起美、日學者研究的興趣所致。以下便依發表時間的先後次序，截至拙著初稿寫成階段的1995年之時間點上，回顧美、日、台灣三地在台灣戰後史方面，特別是和本書有關的前行者之研究。

一、美國

道格拉斯・曼德爾（Douglas Heusted Mendel）《福爾摩沙民族主義的政治研究》（*The Politics Of Formosan Nationalism*）[7]一書，檢視民族主義在台灣的形成過程。第三章〈台灣人民對文化整合

（南投：台灣省文獻委員會，1954-1964），頁42, 122。

[7] Douglas Heusted Mendel, *The Politics of Formosan Nationalism* (Berkeley: University of California Press, 1970).

政策的回應〉（"Formosan Response to Cultural Integration"）中，描述台灣人對國府文化政策的反應。然而該書的研究對象主要是1949年國府遷台以後的歷史，對戰後初期的狀況僅有扼要的說明，未作詳細的探討。

《一個悲劇的起點：1947年2月28日的台灣暴動》（*A Tragic Beginning: The Taiwan Uprising of February 28, 1947*）[8]。1947年2月28日，從緝菸員毆打販售私菸的婦人一事發端，台灣人民的憤怒演變成全島性的反國府運動，進而提出高度自主自治的要求。國府為平息此事，自大陸派遣精銳部隊抵台，開始台灣全島的大屠殺，受難者高達二萬八千人，此即「二二八事件」。該書考察二二八事件的起因、經過及結果，第三章〈國府統治體制之確立〉（"The Establishment of Nationalist Rule"）中，雖然提及發生此一事件的文化背景，卻未作進一步深入探討。此外，對統治當局在事件以前的文化政策及其執行過程的檢討付之闕如，也是該書的一大缺陷。

二、日本

劉進慶《戰後台灣經濟分析：1945年—1965年》（《戰後台灣經濟分析：1945年から1965年まで》）[9] 一書的主題在於分析

8　Ramon H. Myers, Tse-han Lai, Wou Wei, *A Tragic Beginning: The Taiwan Uprising of February 28, 1947* (Stanford, Calif.: Stanford University Press, 1991). 中譯為《悲劇性的開端：台灣二二八事變》（台北：時報文化，1993），羅珞珈譯。

9　劉進慶，《戰後台灣經濟分析：1945年から1965年まで》（東京：東京大學出版會，1975）。

二次大戰後，1945-1965年間台灣的經濟重編過程及其構造。第一章〈起點——戰後社會經濟的重編過程〉（〈起點——戰後社會經濟の再編過程〉）中，從戰後接收以及此後接連而來的經濟混亂、農地改革三個側面，考察台灣社會經濟構造在過渡期（作者將1945-1949年間視為過渡期）的重編過程。從內容觀之，該書雖未直接論及台灣文化的重建過程，然而在了解當時台灣文化重建過程的社會、經濟背景上，是不可或缺的著作。

下村作次郎，〈概觀戰後初期的台灣文藝界——1945年—1949年〉（〈戰後初期台灣文芸界の概觀——1945年から49年〉）[10]。該篇文章針對戰後初期的台灣文藝界有相當扼要的論述，在理解當時台灣的文化狀況上甚有裨益。

若林正丈《台灣：分裂國家與民主化》（《台灣：分裂國家と民主化》）[11]一書，是關於現代台灣政治的實證性論述，可謂作者在台灣戰後史相關研究上的集大成之作[12]。全書的重點在於考察1949年國府遷台以後至九〇年代之間，台灣政治體制變化的狀況。由於該書「通史」的特質，在第一章〈前史——「光復」的重擔〉（〈前史——"光復"の重荷〉）裡，對戰後初期國府的接

---

[10] 下村作次郎，〈戰後初期台灣文芸界の概觀——1945年から49年〉，《咿啞》24・25合併號（1989年7月）。

[11] 若林正丈，《台灣：分裂國家と民主化》（東京：東京大學出版會，1992）。

[12] 若林氏在台灣戰後史方面的相關著作，尚有《海峽：台灣政治への視座》（東京：研文出版，1985），《台灣：轉換期の政治と經濟》（編著）（東京：田畑書店，1987），《轉形期の台灣：「脫內戰化」の政治》（東京：田畑書店，1989），《台灣海峽の政治：民主化と「國體」の相剋》（東京：田畑書店，1991），《東洋民主主義：台灣政治の考現學》（東京：田畑書店，1994），《蔣經國と李登輝》（東京：岩波書店，1996）。

收狀況與台灣人民的反應僅作簡單的描述，對當時文化狀況的論述較少。

　　梁禎娟，〈戰後轉換期（1945-1949）裡的台灣教育政策研究〉（〈戰後轉換期（1945-1949）における台灣教育政策の研究〉）[13]。該篇論文主要論述戰後初期台灣教育行政組織與教育政策的變遷。然而，與當時文化重建政策焦不離孟的教育內容重編以及當時教科書的編輯狀況，在該篇文章裡卻未見任何討論，這是該論文的一大欠缺。

三、台灣

　　與美國、日本在台灣戰後史方面的研究相比，台灣著手研究的步調可謂最遲。之所以如此，乃因這方面的研究和國府統治台灣的合法性問題相關，換言之，即戰後台灣的歸屬問題、國際法上的地位仍未有定論之故[14]。除此之外，1949年國府遷台以後，與戰後史相關的研究在蔣介石、蔣經國父子的威權統治之下，更有被視為挑戰其合法性與威權主義的危險。職是之故，台灣的戰後史研究長期以來是一項禁忌。八〇年代中期，反對運動凝結成一股在野的強大力量，形成與國府頡頏的勢力以後，戰後史的相關研究方才正式起步。目前在台灣，此領域裡的相關研究自然已不是禁忌，隨著政權更替，更成為研究顯學。

---

[13] 梁禎娟，〈戰後轉換期（1945-1949）における台灣教育政策の研究〉，《東京大學教育行政學研究室紀要》12號（1992）。

[14] 詳參彭明敏、黃昭堂，《台灣の法的地位》（東京：東京大學出版會，1976）。

　　鄭梓，《本土精英與議會政治：台灣省參議會史研究（1946-1951）》[15] 一書，從歷史的側面研究戰後初期的台灣省參議會（當時的台灣省最高民意代表機關）。

　　李筱峰，《台灣戰後初期的民意代表》[16]。該書主要論述1945年國府「接收」台灣以來，至1951年實施台灣省地方自治為止的這五、六年間，台灣各級民意代表（縣、市議員、省議員、國民參政員、國民大會代表、監察委員、立法委員）與當時政局的關係。可與前述鄭梓的著作一同歸類於戰後政治史的研究。

　　黃英哲，〈許壽裳在台灣的足跡──戰後台灣文化政策的挫折〉（〈台灣における許壽裳の足跡──戰後台灣文化政策の挫折〉）[17] 對戰後初期台灣文化重建過程，以及當時「中國文化本位主義」的文化政策做了初步考察。

　　許雪姬，〈台灣光復初期的語文問題──以二二八事件前後為例〉[18]。該篇論文檢討戰後初期台灣省行政長官公署的語言政策（國語普及運動）以及台灣人對此一政策的反應，相當有助於

[15] 鄭梓，《本土精英與議會政治：台灣省參議會史研究（1946-1951）》（台中：自印，1985）。

[16] 李筱峰，《台灣戰後初期的民意代表》（台北：自立晚報社文化出版部，1986）。

[17] 黃英哲，〈台灣における許壽裳の足跡──戰後台灣文化政策の挫折（上）（下）〉，《東亞》291, 292號（1991年9月，10月）。本論文曾改寫成中文論文，〈許壽裳與台灣（1946-1948）──兼論台灣省行政長官公署時期的文化政策〉，發表於1991年12月28至29日於台北舉辦的二二八學術研討會，後收入《二二八學術研討會論文集（1991）》（台北：二二八民間研究小組，台美文化交流基金會，現代學術研究基金會，1992）。

[18] 〈台灣光復初期的語文問題──以二二八事件前後為例〉，《思與言》29卷4期（1991年12月）。

理解當時文化重建的一個面向。

　　楊聰榮，〈從民族國家的模式看戰後台灣的中國化〉[19]。該論文從政治學及人類學的觀點，考察戰後初期（1945）到論文執筆當時（1992）約五十年的期間，國府如何「中國化台灣」的構築過程。論者的企圖明確，立論富有新意，尤其對「文化重建」此一概念，做了相當有啟發性的提示。

　　許雪姬與楊聰榮的論文是台灣近年來兩篇討論戰後初期台灣文化重建問題的佳作，值得一讀。許雪姬於論文中，將拙論〈許壽裳在台灣的足跡〉評為開始戰後初期台灣文化問題相關研究的先驅。又，楊聰榮於其論文中也援用筆者的觀點——即行政長官公署後雖改組為台灣省政府，在文化政策上並無二異，中國化依舊是當時執政者的一貫政策——在此觀點上進一步論述國府遷台後在台灣推行中國化的過程。這個部分是拙論中未曾觸及的。

　　行政院研究二二八事件小組編，《二二八事件研究報告》[20]。「二二八事件」長久以來一直是台灣人心中深沉的傷痛，在這次事件裡犧牲的台灣人據說高達18,000至28,000人之譜。1987年解除戒嚴令之後，民間台灣人要求調查事件真相的呼聲四起，國府因而在行政院之下設置了二二八事件的調查研究小組。該書即為此調查小組的調查報告。這份報告是官方首次展現出調查二二八事件的誠意，因而意義非凡，然報告書的內容僅著重事件經過與國府的應對方式，對事件背後的文化因素並無任何深入的檢討。

---

[19] 楊聰榮，〈從民族國家的模式看戰後台灣的中國化〉，《台灣文藝》138期（1993年8月）。

[20] 賴澤涵總主筆，《二二八事件研究報告》（台北：時報文化，1994）。

鄭梓《戰後台灣的接收與重建》[21] 一書，主要探討自台灣總督府以降到台灣省行政長官公署為止的時期內，台灣政治制度及行政體系的變革過程。於了解戰後初期台灣政治制度的變革史上有極大的幫助。

一一檢討過以上台灣戰後史的研究史後，或許可以做個結論：在台灣戰後史的研究上，最重要的課題通常是政治領域的研究，社會、經濟領域的研究次之，並且各個領域皆提出了相當堅實的研究成果。然而文化領域上的研究依然停滯在片面、表層的研究，全面性的深入研究尚待努力。

筆者的研究對象至目前為止，大部分以戰後初期的台灣文化研究為中心。當時為台灣文化重建政策掌舵的機關以台灣省國語推行委員會、台灣省行政長官公署宣傳委員會、台灣省編譯館、台灣文化協進會四個機構為中心。筆者在研究台灣省編譯館與台灣文化協進會的過程中，發現當時擔任台灣省編譯館館長的許壽裳曾傳播魯迅思想一事具有重大的意義，因此就手邊研究的事物發表過若干篇專論。拙著補充了筆者新近對台灣省國語推行委員會與版畫家黃榮燦的相關調查研究，嘗試對上述四個機構進行綜合性的探討。

本書依次分為以下八章：

第一章探討台灣文化重建政策的內容，以及此文化政策的實際執行機關——戰後初期台灣最高統治機關，即台灣省行政長官公署所採取的具體措施。

---

[21] 鄭梓，《戰後台灣的接收與重建：台灣現代史研究論集》（台北：新化圖書，1994）。

　　第二章至第五章分別探討台灣省國語推行委員會、台灣省行政長官公署宣傳委員會、台灣省編譯館、台灣文化協進會四個機構，在當時的台灣文化重建政策裡各自擔任的角色及具體的執行過程。

　　第六章分別從台灣省行政長官公署、台灣知識分子及國府三個層次，討論從來沒有被注意到的魯迅思想傳播與戰後台灣文化重建的關聯。

　　第七章檢討戰後初期魯迅思想另一面向在台灣傳播的情況。

　　第八章檢討台灣知識分子對國府文化重建政策的反應。

　　戰後初期的台灣受到種種歷史條件的制約。首先是國共內戰、通貨膨脹、語言轉換等政治上、經濟上及社會層面的苦境，接著1947年發生「二二八事件」以後，「白色恐怖」橫行，台灣社會陷入極度的不安。所謂「白色恐怖」指的是國府非法逮捕思想左傾的知識分子和勞工，任意槍殺的事件，受難者涵蓋台灣本地人士和大陸來台人士。知識分子們為求自保而主動「焚書」，政府方面也一概沒收、燒毀所謂思想不正確的書籍或報刊雜誌。職是之故，當時的出版品大多佚失或零散不全，搜集和調查的工作十分困難。

　　1993年，筆者因耳聞美國史丹福大學的胡佛研究所收藏有大量戰後初期在台灣發行的報刊雜誌，特地赴美搜集，得到了許多貴重的資料。另外，必須特別一提的是翌年的1994年，筆者得到曾任台灣省編譯館館長的許壽裳遺族所提供的若干未公開書信及未公開的公文，其中記載著台灣省編譯館設立前後的經由。拙著承蒙這些資料的幫助甚多，特此記之，以表謝意。

第一章
國民政府的台灣文化重建

一、「台灣接管計畫綱要」

日本戰敗前的1943年11月，美國總統羅斯福（Franklin Delano Roosevelt）為防止中國脫離同盟國陣線單獨與日本談和，一方面為藉中國之力牽制日本，乃偕同英國首相邱吉爾（Winston Leonard Spencer Churchill）邀請當時中國的最高導領人——軍事委員會委員長蔣介石，召開了開羅會議。12月2日宣布的「開羅宣言」中，聲明日本戰敗後，應將滿洲、台灣及澎湖列島等日本國從清國掠奪之地區，歸還中華民國。據此，蔣介石返國後隨即下達指令。

行政院祕書長張勵生與軍事委員會國際問題研究所所長王芃生，研究並擬具復台政治準備工作、組織及人事等切實辦法呈核。[1]

---

[1] 呂芳上，〈蔣中正先生與台灣光復〉，收入蔣中正先生與現代中國學術討論集編輯委員會編輯，《蔣中正先生與現代中國學術討論集》第5冊（台北：中央文物供應社，1986），頁51。

　　1994年4月17日，為使台灣能夠順利回歸中國，蔣介石更於中央設計局之下設置了台灣調查委員會。中央設計局乃是抗戰期間統率行政、軍事的最高機構——國防最高委員會的下屬機關，企畫並制訂全國的政治、經濟建設方案，由國防最高委員會委員長蔣介石兼任總裁。這個新設立的台灣調查委員會中，蔣指派陳儀擔任主任委員，委員則有王芃生、沈仲九、錢宗起、夏濤聲、周一鶚，以及當時流亡中國大陸的台灣人士丘念台、謝南光、黃朝琴、游彌堅、李友邦等[2]。

　　受任為台灣調查委員會主任委員的陳儀（原名陳毅，字公俠、公洽，1883-1950）是浙江紹興人，曾於1902年10月赴日本留學，就讀於成城學校、陸軍測量學校，並於1908年11月自陸軍士官學校砲兵科畢業。辛亥革命後，曾擔任浙江都督府軍政司司長等職。1917年再度赴日，就讀陸軍大學，回國後於上海創業。後進入國府，歷任兵工署署長、軍政部次長、代理軍政部長、福建省主席、行政院祕書長、國家總動員會議主任等要職。戰後，由於其靈巧的政治手腕並具有留日經驗，被拔擢為戰後初期治台機關的最高領導人——台灣省行政長官公署行政長官。

　　台灣調查委員會成立後之首要工作，即是草擬「台灣接管計畫綱要」，該綱要遲至1945年3月23日才正式頒布。「台灣接管計畫綱要」共分第一通則、第二內政、第三外交、第四軍事、第五財政、第六金融、第七工礦商業、第八教育文化、第九交通、第十農業、第十一社會、第十二糧食、第十三司法、第十四水

<hr>

[2] 〈台灣調查委員會工作大事記（1944年4月—1945年4月）〉，收入陳鳴鐘、陳興唐主編，《台灣光復和光復後五年省情》上（南京：南京，1989），頁4-11。

利、第十五衛生、第十六土地等十六大項³，可視為接收台灣的
藍本及戰後初期台灣的施政方案，該綱要中，牽涉到戰後台灣文
化重建者，即第一通則的(4)及第八教育文化的(40)至(51)，列出
台灣文化重建的基本原則及具體的實行方案如下：

第一通則

　　(4)接管後之文化設施，應增強民族意識，廓清奴化思想，普
　　及教育機會，提高文化水準。⁴

　第八教育文化

　　(40)接收後改組之學校，須於短期內開課。私立學校及私營
　　化事業如在接管期間能遵守法令，准其繼續辦理。否則，接
　　收、改組或停辦之。

　　(41)學校接收後，應即實行左各事：

　　　　(甲)課程及學校行政須照法令規令。(乙)教科書用國定
　　　　本或審定本。

　　(42)師範學生[校]接收改組後，應特別注重教師素質及教務
　　訓育之改進。

　　(43)國民教育及實習應依照法令積極推行。

　　(44)接管後應確定國語普及計畫，限期逐步實施。中、小學
　　校以國語必修科，公教人員應首先遵用國語。各地方原設之
　　日語講習所應即改為國語講習所，並先訓練國語師資。

---

3 〈台灣接管計畫綱要──34年3月14日侍奉字15493號總裁（卅四）寅元侍代電
　修正核定〉，收入陳鳴鐘、陳興唐主編，《台灣光復和光復後五年省情》上，頁
　49-57。

4 同前註，頁49。

(45)各級教員、社教機關人員及其他從事文化事業之人員，除敵國人民（但在專科以上之學校必要時得予留用）及有違法行為者外，均予留用。但教員須舉行甄審，合格者給予證書。

(46)各級學校、博物館、圖書館、廣播電台、電影製片廠、放映場等之設置與經費，接管後以不變動為原則，但須按照分區設校及普及教育原則妥為規畫。

(47)日本占領時強迫服兵役之台籍學生，應依其志願與程度予以復學或轉學之便利。其以公費資送國外之台籍學生，得酌斟情形，使其繼續留學。

(48)日本最近在各地設立之練成所，應一律解散。

(49)派遣人員赴各省參觀，選派中等學校畢業生入各省專科以上之學校肄業，並多聘學者到台講學。

(50)設置省訓練團、縣訓練所，分別訓練公教人員、技術人員及管理人員，並在各級學校開辦成人班、婦女班、普及國民訓練，以灌輸民族意識及本黨主義。

(51)日本占領時印行之書刊、電影片等，其有詆毀本國、本黨或曲解歷史者，概予銷毀。一面專設編譯機關，編輯教科參考及必要之書籍圖表。[5]

上列綱要，簡言之，第一通則之(4)所陳述的基本原則，是透過文化教育的力量一掃台灣的日本文化、強化中華民族意識，以達成中國化。第八教育文化之(40)—(51)則是完成此一目的的具

---

[5] 同前註，頁53-54。

體文化重建措施。從上述也能得知，台灣的文化重建政策早於戰爭結束前五個月，國府已做好諸般準備。

二、台灣省行政長官公署的文化重建政策

　　1945年8月29日，台灣調查委員會主任委員陳儀被任命為戰後初期台灣的最高統治機關——台灣省行政長官公署的行政長官。由於時間緊迫，國府於8月31日未經立法程序即由國防最高委員會發布了「台灣省行政長官公署組織大綱」，作為「國民政府訓令」頒布後，立即於重慶設立「台灣省行政長官公署辦事處」。9月7日，國府又任命陳儀兼任台灣省警備總司令。9月20日，經立法後，國府終於正式公布〈台灣省行政長官公署組織條例〉[6]以替代8月31日臨時公布的「台灣省行政長官公署組織大綱」，成為接收台灣後政治制度重建的法律依據。

　　〈台灣省行政長官公署組織條例〉原文如下：

第一條　台灣省暫設行政長官公署，職屬於行政院，置行政長官一人，依據法令總理台灣省政務。

第二條　台灣省行政長官公署，於其職權範圍內，得發布署令，並得制定台灣省單行規章。

第三條　台灣省行政長官公署，受中央之委任，得辦理中央行政。

---

[6]〈台灣省行政長官公署組織條例〉詳細請參照《台灣省行政長官公署公報》1卷1期（1945年12月1日），頁1-2。

台灣省行政長官，對於在台灣省之中央各機關，有指揮監督之權。

第四條　台灣省行政長官公署，設置左列各處。

一祕書處

二民政處

三教育處

四財政處

五農林處

六工礦處

七交通處

八警務處

九會計處

第五條　台灣省行政長官公署，必要時得設置專管機關或委員會，其組織規程，由行政院定之。

第六條　台灣省行政長官公署，置祕書長一人，輔佐行政長官處理政務，祕書長下設機要室、人事室、各置主任一人。

第七條　台灣省行政長官公署會計處置會計長一人，各處設處長一人，必要時得設副處長一人，承行政長官之命，掌理各該處事務，並指揮監督所轄機關事務及所屬職員。

各處視事務之需要，分別置：祕書、科長、技正、督學、視察、編審、技士、技佐、科員、辦事員，其員額由行政院定之。

第八條　台灣省行政長官公署設參事四人至八人，撰擬審核關於本署法案命令。

第九條　台灣省行政長官公署得聘用顧問、參議、諮議。

第十條　本條例自公布日施行。

　　台灣省行政長官公署（以下簡稱公署）的組織系統如下圖所示[7]。

台灣省行政長官公署組織系統

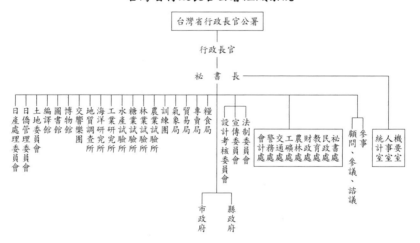

　　戰後初期在台施行的行政長官公署特別行政體制，具有兩項特徵。其一為「軍政一元化」，直接表現在陳儀兼任台灣省行政長官公署行政長官與台灣警備總司令一事上；第二是「專制行政與委任立法」。台灣省行政長官公署乃是為重建台灣的政治制度而設，有別於中國各省所採行的省政府委員合議制；在行政長官

---

[7] 見台灣省政府新聞處編，《台灣光復廿年》（台中：台灣省政府新聞處，1965），頁參—1。

公署制，國府授與行政長官特別的權限，在行政上具獨斷性。
「行政長官公署組織條例」第一條：「台灣省暫設行政長官公署
隸屬於行政院，置行政長官一人。依據法令總理台灣全省政務」
的規定，相當明白地揭示出此一特點。另外，在台施行的法令並
不直接由國民政府規定，而採「委任立法」的方式，可見於該組
織條例的第二條規定：「台灣省行政長官公署，於其職權範圍
內，得發布署令，並得制定台灣省單行規章」。如此，中央法令
亦需經由署令發布之後始適用於台灣。行政長官在台灣也被委予
絕對的立法權[8]。

　　陳儀於1945年10月24日抵台，次日，正式接收台灣。此
時，陳儀任命日本第十方面軍司令官兼台灣總督安藤利吉擔任台
灣地區日本官兵善後聯絡部長。接收工作自11月開始，至翌年
1946年4月完成全部的手續。

　　接收台灣的工作分別自政治、經濟、文化三方面進行，當時
稱為「政治建設」、「經濟建設」、「心理建設」。「心理建設」
有時亦稱「文化建設」[9]。確切地說即為文化重建工作。

　　1945年12月31日，陳儀透過廣播向全島發佈「民國35年
[1946年]度工作要領」：

---

[8] 鄭梓，《戰後台灣的接收與重建：台灣現代史研究論集》（台北：新化圖書，
　　1944），頁149-52, 241-43。

[9] 1946年12月召開的台灣省參議會第一屆第二次大會上，陳儀與長官公署祕書長
　　葛敬恩於開幕詞及施政總報告中，首次使用了「文化建設」一詞。在此之前並
　　無所謂「文化建設」的說法，概以「心理建設」稱之。見陳鳴鐘、陳興唐主
　　編，《台灣光復和光復後五年省情》上，頁317；台灣省行政長官公署編，
　　《台灣省參議會第一屆第二次大會台灣省行政長官公署施政報告》（台北：台灣
　　省行政長官公署，1946），頁1。

　　明年 [1946年] 的工作，可分政治建設、經濟建設與心理建設三大端。其原則依據經委員長 [蔣介石] 核定的「台灣接管計畫綱要」。

　　政治建設在實行民權主義。其要點在使政治有能，人民有權。……經濟建設的要旨，在增加生產，提高生活。……

　　心理建設在發揚民族精神。而語言、文字與歷史，是民族精神的要素。台灣既然復歸中華民國，台灣同胞必須通中華民國的語言文字，懂中華民國的歷史。明年度的心理建設工作，我以為要注重於文史教育的實行與普及。我希望於一年內，全省教員學生，大概能說國語，通國文、懂國史。學校既然是中國的學校，應該不要再說日本話、再用日文課本。現在各級學校，暫時應一律以國語、國文、三民主義、歷史四者為主要科目，增加時間，加緊教學。俟國語語文相當通達後，再完全依照部定的課程。現有教員將分批調受訓練。對於公務員與一般民眾，應普遍設立語文講習班之類，使其有學習的機會。[10]

　　1946年5月召開的第一屆台灣省參議會（當時台灣的最高民意機關）上，公署祕書長葛敬恩在「台灣省施政總報告」中，作了如下陳述：

---

[10]〈民國三十五年度工作要領——三十四年除夕廣播〉，收入台灣省行政長官公署宣傳委員會編，《陳長官治台言論集》第1輯（台北：台灣省行政長官公署宣傳委員會，1946），頁41-45。

　　關於今後建設台灣的方針，陳長官於去年除夕廣播時，早已有詳確的指示。我們應該努力的重心是心理建設、政治建設和經濟建設。今天再把這幾個目標提一提，簡單的報告一下：

　　第一心理建設：我們要發揚民族精神，實行民族主義。其中頂要緊的工作是宣傳與教育。教育是走著正常軌道，循序漸進。來普遍深遠的教育我們全體國民，詳細情形當另有報告。而宣傳則對於民族意識、政令法規、見聞常識等的灌輸。期其收效較速，特見重要。本省的宣傳工作，係由宣傳委員會主持，業務著重在新聞廣播、電影戲劇、圖書出版及政令宣導等工作。……宣傳乃是活動的速效教育，他和正常的教育配合起來，共負發揚和堅定民族精神的重大責任。

　　第二政治建設：政治建設的目標是民權主義的實現，即是民主政治的基礎。……

　　第三經濟建設：這是實施民生主義，是實現三民主義中最重要的工作。[11]

至於「政治建設」、「經濟建設」及「心理建設」的具體方案，陳儀「台灣省行政長官公署施政方針」的報告進一步做了詳細的說明。報告中，關於1946年度「心理建設」的具體方案如下：

　　心理建設，在發揚中華民族精神，增強中華民族意識。此為以前日本所深惡痛嫉，嚴屬防止，而現在所十分需要者。

---

[11] 見陳鳴鐘、陳興唐主編，《台灣光復和光復後五年省情》上，頁228-30。

其主要工作：第一，各校普設三民主義、國語國文與中華歷
史、地理等科，加多鐘點，並專設國語推進委員會，普及國
語之學習。第二，增設師範學院、師範學校，大量培養教
員。第三，各級學校廣招新生，以普及台胞受教育之機會。
第四，對於博物館、圖書館及工業、農業、林業、醫藥、地
質等試驗、研究機構，力求充實，以加強研究工作，提高文
化。第五，設置編譯館，以編輯台灣所需要各種書籍並著重
中小學教科書之編輯。[12]

　　從上述「公署施政方針」可以更清楚地看出當時「心理建設」
的意圖，乃是向台灣人灌輸中國文化，促進中華民族意識──亦
即中國人意識。關於這一點，陳儀在1946年2月舉行的「本省中
學校長會議」上，公開發表了如下意見：「本省過去日本教育方
針，旨在推行『皇民化』運動，今後我們就要針對而實施『中國
化』運動。」[13] 換言之，所謂「心理建設」乃是一種中國化運
動，亦即文化重建。

　　戰後自大陸來台接收台灣的國府中國官員只把台灣當成中國
的邊陲。他們還存留著清朝管轄台灣的宗主國意識，另一方面又
以八年抗日戰爭的勝利者自居。他們相信台灣和大陸一樣，全靠
他們才得以從日本人的鐵蹄之下解放出來。

　　然而，戰後初期的台灣雖然復歸中國，普遍上仍生活在日語

12 台灣省行政長官公署編，《中華民國三十六年度台灣省行政長官公署工作計劃》
　（台灣省：台灣省行政長官公署，1947），頁4。
13 《人民導報》，1946年2月10日。

文化圈裡。根據推測，大戰結束前台灣的日語普及率約為70%。
當時台灣的人口約600萬，因此日語的使用人口保守估計亦達
420萬[14]。至於戰後初期台灣人的中文、中國話水準，當時刊行
的《新台灣》雜誌有如下深刻的描述：「三十歲以上的知識分子
懂漢文並會寫的，百人之中還可以找出一、二個，三十歲以下的
就不行了。到了二十歲以下的連台語都說不完全，還不如說日本
語流利。」[15]語言問題尚且如此，文化問題自不待言。

　　但是，對於不通日語的中國人統治者而言，在台灣的日本文
化非但一無是處，更可說是長期日本統治之下造成的奴隸文化。
鑑於台灣人已為日本文化所奴化，必要將此毒害清除並注入新的
文化不可，作為從中央的中國到邊鄙台灣來的中國人解放者們，
皆自然而然地認為中國文化才是重塑台灣的唯一新規範。

　　戰後初期台灣文化重建的具體方案，上述陳儀「民國35年度
工作要領」，或葛敬恩「台灣省施政總報告」與陳儀「台灣省行
政長官公署施政方針」皆明顯地隨著「台灣接管計畫綱要」亦步
亦趨，不出其規畫範圍。行政長官公署的台灣文化重建工作基本
上是靈巧地結合宣傳與教育，透過兩者同步進行，宣傳工作是
「活動的速效的教育」，由台灣省行政長官公署宣傳委員會擔綱。
另一方面，教育工作依陳儀的談話，雖然也包括課程和行政改組
的工作，然而更強調的是教育內容與文化內容的重新編整。這項
工作涵蓋學校教育與社會教育，陳儀將這份重責大任交給了台灣

---

14 張良澤，〈台灣に生き殘つた日本語──「國語」教育より論ずる〉，《中國
　　語研究》22號（1983年6月），頁17。
15 《新台灣》創刊號（1946年2月），頁16。

省編譯館。而教育工作當務之急是將國語、國文教育放在第一優
先。國府和行政長官公署皆很清楚地意識到需盡快將台灣納入中
國的言語秩序，接合中國的「國語」，透過「國語」盡快的將法定
的中華民族主義延長到剛接收的台灣。事實上，陳儀在1945年8
月29日被任命為行政長官後，隨即接受《大公報》記者訪問時，
就明確表示「本人到台灣後，擬先著手國語及國文的教授，務期
達到使台胞明白了祖國文化之目的」[16]。當時執掌台灣省教育行
政的行政長官公署教育處也不諱言「本省光復之後，教育上的第
一個問題就是如何施行國語教育」[17]。對此，陳儀行使其立法
權，發布「台灣省行政長官公署令」，設立「台灣省國語推行委
員會」，聘請國府教育部國語推行委員會常務委員魏建功赴台擔
任台灣省國語推行委員會主任委員，負責戰後台灣的國語運動。

　　台灣省國語推行委員會、台灣省行政長官公署宣傳委員會、
台灣省編譯館三機構的設立，正是實現「台灣接管計畫綱要」的
一部分構想，在戰後初期台灣的文化重建工作與新的文化體制之
建立上，扮演重要角色。

---

[16] 《大公報》，1945年9月2日。

[17] 台灣省行政長官公署教育處編，《台灣一年來之教育》（台北：台灣省行政長
　　官公署宣傳委員會，1946），頁97。

第二章
言語秩序的重整
——台灣省國語推行委員會

一、魏建功的赴台

1.戰後初期國語學習情況

　　戰後初期，台灣人的語言現象，時任國立台灣大學中國文學系副教授台灣籍的吳守禮即詳細指出。

　　　　台灣人的語言層可以分做三階段。就是老年、中年、少年。老年級，除了五十年來沒有機會學日本語的一部分不用提以外，智識人的話語雖然大都是台灣話，生活語也是台灣話。但是語彙裡已經滲入不少的日本語和語法了。中年級，除了一部分人沒有熟習日本話，大都能操日本話，看日本書寫日文，有的更因受的是日本教育，所以走思路作思想都用日本語的語法。這一層的人，有的雖然會說一口還很流利的母語（按：指台灣話）可恰因為母語已經由社會上退到家庭的一角落，他們不得不用日語想東西。台灣話的根幹雖沒有搖動，枝葉的作用已經變了。少年級這一層，不但學會了日

本語言，有的簡直不會說台灣話，實際上最難脫離日本語的
一層。[1]

當時，台灣人也意識到台灣已脫離日本殖民統治重歸中國，
必須學習中國語的國語了。戰後初期台灣人學習國語的情況，其
後任台灣省國語推行委員會副主任委員的何容（1903-1990）有
一段寶貴的證言。

剛光復以後的幾個月中，在台灣社會上，國語的學習和傳
授，就狂熱的展開，並且以游擊姿態出現了。一般人都熱烈
的學習國語，有的是由於純粹的「祖國熱」（純潔得可敬可
愛）。有的是由於「要為祖國服務」（理智得可欽可佩），當
然也有的是由於「想做新官僚」（投機得可驚可懼）。連尚未
遣送的日本人都偷偷的在家中讀〈華語急就篇〉。台灣學習
國語的空氣這樣濃厚，於是讀「天地玄黃」的書房，有許多
恢復了；抗戰期中被日人從淪陷區請來訓練特務和通譯的
「教官話」的人，也趁機傳習「北京語」，算是為國效力了；
也有人在市場的屋簷角掛上一面小黑板就傳習幾句會話，以

---

[1] 吳守禮，〈台灣人語言意識側面觀〉，《新生報・國語》1期，1946年5月21
日。本文所謂的「台灣語」是依照當時的稱法。當時所謂台灣語，粗分為三大
語系，即1.福建語；2.廣東話；3.高砂語。說福建語的，約占台灣總人口約
72.83%。而廣東語的約占13%，說高砂語的，約占4.3%。而福建語可再粗分
為泉州語（占37.7%）、漳州語（占29.7%）、永春語（占3.3%）、汀州語（占
0.95%）、福州語（占0.61%）、龍巖語（占0.36%）、興化語（占0.21%）。廣東
語可再粗分為嘉應州語（占6.6%）、惠州語（占3.4%）、潮州語（占3%）。詳細
請參照鄭啟中，〈台語、日語、國語在台灣〉，《和平日報》，1946年8月5日。

便向圍攏來臨時學員收臨時學費，真可算是「五花八門」無巧不有了。[2]

這段敘述生動的描繪了當時台灣學習國語的熱潮與目的，也反映了當時的真實情況。而最重要的是，學習国語的教科書呢？何容又指出當時：

國語書籍大量出版，中國人編的也有，日本人編的也有，通的也有，不通的也有，內容妥善的也有，意識欠妥的也有，依舊標準注音的也有，用假名注音的也有。「有」總該比「沒有」好，然而無政府狀態的「有」，真使人不能不承認是會發生壞影響的。真叫人「啼笑皆非」。[3]

根據筆者的調查，國府接收台灣後至1946年4月2日台灣省國語推行委員會成立之前，民間出版流傳的國語教科書有以下數種（按照出版先後順序排列）。

編號	著／編者	書　名	出版者	時　間
1	神谷衡平、清水元助合著	《標準中華國語教科書 初級篇》	台北：台灣文化印書館	1945.10.30
2	香坂順一著	《華語自修書》第一卷	台北：台灣三省堂	1945.11.10
3	薛瑞麟著	《訂正改版 最新國語教本（基礎篇）》	台南：崇文書局	1945.11.10
4	王真人著	《最新國語教本》	台北：大同書局	1945.11.22

---

[2] 何容等編，《台灣之國語運動》（台北：台灣省政府教育廳，1948），頁10。

[3] 同前註，頁11。

編號	著/編者	書　　名	出版者	時　間
5	魏賢坤編集	《初級簡易國語作文法》第一卷	台中：泉安行	1945.12.10
6	中央出版部編輯係編	《中國語會話教科書》上卷	台中：中央書局	1945.12.12
7	馬國英著	《各學校・講習會適用 國語交際會話》	台北：光華出版公司	1945.12
8	香坂順一著	《華語自修書》第二卷	台北：台灣三省堂	1946.1.10
9	宮越健三郎、杉武夫合著	《國語基礎會話》	台北：台灣三省堂	1946.1.5
10	南友國語研究會編，北平何崔淑芬女士校訂	《精選實用國語會話》	台南：南友國語研究會	1946.1
11	香坂順一著	《華語自修書》第三卷	台北：台灣三省堂	1946.2.15

　　從上述一覽表，能夠清楚了解當時國語教科書的出版流傳可以說是遍布全省——台北、台中、台南，從北到南都瀰漫著國語學習熱潮。而台灣甫從日本解放後，為了應付急需的國語教科書，首先即將戰前日本人學習中國語的教科書——1923年（大正12年）出版，由東京外國語學校教授神谷衡平、清水元助合著的《標準中華國語教科書　初級篇》在台灣改訂翻印出版，其漢字發音是採用羅馬字的韋氏（Wade）表記法。上述一覽表的9——《國語基礎會話》，也是翻印戰前東京外國語學校教授宮越健三郎、杉武夫的合著出版，漢字發音則是韋氏表記法與注音符號並列。而一覽表的2, 8和11——《華語自修書》第一卷、第二卷、第三卷的作者，則是戰前即來台任台北經濟專門學校（設立於1919年，原名台北高等商業學校，1944年改名台北經濟專門學校，畢業生除在台灣外，並派赴朝鮮、中國各通商口岸及南洋方面活躍）的中國語教授香坂順一，當時香坂還被留用在台灣，

將其戰前舊著增補出版,而漢字發音則是採用韋氏、其東京外國語學校時代的老師宮越健三郎創的假名注音以及注音符號,三種並列。香坂的漢字發音表記方式,在當時台灣人尚未習慣熟悉注音符號之前,也許是最合適的表記方式。

一覽表所列出的目前所能調查到的十一種戰後初期的國語教科書,日人著作就占了五種,比例不可謂不少。而其餘六種,有的是改訂翻印中國國內出版的《北京官話大成》,如一覽表之3;有的是由台灣人自組的國語研究會自行編輯,再請來台中國人校訂出版,如一覽表之5;或是將中國國內出版的國語教科書在台灣重印,如一覽表之7;或是台灣本地出版社編輯出版,如一覽之6。而上述教科書之漢字發音表記方式,除了一覽表4, 7和10只採用注音符號以外,其餘則分別是注音符號、韋氏、假名並列(一覽表之2, 8和11),或注音符號、韋氏並列(一覽表之6),或只用假名表記(一覽表之5)。

從上述吳守禮、何容的證言,以及筆者調查的國語教科書實際出版情況,我們應當能夠理解戰後初期台灣的語言情況——還處於日本語文化圈和一種學習國語的無政府狀態下,魏建功就是在這種情況下抵台。

2. 魏建功的赴台

魏建功(1901-1980),字天行,江蘇省如皋縣(今海安縣)出身。1911年入如皋第一高等小學,1914年入南通省立第七中學,1919年考入北京大學文預科乙部,1921年轉入北京大學文本科中國文學系。1922年大學二年級時曾選修魯迅之「中國文學史」,在學期間曾以健攻、天行、山鬼、康龍、文狸等筆名,在

1946年與台灣「國語推行委員會」同仁在台北桃園機場合影（右起：王炬、方師鐸、齊鐵恨、魏建功、何容、王玉川、張宣忱）（照片出處：魏建功，《魏建功文集》卷3 [南京：江蘇教育，2001]）。

《猛進》、《語絲》、《政治生活》等刊物發表文章。1923年，與潘梓年、鏐金源、夏德儀、李浩然、施之瀛等創辦《江蘇清議》，批評軍閥官僚政治。1925年，發起創辦黎明中學，邀請魯迅到校兼課，同年加入中國共產黨（1926年退出）並自北京大學畢業，留校任北京大學研究所國學門助教，協助劉復的「語音樂律實驗室」工作。1927年，赴朝鮮漢城，擔任京城帝國大學中國語教師，翌年，返北京大學任中國文學系助教，後升任副教授、教授。1928年，任「教育部國語統一籌備委員會」常務委員，並與黎錦熙等籌編《中國大辭典》。1935年5月，國府裁撤「教育部國語統一籌備委員會」；8月，改設「教育部國語推行委員會」，任委員兼常務委員，同年出版三十萬言力作《古音系研

究》。1937年，抗日戰爭爆發後，該委員會工作陷於停頓，隨北京大學南遷，歷任長沙臨時大學、昆明西南聯合大學教授。1940年，任四川白沙國立編譯館專任編輯，選編《大學國文教科書》，同年6月，國府在重慶恢復「國語推行委員會」，又被任為委員兼常務委員，7月，教育部召開國語推行委員會全體會議，議決推定由黎錦熙、盧前、魏建功等三委員準照國音，編訂《中華新韻》，1941年10月，經國府頒布為國家韻書，沿用至今。1942年，任四川白沙西南女子師範學院中國文學系教授兼國語專修科主任、教務主任，至抗戰勝利[4]。

　　前面已經提到早在1944年4月，國府即開始準備台灣接收的工作，除了設立台灣調查委員會負責籌畫以外，同年11月，還在專門訓練國府高層幹部的中央訓練團開辦台灣行政幹部訓練班，訓練台灣接收工作人員。教育部國語推行委員會也參加了台灣調查委員會的研究設計工作，並參與了台灣行政幹部訓練班的指導工作，魏建功與教育部國語推行委員會專任委員蕭家霖皆被聘為台灣調查委員會兼任專門委員，並在台灣行政幹部訓練班講授語文教育諸問題。

　　抗日戰爭勝利後，魏建功立即受邀前往台灣擔任「台灣省國語推行委員會」主任委員，負責戰後台灣的國語運動工作。關於赴台經過，魏建功本人也曾自述：

---

[4] 關於魏建功的生平主要係參考：魏至（按：魏建功之長公子），〈魏建功傳略〉（按：魏至提供），與關志昌，〈魏建功〉，收入劉紹唐主編，《民國人物小傳》第6冊（台北：傳記文學，1984），頁475-78。

　　抗戰勝利，台灣光復。台灣在日本帝國主義殖民統治下五十年，一般社會已經有許多人不能講用祖國語言，尤其是知識分子，只能應用日本語。勝利前夕，偽國民政府派陳儀籌備接收工作，把推行國語訂做一項重要工作。籌備接收工作教育方面負責的是趙迺傳（台灣行政長官公署教育處第一任處長），推行國語的工作系屬在教育方面，趙輾轉通過女子師範學院院長謝循初約我擔任。……大約是 1944 年下半年趙託謝來約的。1945 年上半年偽政府在中央訓練團開辦台灣行政幹部訓練班，趙主持教育組，設有國語教學科目，我和女師學院國語專修科教師王玉川同去講過課。這個訓練班的人後來都是台灣行政長官公署教育處的工作人員。……

　　我被趙迺傳約往台灣，當然是因為我與教育部國語推行委員會有關係，但是並沒有從教育部國語會來接洽。這件事應該由教育部國語會支持，我就把它提出，和蕭家霖（教育部國語推行委員會專任委員）商量安排人力。我以教育部國語推行委員會常務委員身分和另外兩個國語會成員何容（駐會委員）王炬（工作人員）作為台灣借調的關係去台。[5]

　　從魏建功的自述，可知他的赴台是台灣省行政長官公署教育處直接邀他去的。台灣接收前，魏建功即被聘為台灣調查委員會兼任專門委員，參與了台灣接收的設計籌畫工作，同時也在訓練台灣接收工作人員的台灣行政幹部訓練班講授關於台灣接收後的國語教學問題。因此，台灣甫接收後，立即被邀前往台灣，負責

---

5 根據魏建功家屬所提供的魏建功未刊遺稿。

戰後台灣的國語推行工作乃是極其自然之事。

二、台灣省國語推行委員會的設立

1.魏建功的構想

　　魏建功於1946年1月底抵達台北，當時台灣的語言情況，前面已提及是處在日本語文化圈——老年人雖還使用台灣話，但是語彙已經滲入不少日本語和語法，中年人大都講日本話、看日文書寫日文。甚至用日本語思考，台灣話雖還會說，但只在家裡使用，而少年人有的甚至不會說台灣話了，很難脫離日本話。而重歸中國後，台灣人也意識到非學習國語不行了，但是台灣人學習國語的情況，一如前述是處於無政府狀態下。

　　魏建功赴台後，隨即察覺上述問題，除了展開台灣省國語推行委員會籌備工作外，還展開旺盛的文筆活動，闡述在台灣推行國語的意義、方針與方法。魏建功台灣時代的著作，根據筆者的調查，列表於下。

魏建功台灣時代著作年表（未定稿）

時間	著作	刊載處
1946年1月29日	抵台	
2月10日	〈國語運動在台灣的意義〉	《人民導報》
2月28日	〈《國語運動在台灣的意義》申解〉	《現代週刊》1卷9期
3月17日	〈國語的文化凝結性〉	《新生報》
3月31日	〈台語音系還魂說〉	《現代週刊》1卷12期
5月6日	〈國語的德行〉	《新生報》

時間	著作	刊載處
5月21日	〈國語運動綱領〉	《新生報・國語》1期
5月28日	〈何以要提倡從台灣話學習國語〉	《新生報・國語》2期
6月4日	〈國語的四大涵義〉	《新生報・國語》3期
6月25日	〈台語即是國語的一種〉	《新生報・國語》6期
7月16日	〈談注音符號教學方法〉	《新生報・國語》9期
	〈學國語應該注意的事情〉	《新生報・國語》9期
7月20日	〈怎樣從台灣話學國語〉	《現代週刊》2卷7、8期合刊
7月30日	〈國語辭典裡所增收的音〉	《新生報・國語》11期
	〈台灣語音受日本語影響的情形〉	《新生報・國語》11期
	〈日本人傳訛了我們的國音〉	《新生報・國語》11期
8月14日	〈國語常用「輕聲」字〉（上）	《現代週刊》2卷9期
8月28日	〈國語常用「輕聲」字〉（下）	《現代週刊》2卷10期
	〈學習國語應重方法〉	《新生報・國語》15期
9月27日	〈關於交際語〉	《新生報・國語》18期
1947年?月	〈國語通訊書端〉	《國語通訊》創刊號（未註明出版日期）
?月	〈通訊二則〉（與邵月琴合撰）	《國語通訊》2期（未註明出版日期）
1948年3月18日	王玉川，《〈國語說話教材及教法〉序》	《國語說話教材及教法》（台北：台灣省國語推行委員會）

　　魏建功於1947年6月辭去台灣省國語推行委員會主任委員一職，其間曾為了甄選國語推行員，於1946年9月至1947年3月，離開台灣前往北京，在短短期間內寫了21篇與台灣的國語推行工作有關的論文。

　　魏建功一抵台後，在一篇題為〈〈國語運動在台灣的意義〉申解〉的文章中，即開宗明義地告訴台灣人，什麼是「國語」？

1947年任台灣「國語推行委員會」主任委員時攝於台北寓所（照片出處：魏建功，《魏建功文集》卷3 [南京：江蘇教育，2001]）。

　　中華民國人民共同採用的一種標準的語言是國語，國語是國家法定的對內對外，公用的語言系統。……國語包括(1)代表意思的聲音叫「國音」，(2)記錄聲音的形體叫「國字」，(3)聲音形體排列組合表達出全部的思想叫「國文」[6]

並宣示：

　　台灣光復了以後，推行國語的唯一意義是「恢復台灣同胞應用祖國語言聲音和組織的自由」。……我們要穩穩實實的清清楚楚的先把國語聲音系統的標準散佈到全台灣。這是在

---

6 魏建功，〈〈國語運動在台灣的意義〉申解〉，《現代週刊》1卷9期（1946年2月28日），頁9。

台灣同胞與祖國隔絕的期間，國語運動的目標，傳習國音——「統一國語」的基礎。我們還有一個目標，也可說是期望統一國語的效果「言文一致」。……

所以我們在台灣的國語推行工作不僅是傳習「國音」和「認識國字」兩件事，而最主要的就是「言文一致的標準語說寫」。最後，我用兩句概括的話指出國語運動在台灣的意義：文章復原由言文一致做起，解脫「文啞」（按：意指不會寫中文的人）從文章復原下手。[7]

因此，可以理解魏建功在台灣推行國語運動的目標是使台灣人能夠講「國音」、認「國字」、寫「國文」，他也不諱言他的最終理想是「台灣的國語運動是要把『言文一致』的實效表現出來，而使得『新文化運動』的理想也得到最後勝利」[8]，五四以後的言文一致運動，因中國內外政局的動盪之故，遲遲未能徹底實現。顯然的，他希望中國新文化運動基本理想——言文一致，能夠率先在戰後的台灣實現。

魏建功又進一步揭示台灣省國語運動綱領是：

1. 實行台語復原，從方言比較學習國語。
2. 注重國字讀音，由「孔子白」（按：指台灣話讀音）引渡到「國音」。
3. 刷清日語句法，以國音直接讀文達成文章還原。

---

7 魏建功，〈國語運動在台灣的意義〉，《人民導報》，1946年2月10日。
8 〈〈國語運動在台灣的意義〉申解〉，頁12。

4. 研究詞類對照，充實語文內容建設新生國語。

5. 利用注音符號，溝通各族意志融貫中華文化。

6. 鼓勵學習心理，增進教學效能。[9]

在這個綱領裡，值得我們注意的是，魏建功一開始就明確的主張盡快恢復台灣話，主張從台灣話與國語的對照比較作為國語學習的入門，他對當時台灣的語言現象有相當程度的了解，在一篇題為〈何以要提倡從台灣話學習國語〉的文章上，他也明白表示：

> 我對於台灣人學習國語的問題，認為不是一個單純語文訓練，卻已牽聯到文化和思路的問題。因此很懇摯而坦白的提倡台灣人要自己發揮出自己方言的應用力量。……受日本語五十年的浸染，教育文化上如何使得精神復原，這才是今日台灣國語推行的主要問題。[10]

他認識到台灣人認「國字」，幾乎全是日文裡所用的漢字觀念，台灣人寫「國文」也必然深受日文語法的影響，甚至台灣人學「國語」也大半用日本人學中國語的方法——用假名注音。因此，主張先實行台語復原——精神復原——文化、思路的復原，從台灣話學習國語。在公開發表的文章〈台語即是國語的一種〉裡，他強調：

---

9 魏建功，〈國語運動綱領〉，《新生報‧國語》1期，1946年5月21日。

10 魏建功，〈何以要提倡從台灣話學習國語〉，《新生報‧國語》3期，1946年5月28日。

1. 台灣語並不是「非中國語」，而所謂「國語」是指「中國標準語」。

2. 台灣人所講的是「中國的方言」，並且與標準語系統相同。

3. 台灣光復是回娘家，既回娘家，語言的關係與毫不相關的外國人學習情形不能一樣。

4. 外國人學另一國家的語言是學一個記一個，我們有「方言」和「標準語」對照的關係存在，學習方法上應該有捷徑可走。[11]

　　從上述可以理解魏建功認為台灣語與國語之間是有相通的脈絡，同屬一個語言系統，台灣人學習國語的入門方法是先恢復台灣話，從台灣話與國語的對照，換言之即從台灣話聲音系統裡自覺的推測國音和國語，類推著從台灣話改說成國語。魏建功的基本做法是在台灣提倡恢復台灣話，除了可以復原台灣人的文化、思路，也可以補救國語一時無法普及的缺陷，同時也可以增強應用國語的啟示。魏建功就是基於以上的認識與信念，展開了台灣的國語推行工作。

2. 台灣省國語推行委員會的設立與工作內容

　　魏建功是於1946年1月底抵達台北，開始籌備台灣省國語推行委員會，執行「台灣接管計畫綱要」第八教育文化之（44）「接管後應確定國語普及計畫，限期逐步實施」。4月2日，行政長官陳儀發布台灣省行政長官公署令「教祕字第一五一六號」，

---

[11] 魏建功，〈台語即是國語的一種〉，《新生報・國語》5期，1946年6月25日。

制單行法〈台灣省國語推行委員會組織規程〉，[12] 正式成立了台
灣省國語推行委員會[13]，魏建功被任命為主任委員。〈台灣省國
語推行委員會組織規程〉以下列出：

台灣省國語推行委員會組織規程　　教祕字第一五一六號
　　　　　　　　　　　　　　　　　　中華民國三十五年四月二日

第 一 條　台灣省行政長官公署教育處為推行標準國語，改
　　　　　進語文教育起見，特設國語推行委員會（以下簡
　　　　　稱本會），隸屬於教育處。

第 二 條　本會設委員十九人至二十五人，除教育處主管國
　　　　　民教育，及民眾教育科長為當然委員外，餘由教
　　　　　育處遴選語文學術專家，呈請行政長官公署聘派
　　　　　之。

第 三 條　本會設主任委員一人，綜理會務，副主任委員一
　　　　　人，襄理會務，常務委員五人至七人，處理日常
　　　　　會務，均由教育處提請行政長官公署就本會委員

---

[12] 〈台灣省國語推行委員會組織規程〉，請參照《台灣省行政長官公署公報》夏字
　　頁105-20，1946年4月15日，頁107-108。

[13] 台灣省國語推行委員會委員名單如下：

　主任委員　　魏建功
　副主任委員　何　容
　常務委員　　方師鐸　李劍南　齊鐵恨　孫培良　王玉川
　委　　員　　馬學良　黎錦熙　林紹賢　龔書熾　蕭家霖　徐敘賢　周辨明
　　　　　　　張同光　朱兆祥　沈仲章　曾德培　葉　桐　嚴學窘　吳守禮
　　　　　　　王潔宇　王　炬
（見何容等編，《台灣之國語運動》，頁15）

中指定之。

第 四 條　本會設左列各組，分掌各項事務：

甲　調查研究組：

一　關於國語及本省方言系統之調查事項；

二　關於國語及本省方言之聲音組織研究事項；

三　關於本省語文教育之研究設計事項；

四　關於高砂族同胞語文教育之研究設計事項；

五　其他有關國語及本省方言之調查研究事項。

乙　編輯審查組：

一　關於國語教材教法之搜集，審查事項；

二　關於國語教材之編輯事項；

三　關於國語，書報及字典辭書之編輯事項；

四　關於國語書籍標準之審查事項；

五　其他有關國語教材之編輯審查事項。

丙　訓練宣傳組：

一　關於各級國語師資之訓練事項；

二　關於各級學校語文教學之視導事項；

三　關於高砂族同胞語文教育之推行事項；

四　關於民眾識字推行事項；

五　關於推行國語之指導，考核事項；

六　關於利用社會教育方式傳播國語事項；

七　其他有關國語訓練及宣傳事項。

丁　總務組：

一　關於文書撰擬，收發，保管，及印信典守事項；

二　關於本會預算，決算之編製事項；

三　關於庶務及出納事項；

四　關於國音國語圖書資料之印刷事項。

五　關於不屬其他各組事項。

第 五 條　本會設祕書一人，每組各設組長一人，除總務組長由主任委員商同教育處長，提請行政長官公署派充外，均由本會委員兼任之。

第 六 條　本會設編輯十人至二十人，編審五人至十人，視導八人至十二人，幹事八人至十二人，辦事員四人至八人，均由主任委員商同教育處長提請行政長官公署派充之。

第 七 條　本會必要時，得呈請行政長官延聘專家，擔任專門委員或編纂。

第 八 條　本會各組得視事務繁簡分股辦事，股設股長，均由主任委員就各組職員中資深者派兼之。

第 九 條　本會視事實需要，得酌用雇員八人至十人。

第 十 條　本會委員除駐會專任者外，均為無給職；但出席會議時，得酌給旅費。

第十一條　本會對外行文，以有關技術事務者為限。

第十二條　本會為普遍推行國語，得就本省各縣市設置分會，工作站，推行所，講習所，調查所，其組織另定之。

第十三條　本會會議規則，辦事細則，及編制表，另定之。

第十四條　本規定自公布之日施行。

台灣省國語推行委員會在行政系統上隸屬於長官公署教育

處，其定位是一個主持設計研究，並協助國語教育的機構，是台灣全省國語推行的主導機關，政令的實施則由教育處負責。

台灣省國語推行委員會之具體工作內容，在成立後隔月的「台灣省行政長官公署教育處工作報告」中，就很清楚的說明。

一方面對社會上私人或機關團體之傳習國語者，予以示範及協助，使其合於標準，一方面對本省語文教育問題作實驗研究以尋求有效之解決途徑，同時從各地約請國語國文教員，分發各級學校任教，並於各縣市設置國語推行所，負各地推行國語之責，其已開始之工作，可綜合為下列各項：

1. 關於樹立標準者

　(1)語文教材，注意本處所編國民學校暫用國語課本，中等學校暫用國語課本，均已注明語音上之輕音變音等，民眾國語讀本，亦加注國音及方音注音符號。

　(2)國音示範廣播。……

　(3)編印國音標準參考書，注已編竣《國音標準匯編》第一輯付印。

2. 關於訓練傳習者

　(1)全省行政人員之國語訓練，由國語推行委員會派員至台灣省行政幹部訓練團講授。

　(2)本公署員工之國語訓練，由國語推行委員會委員講授。……

　(3)全省國民學校及中等學校教員之國語訓練，由本處辦理或由各縣市分別辦理，由國語推行委員會協助。……

3. 關於設置推行機構者

　　　　本處計畫每一縣市設立國語推行所一所，全省共設十九

　　所，每所設推行員三人至七人，負責傳習縣市學校教育及

　　公務人員，並直接傳習民眾。

4. 關於研究實驗者

　　　　關於本省語文教育之實施方案，由國語推行委員會負責

　　研究設計，並根據本省需要，編輯教材及參考書籍。[14]

而國語推行委員會自身也說明其成立的第一年，工作上有兩個中
心目標：

　　　　第一個目標是樹立標準。……（一）指明國音的標準音是
　　教育部公布的「國音常用字彙」，並且把所有關於國音標準
　　的材料彙集起來，編成了一本「國音標準彙編」。同時又
　　（二）請一位標準人，就是本會的常務委員齊鐵恨先生，在
　　廣播電台作「讀音示範廣播」。（三）我們進行的各種工
　　作，像編輯、審查、訓練。以及（四）對各機關各學校舉辦
　　的講習會、訓練班、座談會、討論會、演說競賽等等。所作
　　的協助輔導工作，也都是以樹立標準為中心。（五）我們經
　　常用書面或口頭解答關於國語的詢問。也都是有關標準的問
　　題。
　　　　第二個中心目標，是提倡恢復本省方言。本省原有的方
　　言，雖然還沒因為被日本禁用而消滅，可是在淪陷期間，他

---

14 〈台灣省行政長官公署教育處工作報告（1946年5月）〉，收入陳鳴鐘、陳興唐
　　主編，《台灣光復和光復後五年省情》上（南京：南京，1989），頁364-66。

的使用範圍已經很小了。……本省方言跟國語是一個系統的語言（漢語），從方言學習國語。事半功倍，假設方言消滅，學國語就和學外國語一樣困難。因此我們覺得必須恢復本省方言的使用，國語才容易進行。……我們制訂了注本省語音字音的「方音符號」，編寫了「國台字音對照錄」、「國台通用詞彙」、「國台對照詞彙」等書。15

　　從上述台灣省國語推行委員會的工作內容，我們可以知道該委員會實際上就是戰後台灣語文教育——中國語教育的執行機構，其具體做法是從中國各地招聘國語國文教員，分發各級學校任教，並負責國語傳習者——全省行政人員、國民學校、中等學校教員之國語訓練，又在各縣市設置國語推行所，從中國各地招聘國語推行員派往推行所，負責各地方之國語推行。而國語推行之具體而微的方法——先樹立國音標準，再從方言學習國語，顯然是出自魏建功的構想。魏建功且親自撰寫國語台語讀音對照本〈注音符號十八課〉，分別將注音符號與廈門音、漳州音、泉州音、客家音對照舉例，在台灣省國語推行委員會主編的《新生報》專欄「國語」，第二期開始連載刊出16，將其構想具體落實。

---

15 見何容等編，《台灣之國語運動》，頁71-73。

16 〈注音符號十八課〉注音符號與廈門音、漳州音、泉州音一起對照，一共分九回連載（1946年5月28日至7月23日），而注音符號與客家音的對照則分五回連載（1946年8月28日至9月24日），詳細請參照上述日期的《新生報‧國語》。

　　〈注音符號十八課〉沒有署明作者名，據魏建功先生長公子魏至先生告知係魏建功先生親自撰寫的。

　　魏建功主持下的台灣省國語推行委員會雖然有精密的籌畫和崇高的理想，但也是問題重重，例如學校普遍缺乏國語教科書，到了接收台灣一年後的1946年10月甚至還有學校以昭和10年（1935）出版的《高等漢文》為教科書[17]，而最重要的是擔任國語傳習的國語教師之國語水平問題和國語推行員的不足。魏建功雖然從國府教育部抗戰期間開辦的專門培養國語工作人才的三個學校──甘肅蘭州的國立西北師範學院國語專修科、四川白沙的國立西南女子師範學院國語專修科、四川壁山的國立社會教育學院國語專修科延攬學員來台服務。但是，人數還是不夠，只好從中國各地延攬人員，經國語推行委員會予以訓練後，分派到台灣各地學校。因此，國語教師的水平不一。當時就有高中學生向魏建功反應「我們學校的教師多數是由上海召集的那些人，他們都是江蘇腔調的國語，還有一小部分上課仍然操日語的本地人。所以『國語』在這裡沒法掀起它活躍的聲勢，因為真正能知道『國語』的重要性而且能說得標準的，祗有一個半人」[18]。也有報社的社論就直接直陳當時「有些國語教師本身國語教不標準，有的是『廣東國語』，有的是『浙江國語』，甚至竟有乾脆拿上海話教國語，使學習者大大地降低了信心」[19]。一語道盡當時現象。

　　教育處當時計畫在全省十九個縣市設立十九所國語推行所，每所派推行員3至7人，以此計算，推行員該有57至133人。從1946年3月起，開始成立11所，派出推行員33人，至10月時，陸

---

17 首峰，〈談本省語文教學〉，《新生報》，1946年10月16日。

18 魏建功、邵月琴，〈通訊二則〉，《國語通訊》2期（未註明出版日期），約在1947年上半年。

19〈社論 國語推行運動的實施〉，《中華日報》，1947年1月26日。

續增設到14所，共有推行員42人[20]。為了甄選不足的推行員，魏建功自1946年9月至隔年1947年3月返回北京甄選國語推行員。1947年3月，魏建功返回台北時，台灣剛經歷了「二二八事件」，同年4月，國府廢止台灣省行政長官公署，改組為台灣省政府，陳儀被更替，新任魏道明為省政府主席，5月，陳儀離台，魏道明赴任。隨著行政長官公署改組為省政府，原隸屬於教育處之國語推行委員會也改為獨立機構，6月，魏建功辭主任委員職[21]，由副主任委員何容升任主任委員，魏建功轉任國立台灣大學中國文學系教授，1948年10月，又重返北京大學中國文學系任教。

結語

戰後的台灣國語運動係國府接收台灣前即擬定的台灣文化重建工作中之一環，早在台灣調查委員會時代，魏建功就以教育部國語推行委員會常務委員的身分被聘為調查委員會兼任專門委員，參與台灣接收的設計籌畫工作。台灣一接收後，立即被聘為台灣省國語推行委員會主任委員，負責戰後台灣的國語推行工

---

[20] 台灣省行政長官公署教育處編，《台灣一年來之教育》（台北：台灣省行政長官公署宣傳委員會，1946），頁100。

[21] 關於魏建功辭主任委員一職的原因，根據其自述是因「二二八運動以後，我已逐漸準備回北京大學，那是1946年冬在北京的時候，北大當局催促我回校，剛巧台灣改組省政府，教育處改教育廳，對『國語會』的態度不好，我更決心擺脫主任委員」。

見魏建功未刊遺稿。

作。魏建功在台推行國語的最終理想是希望中國新文化運動的基本理想——言文一致，能夠先在戰後的台灣實現。國語推行委員會之具體做法是訓練國語傳習者，並在全省各地設置國語推行機構——國語推行所，置國語推行員。魏建功更將其細緻構想——樹立國音標準、從方言學習國語，意圖透過該委員會的活動予以落實。

從1946年1月末赴台籌備台灣省國語推行委員會，4月該委員會正式成立，展開活動，直至1947年6月，隨著行政長官公署改組，辭去主任委員職。魏建功在任期間雖大約只有一年半時間，而且當時的客觀環境也是困難重重，雖然無法馬上看到工作成效。但是，他至少確立了戰後台灣國語運動的方針，改組後的台灣省國語推行委員會的1947年度工作報告中，說明其主要業務是「訓練工作(1)各縣市國語推行員集訓。……(2)北平來台國語工作人員短期講習。……(3)全省公務員語文師資講習班。……輔導工作(1)讀音示範廣播。……(2)語文教育輔導。……(3)國語問題解答。……編輯工作(1)國語講習用書。……(2)國語會話教材。……(3)推行國語參考用書。……(4)注音國語文選。……(5)國台〔語〕比較學習用書……²²」。幾乎是延續魏建功確立的國語運動方針。即使在1949年年底，國府遷往台灣以後，此方針也大抵無甚改變。1947年6月，魏建功雖辭去台灣省國語推行委員會主任委員之位，但是，國府教育部仍在1948年6月命魏建功、何容二人將北平《國語小報》移台辦理，易名《國語日報》，同年10月

---

²² 張博宇主編，何容校訂，《慶祝台灣光復四十週年台灣地區國語推行資料彙編》中（南投：台灣省政府教育廳，1987-1989），頁56-61。

《國語日報》創刊，魏建功被任命為社長。國府教育部且在1948年6月，於台北成立「教育部國語推行委員會閩台區辦事處」，魏建功被任為台北市常務委員，在台期間，他始終沒有離開過國語運動。

第三章
傳媒統制
——台灣省行政長官公署宣傳委員會

一、台灣省行政長官公署宣傳委員會的設立和工作內容

在1946年12月舉行的台灣省參議會第一屆第二次大會的工作報告開頭，對台灣省行政長官公署宣傳委員會（以下簡稱宣傳委員會）設置的過程，做了如下說明。

> 本省淪陷五十年，敵人在文化思想上遺毒甚深。故光復後，文化宣傳工作，極為重要。本省應此實際需要，特於行政長官公署內，設置宣傳委員會，主持其事。[1]

這一段對宣傳委員會設立的目的講得很清楚。從台灣省行政長官公署成立之日起，宣傳委員會就已經是其組織內的一個機關，而且參與了台灣的接收，負有接收宣傳事業的責任[2]。

---

[1] 台灣省行政長官公署編，《台灣省參議會第一屆第二次大會台灣省行政長官公署施政報告》（台北：台灣省行政長官公署，1946），頁275。

[2] 當時對日本留下的宣傳事業，主要接收情況如下：

1945年11月1日，公署開始了對台灣的接收工作。當月17日，宣傳委員會主任夏濤聲[3]通過廣播發表了題為「宣傳委員會之使命」的講話。

因為陳長官覺得宣傳工作十分重要，特於行政長官公署內設置──宣傳委員會，主管一切有關宣傳事宜。……

我們認為宣傳是行政工作的一部門，其任務在「報導真相」與「調洽輿情」。……現在，我們即就「報導真相」與「調洽輿情」兩點，來說明本會今後宣傳工作的方針。台灣與祖國隔別了五十年。台灣同胞，不僅對於祖國過去的歷史，模糊不清，即對於祖國現在的政治、經濟、文化及其他一切的

(1)接收《台灣新報》，改組為公署的機關報《新生報》。

(2)接收台灣放送協會，放送局及其支局（由國府「中央廣播事業管理處」接收），改組為「台灣廣播電台」。

(3)同盟通信社及其支社，由國府「中央通訊社」接收，改組為「中央通訊社台灣分社」。

(4)宣傳委員會直接接收的是台灣總督府報課及其附屬機關──台灣映畫協會和台灣報導寫真協會，改組為「宣傳委員會電影攝製廠」。台灣省行政長官公署宣傳委員會編，《台灣一年來之宣傳》（台北：台灣省行政長官公署宣傳委員會，1946），頁1-2。

3 夏濤聲（1899-1968），安徽省懷寧人。就讀於安慶六邑中學、蕪湖第五中學、北京大學。1923年加入中國青年黨，歷任黨內要職。1934年赴福建，任職於福建省政府。當時的省政府主席是陳儀。曾任莆田縣縣長、省主席辦公廳主任。1941年陳儀調任行政院祕書長時，夏同赴重慶，任行政院參事。1944年，台灣調查委員會成立，夏為委員之一。1945年公署設立後，任宣傳委員會主任委員。詳細請參考陳正茂，〈夏濤聲〉，《傳記文學》56卷3期（1990年3月），頁139-41。

動態，也很茫然。因此，我們必須把中央及其他各省的動態
靜態，隨時隨地的介紹給台灣同胞，使在日本壓榨五十年之
下的台胞，逐漸的認識祖國，了解祖國。把過去受日人欺騙
宣傳所引起對祖國的一切不正確的觀念，逐漸廓清。這是本
會今後所負的第一使命。……

　　如何使政府和人民之間能調協一致，這是一個很重要問
題，因此「調洽輿情」的工作就非常重要了。

　　我們相信，台灣省在陳長官領導之下，政府必樂於接受人
民的意見，以輿論的向背，作施政的準繩，同時也希望台灣
同胞，本「知無不言」的態度，對政府一切措施，作善意的
與合理的批評與陳述。我們要使政府與人民之間，打成一
片，同心協力，向建設三民主義的新台灣邁進。這是本會今
後的第二項使命。[4]

　　從上述引文可以看出，夏濤聲所說的宣傳委員會的使命，就
是通過宣傳使台灣人重新認識中國的政情和文化，以及在疏通政
府和人民意見中起到橋梁作用。

　　宣傳委員會的組織規程共有六條，表明了其組織情況和工作
內容。

　　　第一條　本規程依台灣省行政長官公署組織條例第五條之

---

[4] 夏濤聲，〈宣傳委員會之使命〉，收入台灣省行政長官公署祕書處編輯室編，
　《廣播詞輯要：34年》（台北：台灣省行政長官公署祕書處編輯室，1946），頁
　61-63。

規定訂定之。

第二條　台灣省行政長官公署宣傳委員會受行政長官之指揮監督，掌理左列事項：

一、關於本署圖書之出版事項

二、關於本署報紙雜誌之發行事項

三、關於本署招待記者及發布新聞之事項

四、關於廣播之指導事項

五、關於電影戲劇之演出及指導事項

六、關於幻燈之放映事項

七、其他有關政令及文化宣傳事項

第三條　本會置主任委員一人，簡任。委員三人至七人，內二人簡任，餘荐任。並得有主任委員就本省公教人員中，提請行政長官派五至十一人為兼任委員，組織之。

主委員總理會務，指揮監督所屬職員，並於會議時為主席。

第四條　本會置祕書一人或二人，專員六人至十二人，均荐任。幹事八人至十五人委任，並得用雇員十人至二十人。

第五條　本會會議規則及辦事細則另定之。

第六條　本規程自公布日施行。[5]

宣傳委員會的組織系統列表如下。

5《台灣省行政長官公署公報》1卷2期（1945年12月5日），頁1-2。

宣傳委員會組織系統[6]

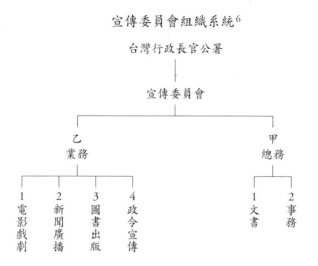

台灣行政長官公署
｜
宣傳委員會

乙　業務　　　甲　總務

1 電影戲劇　2 新聞廣播　3 圖書出版　4 政令宣傳　　　1 文書　2 事務

　　從宣傳委員會的組織規程和組織系統表可以看出，其主要工作內容即組織系統表的乙所歸納的業務，即(1)電影戲劇，(2)新聞廣播，(3)圖書出版，(4)政令的宣傳指導。其具體工作內容在「台灣省行政長官公署宣傳委員會辦事細則」中進一步列舉如下。

　　政令宣導組之職責如下：
1. 關於各縣市政令宣導員計畫、訓練事項。
2. 關於各縣市政令宣導員分發考核事項。
3. 關於各縣市令宣導員工作指示事項。
4. 關於政令講解大綱編發事項。
5. 關於各項標語、漫畫、宣傳牌設計事項。

---

6 台灣省行政長官公署宣傳委員會編，《台灣省政令宣導人員手冊》（台北：台灣省行政長官公署宣傳委員會，1946），頁29。

6. 關於各種座談會召集事項。

7. 其他有關政令宣導事項。[7]

可以看出，政令宣導組的主要工作內容，是訓練「政令宣導員派往各縣市，擔任政治制度和法律的宣傳工作」。

電影劇組的職責如下：

1. 關於電影攝制與放映事項。

2. 關於戲劇演出事項。

3. 關於電影、戲劇登記與審查事項。

4. 關於電影戲院登記與管理事項。

5. 關於幻燈設計與放映事項。

6. 關於電影畫報編輯出版事項。

7. 關於國際國內新聞時事照片搜集展覽事項。

圖書出版組的職責如下：

1. 關於圖書刊物編輯撰擬事項。

2. 關於圖書刊物出版印刷保管事項。

3. 關於圖書刊物翻譯事項。

4. 關於圖書刊物違禁取締事項。

5. 關於圖書刊物發行贈閱事項。

6. 關於本會圖書刊物採購及管理事項。

7《台灣省行政長官公署公報》秋字頁833-48（1946年8月31日），頁836。

新聞廣播組的職責如下：

1. 關於中英文新聞發布事項。

2. 關於新聞紙雜誌登記與審查事項。

3. 關於新聞記者招待事項。

4. 關於報社通訊社指導事項。

5. 關於政令新聞編配及廣播事項。

6. 關於本公署各單位新聞採訪及聯繫事項。

7. 關於省內外報紙新聞資料搜集剪貼及保管事項。[8]

　　從上述電影戲劇、圖書出版以及新聞廣播各部門的職責可以看出，公署力圖通過對宣傳媒體的管制和檢查，掃清「日本文化之遺毒」，通過編輯出版宣傳品向台灣灌輸中華民族意識。

　　從上述宣傳委員會的「事務細則」可以看出，關於其具體工作內容，夏濤聲所說宣傳委員會的兩大使命——「報導真相」和「調洽輿情」，存在著明顯的矛盾。設立宣傳委員會的真正目的，絕不在於「調洽輿情」，而在於「報導真相」，而且，只有通過宣傳委員會檢查的內容才被認為是真相。其意圖就是通過宣傳媒體管制，達到文化宣傳工作的目的，其設立的目的也就是要執行「台灣接管計畫綱要」的第一通則之（4）的「接管後之文化設施，應增強民族意識，廓清奴化思想」，及第八教育文化之（46）「廣播電台、電影製片廠、放映場等之設置與經營，接管後以不變動為原則」，與（51）「日本占領時印行之書刊、電影片等，其有詆毀本國、本黨或曲解歷史者，概予銷毀」。

---

[8] 同前註，頁836-37。

二、台灣省行政長官公署宣傳委員會的撤銷及其成果

宣傳委員會於1947年3月15日撤銷，為時不到一年五個月。作為其職責之一的政令宣導劃歸民政處管轄[9]。3月19日設立新聞室，由公署祕書處處長張延哲兼任新聞室主任，沈雲龍代理副主任[10]，處理宣傳委員會的遺留事務。同年5月，由於公署撤銷，改編為台灣省政府，新聞室也改為新聞處。宣傳委員會被撤銷和改編的理由，除了因為宣傳委員會的組織機構已經不能應付變得十分龐大的業務量之外，同時也是為了應付「二二八事件」以後台灣的新局面。從1946年編成的《台灣省各機關職員錄》可以得知，當時宣傳委員會的人員組成，實際上除了主任委員以外，有委員6人，祕書1人，專門委員10人，幹事16人[11]。宣傳委員會委員兼任主任祕書，改編後代理新聞室主任的沈雲龍，在晚年寫的回憶錄中說，當時的宣傳委員會「工作繁忙，苦於人手不足」[12]。宣傳委員會的工作內容，主要是政治制度和法令的宣傳指導和對宣傳媒體的管制。這管制主要是對宣傳品的編輯和檢查。下面就政治度、法令的宣傳指導、宣傳品的編輯和檢查三個方面，考察一下其工作成果。

---

9 見〈台灣省行政長官公署代電〉，《台灣省行政長官公署公報》春字頁833-48（1947年3月22日），頁845。

10 見〈台灣省行政長官公署公函〉，《台灣省行政長官公署公報》春字頁849-64（1947年3月24日），頁864。

11 台灣省行政長官公署人事室編，《台灣省各機關職員錄》（台北：台灣省行政長官公署人事室，1946），頁103-105。

12 沈雲龍，〈初到台灣〉，《全民雜誌》2期（1985年10月），頁10。

　　首先是政治制度、法令的宣傳指導，情況如下。

　　在戰後初期，台灣人對中國的政治制度和法令完全不了解。公署為了在台灣實行中國的法令，在各縣、市、區、鄉、鎮設置了政令宣導員，向人民講解中國的政治制度和法令，宣傳委員會負責這些政令宣導員的訓練、派遣、審查和指導。關於政令宣導員設置的緣由，宣傳委員會做了以下說明，

　　　　本省淪陷五十年，一般人民對於本國政制法令，甚為模
　　糊，長官公署為使民眾了解政令，以便推行起見，特在各縣
　　市區鄉鎮，設置政令宣導員，負責宣導政令，現每一縣市政
　　府於祕書室下設立政令宣導股，設置政令宣導員三人至五
　　人，並指定一人為股長，每一縣轄市、區署及鄉鎮公所，均
　　設置政令宣導員一人。[13]

　　當時的政令宣導員從各縣、市、區、鄉、鎮政府機關的台灣公務員中選拔擔任，送至「台灣省地方行政幹部訓練團」[14]接受三個月的訓練。訓練的主要科目是三民主義、國父（孫文）遺教、總裁（蔣介石）言行、國語、國文、中國歷史地理。有關文

---

[13] 同註1，頁276。

[14] 「台灣省地方行政幹部訓練團」成立於1945年11月1日，由陳儀兼任訓練團主任。設立訓練團的目的，是輪流接受台灣各級政府中台灣出身的公務員、中學教師、小學校長和教師，向他們實施三個月的訓練，「使他們理解三民主義和建國要領，學會國語、國文，具有各種專門技能」。在訓練團成立的時候，設有「企業人員班」、「中等師資班」、「會計人員班」、「宣傳人員班」四個班。詳細請參考〈本團訓練大綱〉，《台灣省地方行政幹部訓練團團報》1卷1期（1946年3月1日），頁4。

化宣傳的各種法令的解說及要點等[15]。陳儀非常重視政令宣導員的訓練,曾經在台灣省地方行政幹部訓練團對受訓的政令宣導員做過如下訓話,

> 目前台灣的一切建設工作,以建設人的工作最為重要,建設人的工作原有治本與治標兩面,治本當要從教育入手,但是這樣太慢了。至於治標方面那就是趕緊訓練一批人以應付當前急迫的需要。……我到了這裡三個月,發表了很多的命令,我想台灣同胞都不大明瞭。因此我要訓練一批宣傳人員。希望能對政府的法令好好解釋,使人民明瞭,知所遵行,……如是我們的政令,才能收到預期的效果。[16]

陳儀的這次講話,不僅表明他對宣傳員如何重視,也證明公署是從宣傳和教育開始著手建設人的工作的。所謂「建設人」,就是指心理建設工作,也就是文化重建工作。

1946年末,分散在台灣各地的政令宣導員,總數達347人[17]。當時台灣的縣、市、區、鄉、鎮行政單位共有398個[18],大體上平均每個地區有一名政令宣導員。1947年2月「二二八事件」以

---

[15] 〈宣傳員訓練班訓練實施辦法〉,《台灣省地方行政幹部訓練團團報》1卷1期(1946年3月1日),頁7-8。

[16] 陳儀,〈訓練與學習——中華民國35年2月7日對宣傳人員與會人員班講〉,《台灣省地方行政幹部訓練團團報》1卷2期(1946年3月16日),頁17-18。

[17] 台灣省行政長官公署宣傳委員會編,《台灣一年來之宣傳》(台北:台灣省行政長官公署宣傳委員會,1946),頁3。

[18] 台灣省新聞處編輯,《台灣指南》(台中:台灣省新聞處,1948),頁37。

後的同年4月，政令宣導員增加到351名，公署仍然認為人數不足，需要繼續增加，而且發布指示要把政令宣導員的工作重心改為「定期在本地區徵求民意」[19]。從上意下達的政令宣傳、指導到「徵求民意」的轉換，必定是因為政令的宣傳、指導遇到了反抗，達不到預期效果，公署不得不把上意下達的單向通行改為上下雙向通行，開始聽取民眾意見。

另外，關於編輯宣傳品的情況，當時宣傳委員會編輯的宣傳品，種類非常多。有介紹台灣實施法令的《政令講解大綱》，有向中國內地讀者報導台灣形勢的出版物，有向台灣人介紹中國文化的綜合雜誌《台灣月刊》[20]，有介紹台灣接收和施政情況的《新台灣建設叢書》[21]，還有收集台灣主要新聞編成的週刊《台灣通訊》等。但是，其中最重要的宣傳品是「宣傳小冊」，這是特地用來向台灣人灌輸中華民族意識而編寫的。這種「宣傳小冊」發到台灣全省的各機關、學校、民間團體及個人，至1946年年底，共出版了8種31萬5千冊[22]。

「宣傳小冊」的大小，相當於日本的文庫本，但內容非常少，每冊僅10頁左右。以下介紹第一種《國民革命與台灣光復》的內容，進一步了解「宣傳小冊」的發行意圖。這本小冊子有10

---

[19] 台灣省行政長官公署編，《中華民國三十六年度台灣省行政長官公署工作計畫》（台北：台灣省行政長官公署，1947），頁10, 32。

[20]《台灣月刊》創刊於1946年10月，1947年停刊，共出版7期6冊。

[21]《新台灣建設叢書》共20冊，內容分為：台灣概況、法制、文書改革、民政、財政、教育、農林、工業、礦業、礦物行政、交通、警務、宣傳、人事行政、衛生、地政、糧政、貿易、會計。

[22] 台灣省行政長官公署宣傳委員會編，《台灣一年來之宣傳》，頁22。

頁，其中有下述內容。

> 　　台灣光復的因素，固然有多種，但若追本溯源，還是由於
> 國父倡導國民革命之所賜。……台灣的割讓給日本，是馬關
> 和約所規定，而馬關和約的成立，則是甲午年中日戰爭的結
> 果。中日戰爭及馬關和約決定了台灣淪陷的命運，也刺激了
> 國父革命的精神。……
>
> 　　國父的致力革命，既然主要是受了中日戰爭及馬關和約的
> 影響，其目的又是在求中國的自由平等，那麼，光復台灣這
> 樣事，當然是他終身的一個大願望。他在生前，曾以「恢復
> 高台，鞏固中華」八個字，定為抵抗日本帝國主義的對策，
> 並以垂示於全體同志。使其得有求亡圖存的方針。……現在
> 高麗解放了，台灣光復了，國父的這一個遺志完全實現了。
> 大家應該知道國民革命的偉大導師是國父，光復台灣的偉大
> 導師也就是國父。23

　　「宣傳小冊」的內容把國民革命和台灣「光復」聯繫在一
起。很明顯，其意圖是通過此類宣傳，不僅希望台灣人認同中
國，而且由於國民革命是國民政府存在的基礎，也希望台灣人認
同國府。

　　最後是關於檢查制度。

　　當時對報紙雜誌，雖廢除新聞檢查制度，但是發行時須向發

---

23 台灣省行政長官公署宣傳委員會編，〈宣傳小冊第一種〉，《國民革命與台灣
　光復》，無版權頁。但有「1946年11月14日完稿」字樣。

行所在地之地方主管官署申請登記，嗣後須先辦理登記，經核准後，才能發行，可謂是「積極管理，有效開放」。但對圖書和電影卻實行嚴格的檢查，1946年2月，公署公布的「台灣行政長官公署訓令」是對圖書進行檢查的法律依據。訓令內容如下。

> 　　查本省淪陷五十年之久在文化思想上，敵人遺毒甚深，亟應查禁，茲規定查禁書籍辦法如次：
>
> 　　一、凡
>
> 　　(1) 贊揚「皇軍」戰績者
>
> 　　(2) 鼓動人民參加「大東亞」戰爭者
>
> 　　(3) 報導占領我國土地情形，以炫耀日本武力者
>
> 　　(4) 宣揚「皇民化」奉公隊之運動者
>
> 　　(5) 詆毀總理、總裁及我國國策者
>
> 　　(6) 曲解三民主義者
>
> 　　(7) 損害我國權益者
>
> 　　(8) 宣傳犯罪方法，妨礙治安者等圖書、報紙、雜誌、畫報，一律禁止售購。
>
> 　　二、全省各書店書攤，應即自動檢查，如有上述各種違禁圖書雜誌畫報，速自封存列表聽候處置，如敢隱匿，一經查出，從重處罰。
>
> 　　三、台北市，即由本公署宣傳委員會，會同警務處及憲兵團派員組織檢查隊，實行檢查，並查封存數量，限於三月十日以前集中焚毀，其他各市縣抄發查禁原則，轉飭各書店書攤自行檢查封存，由各市縣政依照上述辦法時間，實行檢查，集中焚毀。24

　　關於電影檢查，公署於同年1月發布「台灣省電影審查暫行辦法」，作為電影檢查的法律依據。當時對電影的檢查，是由宣傳委員會和中國國民黨台灣省執行委員會宣傳處共同進行的。除了全面禁止日本電影上映外，還制定了如下審查標準。

　　　　一、不違反三民主義者
　　　　二、不違反國民政府政令者
　　　　三、不違背時代精神者
　　　　四、不傷風化者[25]

　　據當時政府公布的資料，到1946年末，台灣全省共銷毀1451種475111冊圖書[26]。其後，到同年10月末，台北市又銷毀了836種7300冊，其他各縣市銷毀1萬餘冊[27]。「電影審查辦法」實施以後，到1946年10月末，共檢查501部電影，其中有47部不合格[28]。當時檢查之嚴格，由圖書檢查可見一斑，宣傳委員會透過檢查制度，控制了當時台灣的言論、出版自由。當1947年「二二八事件」發生後，民間成立的「二二八事件處理委員會」

<hr>

[24]〈台灣省行政長官公署訓令〉，收入台灣省行政長官公署宣傳委員會編，《台灣省政令宣導人員手冊》，頁123-24。

[25] 見〈台灣省電影審查暫行辦法〉，《台灣省行政長官公署公報》2卷1期（1946年1月20日），頁6。

[26] 台灣省行政長官公署宣傳委員會編，《台灣省行政工作概覽》（台北：台灣省行政長官公署宣傳委員會，1946），頁115。

[27] 台灣省行政長官公署宣傳委員會編，《台灣一年來之宣傳》，頁25。

[28] 同前註，頁21。

提出32點政治改革要求，有關「根本處理」政治方面第十一項要求「言論、出版、罷工絕對自由，廢止新聞紙發行申請登記制度」，第二十項要求卻是「撤銷宣傳委員會」[29]，這是宣傳委員會設立時始料未及的事。

　　總之，宣傳委員會的作用就是通過政令的宣傳、指導和對宣傳媒體的管制，掃清日本文化思想的「遺毒」，宣揚中國文化，求其速效。這個宣傳工作是與教育相結合，是當時文化重建工作的重要一環。

結語

　　宣傳委員會設立時，標榜其兩大使命是「調洽輿情」與「報導真相」，其具體做法是在台灣全省的縣、市、區、鄉、鎮設置政令宣導員，宣導中國的政治制度和法令，更重要的是實施對圖書出版、電影、戲劇、新聞廣播的檢查，負責宣傳品的編輯。換言之，通過對宣傳媒體的管制和中國政制法令等宣傳的普及，掃清「日本文化思想的遺毒」，灌輸中華民族意識。但是，從「二二八事件」的發生，民怨的爆發，顯示其「調洽輿情」的工作是失敗了，另外，「二二八事件處理委員會」提出要求「廢止新聞紙發行申請登記制度」乃至要求「撤銷宣傳委員會」，也在在顯示其「報導真相」的工作引發反感和反對聲浪。

---

[29] 廖風德，〈台灣光復與媒體接收〉，《台灣史探索》（台北：臺灣學生，1996），頁351-52。

第四章
教育‧文化內容再編
——台灣省編譯館

一、許壽裳的赴台

　　在第一章裡已指出，長官公署執行的戰後台灣文化重建政策的專門機構有三，一是推行國語的台灣省國語推行委員會，二是負責國內政制法令宣導、中國文化宣傳與圖書出版、媒體的檢查，三是負責學校教育與社會教育之內容重編的台灣省編譯館，這是時任長官公署長官陳儀所最重視的。在第一章已述及的1946年「台灣省行政長官公署施政方針」報告，陳儀已正式將台灣省編譯館（以下簡稱編譯館）的設立列入其中，作為戰後台灣文化重建工作的一環，而此發案早在1945年3月公布的「台灣接管計畫綱要」第八項教育文化之（51）已經明確列記「專設編譯機關，編輯教科參考及必要之書籍圖表」。編譯館的籌設，陳儀親自力邀其和他一樣具有留學日本背景的同鄉好友，且自1902年留日以來，即一直交往的許壽裳來台主其事。

　　許壽裳（1883-1948），字季黻（或季茀），浙江紹興人，畢業於杭州求是書院。1902年9月，以浙江省派遣的公費留學生身分赴日本留學，先進弘文學院速成普通科就學，在那裡，結識同

鄉陳儀、周樹人（後來的魯迅）。之後，三人深摯的友情至死不
變[1]。1904年3月，從弘文學院畢業，進入東京高等師範學校，
研習「教育、地理、西洋史」，於1908年3月畢業。這段期間，
他以行動反滿，擔任同鄉會雜誌《浙江潮》（1903年創刊）的編
務，以鼓吹革命思想為己任，並加入光復會以及爾後成立的中國
同盟會（1905）。許壽裳和魯迅在弘文學院就讀時，就認為改造
中國國民性唯賴革命，留學時代的後半期，和魯迅一起生活，並
著手準備文藝運動。但是沒有成功。在同一時期，和魯迅等數
人，同去旁聽章太炎的《說文解字注》講學。章太炎和在求是書
院邂逅的蔡元培，都是許壽裳生涯最尊敬的師長。許壽裳原有留
學德國之意，曾和魯迅結伴前往由獨逸學協會學校辦的獨逸語專
修學校上了短時間的課，然而，願望沒能實現。1909年回國，任
職浙江兩級師範學堂教務長。之後，魯迅也返國，在同校擔任生
理學、化學老師，兩人共事了一段時間。

　　辛亥革命過後，蔡元培就任教育總長，立刻聘請許壽裳到南
京的教育部工作，在這裡，再度和魯迅同事。隨著遷都，許壽裳
也跟著教育部的轉移遷住北京，擔任教育部普通教育司第一科
長。此後，直到抗日戰爭爆發為止，先後歷任江西省教育廳長、
北京女子高等師範學校校長、中山大學教授、中央研究院幹事兼
文書處主任、北平大學女子文理學院院長等要職。他在教育部，
或北京女子高等師範學校及廣州中山大學任職時，一遇到教育或
政治的重大事件，必和魯迅攜手面對困難，同甘共苦。1929年，

[1] 鈴木正夫，〈陳儀についての覺え書──魯迅、許壽裳、郁達夫との關わりに
　　おいて〉，《橫濱市立大學論叢》40卷2號（1989年3月），頁119-22。

因北京女子師範大學的排斥校長運動，引發教育界新舊兩派對立的所謂女師大事件時，許壽裳由於支持了支援學生而被免職的魯迅，反對當時的教育總長章士釗，而遭到被開除的命運。1926年3月18日，北洋政府軍對著因反對包括列強的武力干涉和政府的外交姿態而舉行示威抗議的民眾開槍，死傷頗多，因三一八事件發出的逮捕令中，大學教授就有五十名，許壽裳和魯迅也在名單內，他倆歷經逃難生活後終於各自逃離北京。另外，1927年4月12日，因蔣介石的清黨使中山大學也有數十名學生遭逮捕，許壽裳和魯迅因校方未出手援救，辭職表示抗議。

　　1937年，抗日戰爭爆發，10月，國民政府教育部將北平大學、北平師範大學、天津北洋工學院三校合併，在西安成立西安臨時大學。許壽裳受聘為史學系主任兼教務委員。1938年，西安臨時大學因戰亂轉移到漢中，改名西北聯合大學。許壽裳雖兼任這所大學的法商學院院長，不久，因受到教育部長陳立夫的干涉，憤而辭去院長之職，專任史學系教授。1939年，西北聯合大學改組為西北大學時，許壽裳辭職，同年冬天，前往雲南，再度成為中山大學師範學院教授（因戰禍，中山大學從廣州遷到雲南的澂江）。1940年春天，應私立華西大學（成都）的邀請，以庚款（英國義和團賠償金所設）講座教授身分前去執教。1941年夏天辭去華西協合大學，赴重慶擔任國民政府考試院考選委員會簡任祕書，後成為專門委員，重溫公務員生活，直至1945年抗日戰爭勝利，隨著國民政府遷往南京[2]。

---

2 許壽裳的略歷沿襲北岡正子、黃英哲，〈《許壽裳日記》解說〉，收入北岡正子、黃英哲和秦賢次編，《許壽裳日記：自1940年8月1日至1948年2月18日》

　　前面已指出戰後初期的台灣，可以說是處於日本語文化圈，甚或是日本文化圈。因此，在這種情況下，戰後初期，派往台灣從事文化工作的人，不能不考慮他的教育背景，也就是說需要有留學日本的教育背景，通曉日本語，對於日本文化有某種程度的理解，才能夠推展工作。許壽裳之所以被陳儀招請到台灣從事文化工作，也正是因為具備有上述條件。其實不只是許壽裳，當時在台灣主持教育文化工作者，也皆有相同背景。茲列表於下：

職務	姓名	出身學校	出身地
行政長官公署教育處長	范壽康	東京帝國大學	浙江上虞
台灣大學校長	陸志鴻	同上	浙江
台灣大學教務長	戴運軌	京都帝國大學	浙江
師範學院院長	李季谷	東京高等師範學校	浙江紹興

（根據章子惠，《台灣時人誌》[台北：國光，1947] 製表）

　　1946年5月1日，陳儀從台灣打電報到南京給時任國府考試院考選委員會專門委員的許壽裳：

　　　　為促進台胞心理建設，擬專設編譯機構，編印大量書報，盼兄來此主持，希電復。[3]

（東京：東京大學東洋文化研究所附屬東洋學文獻中心，1993）的記述。〈解說〉一文基本係根據許世瑛，〈先君許壽裳年譜〉，收入北京魯迅博物館魯迅研究室編，《魯迅研究資料》卷22（北京：中國文聯，1989）撰成，其後再增補。
[3] 陳儀致許壽裳電報，1946年5月1日，許壽裳家屬提供。

軍政部無線電總台

原來號數		等級		字數	
發報台		日期		時間	
附註					

由		日期	時間	報務員簽名
		日期	時間	報務員簽名

1946年5月1日，陳儀打給許壽裳的密電（許壽裳家屬提供）。

接到陳儀電報後，許壽裳頗為猶豫，5月4日，他寫給友人謝似顏如下的信：

> 得公洽兄密電，略謂「為促進台胞心理建設，擬專設編譯機構，編印大量書報，盼兄來此主持」。弟意能游光復後之台灣，非不甚願，惟所云擬設機構，既未悉其詳情，弟個人復有種種牽制，中以經濟困難為第一，躊躇莫決。[4]

5月13日，陳儀又再度從台灣寄了親筆私函給許壽裳：

> 電、信都收到。
>
> 兄願來台工作，很高興。台灣經過日本五十一年的統治，文化情況與各省兩樣。多數人民說的是日本話，看的是日本文，國語固然不懂，國文一樣不通，對於世界與中國情形也多茫然。所以治台的重要工作，是心理改造，而目前最感困難的，是改造心理的工具──語言文字──須先改造。各省所出書籍報紙因為國文程度的關係，多不適用。台灣的書報在二、三年內，必須另外編印專適用於台灣人的。第一要編的是中小學文史教本（國定本、審定本全不適用）；第二要編的是中小學教師的參考讀物，如中學教師、小學教師等月刊；第三為宣達三民主義與政令，須編適於公務員及民眾閱讀的小冊；第四一般的參考書如辭典等。這是就台灣的應急工作而言。此外弟常常感覺到中國現在好書太少了，一個大

---

[4]《許壽裳書信集》（杭州：浙江文藝，1999），頁214-15。

學生，或者中學教師要勤求知識，非讀外國書不可，不但費錢，而且不便。我常有「譯名著五百部」的志願，我以為中國必須如以前的翻譯佛經一樣，將西洋名著翻譯五、六百部過來，使研究任何一科的學生，有該科一、二十本名著可讀。……

為了右面的五種工作，我擬設一編譯館，台灣總督府規模宏大，惜大半被燬於空襲，為留紀念計，擬以三年工夫，把他修復起來，作為台灣省文化館，其中包含圖書館、博物館、藝術館、體育館，而編譯館亦在其內，合為五館。該館直隸長官。教育處舊有教科書編輯委員會可併入，編制預算，俟兄到後再定。

這樣的工作，為台灣、為全國，都有意義，望兄花五年工夫來完成他。[5]

從這封私函能夠知曉，許壽裳經過短暫考慮後，最後還是答應了陳儀的聘請。同時從這封私函又能理解陳儀將「心理改造」工作，即文化重建工作，列為「治台」的首要工作，懷著熱情與理想，對編譯館的業務予以很大期待，同時也為編譯館的組織和工作內容，描繪了藍圖。

許壽裳的赴台，除了好友陳儀的力邀之外，還有另外一個動機，其女兒許世瑋有以下證言，

一九四六年初夏，父親從重慶回到上海和家人團聚，……

---

5 陳儀致許壽裳私函，1946 年 5 月 13 日，許壽裳家屬提供。

他對我們說，南京的政治空氣對他不合適，所以接受了台灣省行政長官陳儀之邀，到台灣去任編譯館館長。

……

父親所以到台灣，一個重要原因是認為當時台灣是個比較安定的地方，希望能實現他的夙願，完成《魯迅傳》和《蔡元培傳》的寫作。6

從上述可以了解許壽裳赴台的原因，一方面是因為戰後，國府對台灣文化的重建，需要有留日背景，對日本文化、日本語有某種程度的了解與造詣的人才赴台從事文化工作。另一方面是他與陳儀的深厚關係。傳統中國社會是非常重視同鄉、同窗的關係。所以陳儀才力邀他來台擔任台灣省編譯館館長。再者，就是許世瑋所言，許壽裳希望利用台灣的安定環境，完成《魯迅傳》與《蔡元培傳》的寫作計畫，特別是《魯迅傳》的撰寫是魯迅歿後，許壽裳長年所想。從1940年10月19日的日記即可得知：

魯迅逝世已四周年，追念故人，彌深愴慟，其學問文章，氣節德行，吾無間然，其知我之深，愛我之切，並世亦無第二人，曩年匆促間成其年譜，過於簡略，不慊於懷，思為作傳，則又苦於無暇，其全集又不在行篋，未能著手，只好俟諸異日耳。7

---

6 許世瑋，〈憶先父許壽裳〉，收入北京魯迅博物館魯迅研究室編，《魯迅研究資料》卷14（天津：天津人民，1984），頁305-307。

7 北岡正子、黃英哲、秦賢次編，《許壽裳日記》，頁38。

　　此外，1943年許壽裳也曾被姚蓬子催促寫《魯迅傳》[8]。

　　到了台灣的許壽裳，投注心力進行有關魯迅的著述活動，對於在台灣傳播魯迅思想居功厥偉。並將此和作為編譯館要務的台灣文化重建，做了有機性的結合。

二、台灣省編譯館的設立與工作內容

1. 台灣省編譯館的組織

　　1946年6月25日，許壽裳抵達台北，27日，參考「國立編譯館組織條例」起草「台灣省編譯館組織大綱草案」送交長官公署審查，並設立準備處開始籌設。7月8日，長官公署正式任命許壽裳為編譯館館長，同時將原屬長官公署教育處的教材編輯委員會[9]和編審室併入編譯館。8月2日，「台灣省編譯館組織規程」公布，8月7日，編譯館官方決定，即日正式使用。因此，編譯館正式成立。嚴密而言，應該是1946年8月7日成立的[10]。

8　同前註，頁120。

9　教育處教材編輯委員會併入編譯館時職員名冊如下：
　　主任委員王鶴清、專任委員：朱文叔、鄭桓、洪鋆、張常悝、蔣超龍；專任編輯：繆天華、楊肅、林萬燕、林子青、邵元照、張遜之、李煥彬、何翠嫦、黃承燊；日籍助理員：片瀨弘、宮田彌太郎、富田金彌；幹事：錢文照；書記：陳佐華、吳敏、吳家熙、徐世仁、周基文、周勤宜（〈教育處教材編輯委員會職員名冊〉，許壽裳家屬提供）。

10　編譯館成立當初，其職員名冊如下：
　　館長許壽裳；編纂兼主任祕書王鶴清；編纂學校教材組主任朱文叔；長官公署參議兼編纂楊雲萍；長官公署參議兼編纂姜琦；長官公署參議兼編纂沈其

1946年許壽裳任台灣省編譯館館長
時攝（照片出處：許壽裳著，倪墨
炎、陳九英編，《許壽裳文集》上
[上海：百家，2003]，頁2）。

　　編譯館的設立是陳儀發布「台灣省行政長官公署令」，制定台
灣省單行法規──「台灣省編譯館組織規程」，給予法的根據。
　　「台灣省編譯館組織規程」於1946年8月2日公布，共十五
條，以下列出：

　達；編纂：鄭桓、謝似顏；編審：洪鏊、繆天華、林萬燕、林子青、張遜之、
　邵元照、楊蕭、蔡鎮、梁嘉彬；幹事：吳祖型、丁士鏞、錢文照、梁甌倪；助
　理幹事：陳光、范福雲；助理員：片瀨弘、宮田彌太郎、富田金彌；會計員：
　周正中；股員：錢紹璜；書記：胡學彥、朱谷鎔、吳家熙、陳佐華、周勤宜、
　周基文、徐世仁、平訓麟（〈台灣省編譯館職員一覽〉35年 [1946] 8月填造，
　許壽裳家屬提供）。

台灣省行政長官公署令

茲制定台灣省編譯館組織規程公布之。此令。

台灣省編譯館組織規程

第 一 條　台灣省行政長官公署為編譯本省教育圖書及學術
　　　　　文化書籍起見，特設台灣省編譯館（以下簡稱本
　　　　　館）。

第 二 條　本館編譯下列各項圖書：

　　一　關於本省各級學校教科及參考需用圖書；

　　二　關於本省一般民眾需用圖書；

　　三　關於辭典類之書籍；

　　四　關於世界學術名著；

　　五　關於本省史地物產風俗及其他各種文獻；

　　六　關於其他文明文化及高深學術者。

第 三 條　本館承本省行政長官公署之命，得審查下列各種
　　　　　圖書，及其他教育用品：

　　一　關於本省各級學校教科及參考應用之圖書；

　　二　關於本省社會教育及一般民眾應用之圖書；

　　三　關於本省各級學校應用之儀器標本及其他教育用
　　　　品。

第 四 條　本館設館長一人，綜理館務，並指揮監督所屬職
　　　　　員。

第 五 條　本館設下列各組室，其職掌於本館辦事細則規定
　　　　　之：

　　一　學校教材組；

　　二　社會讀物組；

三　名著編譯組；

四　台灣研究組；

五　資料室；

六　祕書室——分文書、出版、庶務三股。

第　六　條　本館設編纂十人至十五人，編審二十五人至三十
　　　　　　人，祕書一人，幹事十人至十五人，助理幹事十
　　　　　　人，並得聘請特約編審三人至五人。

第　七　條　本館各組室各設主任一人，除祕書室主任祕書兼
　　　　　　任外，餘由編纂兼任，分掌各該組室事務，股長
　　　　　　三人，股員六人，書記八人，分辦文書、出版、
　　　　　　庶務及繕校事務。

第　八　條　本館設會計員一人，助理會計二人，掌理本館歲
　　　　　　計會計及統計事項。

第　九　條　本館設圖書審查委員會，由館長，編纂及編審若
　　　　　　干人員組之，審查本館擬付印之文稿著作，及奉
　　　　　　命審查之各種圖書儀器標本，及其他教育用品。

第　十　條　本館設編輯委員會，就本館編纂編審及特約編審
　　　　　　中聘請若干人組織之。

第十一條　本館於必要時，得呈准行政長官公署設置各種專
　　　　　　門委員會，聘請學術專家充任委員，其組織另定
　　　　　　之。

第十二條　本館為謀館務之發展及與內地文化機關聯絡起
　　　　　　見，得設聯絡員若干人，辦理本館對外聯絡事
　　　　　　宜，其辦法另定之。

第十三條　凡本國學者自行編譯之專著，合於本規程第二條

各款之規定，經本館審查合格者，由本館酌送酬
金，其有重大貢獻者，得本人之同意，由本館付
印，給版稅及獎金。

前項版稅獎金酬金規則另定之。

第十四條　本館辦事細則另定之。

第十五條　本規程自公布之日施行。[11]

其後，該組織規程又再度改訂，於1947年2月8日公布。改
訂後的組織規程和最初公布之組織規程不同處，有以下數條劃線
部分。

第　三　條　本館承本省行政長官公署之命，或授教育處之委
託，及人民之申請，得審查左列各種圖書及其他
教育用品。

第　五　條　五　資料室——分圖書新聞兩課。

六　祕書室——分文書出版庶務人事四課。

第　六　條　本館設編纂十人至十五人，編審二十五人、祕書
一人、編輯十人至十五人、助理編輯十人、並得
聘請特約編審十六人至二十四人。

第　七　條　本館各組室各設主任一人，除祕書室主任由祕書
兼任外，餘由編纂兼任，分掌各該組室事務，課
長六人、課員八人，分辦文書、出版、庶務、人

11〈台灣省編譯館組織規程〉，《台灣省行政長官公署公報》秋字頁499-564
（1946年8月2日），頁450-51。

事,及圖書、新聞事務、書記八人,擔任繕校事務。

第 八 條　本館設會計員一人、<u>會計佐理員二人</u>,掌理本館歲計會計及統計事項。

第 九 條　本館設圖書審查委員會,由館長編纂及編審若干人組織之,<u>審查本館編譯圖書之計畫,及編譯完成擬付印之文稿著作,暨館外各種圖書儀器標本及教育用品,其組織及審查規則另定之。</u>

第十三條　<u>凡合於左列各款情事之一者,得由著作人酌抽版稅,或由本館收買其版權,其辦法另訂之。</u>

甲　本館編譯人員,其著作有特殊價值者,於發行時,得由著作人酌抽版稅。

乙　<u>本國學者自行編譯之專著,合於本規程第二條各款之規定,經本館審查合格者,得由本館收買其版權,或由著作人於本館發行時酌抽版稅。</u>

丙　本館特約編審所編譯之著作,除依照前款之規定,收買其版權,或由著作人酌抽版稅外,<u>並得另給一次之獎金。</u>[12]

　　從以上所列,可以得知其改訂後的組織規程,基本上沒有變更,變更的只是如第三條、第九條所列編譯館業務的擴大,第五條所列行政事務的細分,第六條、第七條、第八條所列的職員稱

---

[12] 〈台灣省編譯館組織規程〉,《台灣省行政長官公署公報》春字頁511-26(1947年2月10日),頁516-17。

呼與人員編制的變更，以及第十三條所列，業務之更具體化。改訂後的編譯館組織圖如下（筆者製）：

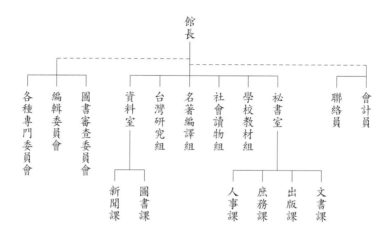

2. 台灣省編譯館的工作內容

　　編譯館的工作內容在上述的「台灣省編譯館組織規程」中，規定得相當明確。但是基本上，可以說是將陳儀寫給許壽裳的私函裡，編譯館之設立構想加以具體化，其工作分為學校教材組、社會讀物組、名著編譯組、台灣研究組四組來推進。

　　編譯館成立之後第三天，8月10日，館長許壽裳在記者會上，關於編譯館的業務，做了以下說明：

　　　講到本館設立的要旨不外兩點：第一、促進台胞的心理建設，台灣的教育，向稱普及，一般同胞大抵至少受過六年或八年的教育，這種情形在各省是少見的。可是台胞過去所受的教育是日本本位的，尤其對於國語國文和史地少有學習的

機會，所以我們對於台胞，有給以補充教育的義務和責任。
本館的使命，就要供應這種需要的讀物。

第二、對於全國有協進文化、示範研究的責任。台灣的學
術文化，已經有了很好的基礎，可以有為各省模範的資格，
而且本省政治的環境優良，農工業比較發達，民生也較為安
定，對於　國父三民主義的實行，實在是最適宜，而且最易
生效的，過去本省在日本統治下的軍閥侵略主義，當然應該
根絕，可是純粹學術性的研究，卻也不能抹殺其價值，我們
應該接收下來，加以發揚光大。如果把過去數十年間日本專
門學者從事台灣研究的成果，加以翻譯和整理，編成一套台
灣研究叢書，我相信至少有一百大本。

根據上述的兩項旨趣，本館的工作分為學校教材、社會讀
物、名著編譯、台灣研究四組。前兩組是實現第一項旨趣
的，後兩組是實現第二項旨趣的。[13]

許壽裳的編譯館工作重點，基本上還是遵循陳儀的構想，按
照其描繪的藍圖執行。但是，值得注意的是，許壽裳本人對於日
本殖民地時代留下的學術文化資本，並沒有全面否定。同年9月
5日，在一場對台灣省地方行政幹部訓練團學員的講話「台灣文
化的過去與未來的展望」中，他更公開表示：

台灣在文化上至少有兩種特點，這是各省所沒有，同時也

---

13 許壽裳，〈招待新聞記者談話稿──省編譯館的趣旨和工作〉，1946年8月10
日，許壽裳家屬提供。

可為各省作模範的：

一、有真正實行三民主義的基礎：……台灣農業發達，教育普及，工業也有基礎，民生主義容易實現。實在是實行三民主義的良好基礎。這是台灣文化的第一點特色。

二、是豐富的學術研究：……台灣有研究學術的風氣，可以說是日人的示範作用，也可說是日人的功績。日本雖然是侵略國家，但他們的學術我們需要保留，需要全國學者繼續研究，把它發揚光大，作為我們建國之用。日人對台灣的研究很多，他們的著作也很豐富。已經出版的不說，原稿已寫好未出版的還不少，因為不久有一部分日本學者將遣送回國，希望能拿出來，我們把它翻譯校訂付印貢獻給社會，還有材料已找好，但尚未寫出的，也希望能寫出來。他們對台灣的研究如：地形、植物、氣象、礦產以及人文各科等等都有分門別類的研究，很有成績，如植物一門，就有三十多種書籍，關於動物的研究著作也很多，如過去發生「鼠疫」即有跳蚤、老鼠等研究專書出版。這不但是我國各省所沒有，就是世界各國也很少有。這種寶貴的材料，我們不能不注意而忽略。而且要好好保持，繼續發展。這是我國學術的光彩，對世界文化的貢獻。也是台灣文化的第二點特色。[14]

講話內容中，許壽裳明確表示日本遺留在台灣的學術成果應當予以繼承。

---

14 許壽裳，〈台灣文化的過去與未來的展望〉，《台灣省地方行政幹部訓練團團刊》2卷4期（1946年10月），頁244-45。

　　戰後初期，來台從事教育文化工作的中國官僚，包括陳儀、許壽裳在內，大都是擁有日本留學經驗的「知日派」。他們在從事台灣文化重建工作時，也將日本遺留在台灣的學術文化資本繼承問題，納入視野。因此，長官公署在接收台灣之後，1945年11月3日，隨即公布「台灣省行政長官公署暨所屬各機關徵用日籍員工暫行辦法」，徵用日本技術人員、日本學術研究人員[15]。此日本學術研究人員的徵用，可以說即是基於日本遺留學術文化的繼承之考量。許壽裳按照陳儀的構想、指示，與自己對台灣的認識，同時也徵用了日本學者，將編譯館的工作分為前述的四組，具體推動之。

　　以下，將按照學校教材組、社會讀物組、名著編譯組、台灣研究組逐步檢討編譯館的工作內容。

　　(1) 學校教材組

　　陳儀對學校教材組的業務，做了以下的指示：

　　　　編譯館雖分四組，雖然四組工作都重要，但在明年（1947），尤其在上半年，希望特別注重中小學教科書一類。過去教育處所編中小學教本，據一般試用的結果，多半嫌太深，教學都覺困難，希編譯館就已編各書檢討一下，或修改，或另編，務使適合於國語國文程度尚不及各省學生的本省學生，此種新教本望於暑假前編竣，俾暑假後可以應用。

一面望編教本的參考書，或教學法，以供教員之用。至於編
輯人員，各學校教員中如有富有教學經驗，及編輯能力的，
亦可請其參加。[16]

　　學校教材組即是由併入編譯館，原長官公署教育處所屬的教
材編輯委員會組織而成，工作內容是編輯教科書。許壽裳請其東
京高等師範學校的同窗，即編譯館編纂程璟兼該組主任。當時計
畫編輯的教科書有以下八種：

　　⑴光復初等小學教科書。有國語、常識、算術、音樂及上
述各科之教學法，全8種。
　　⑵光復高小教科書。有國語、歷史、地理、算術、公民、
自然、音樂及上述各科之教學法，全14種。
　　⑶光復山地國民學校教科書。改編光復小學校的教科書。
並略增鄉土教材，同時編輯教學法。
　　⑷光復初中教科書。有國文、本國史、外國史、物理、音
樂、公民、應用文、英語、算術、代數、幾何、生理衛生、
化學、動物、植物、礦物地質、本國地理、外國地理及上述
各科教學指引，全36種。
　　⑸光復高中教科書。有國文、本國地理、公民、國學概
論、英語、三角、平面幾何、立體幾何、甲組用代數、乙組

---

16 〈台灣省編譯館工作概況──台「卅五」字第一四七號通知〉，1947年1月18
　日，許壽裳家屬提供，其部分內容收入《台灣年鑑：民國三十六年》（台北：
　台灣新生報社，1947），頁K85-K92。

用解析幾何、生物、礦物、化學、物理、本國史、外國史、外國地理、自然地理、音樂，全21種。

⑹光復師範教科書。有教育概論、教育行政、教育心理、小學各科教學法、測驗與統計、社會教育，全六種。

⑺光復職業學校教科書。有農業科目、工業科目、商業科目、水產科目、家事科目，全5種。

⑻國民學校成人班及婦女班教科書。有初級國語、初級公民常識、初級算術、高級國語、高級公民常識、高級職業常識、高級算術，全7種。[17]

從上列各種教科書，可以得知學校教材組的主要業務，是編纂適合當時台灣的初等教育、中等教育與師範教育的教科書，同時也考慮到原住民教育的教科書問題。至於其教科書的編輯方針又是如何呢？在學校教材組所校訂的教科書——初級小學適用《國語》，清楚表明其教科書編輯方針是：

　本書為求配合長官公署建設三民主義新台灣之施政方針計，對於民族意識之喚起，民族精神之發揚，國民道德之陶冶，特加注重。[18]

教科書內容，第一課即是「我們是中國的少年」，內容如下：

---

17 同前註。

18 〈初小國語編輯大要〉，初級小學適用《國語》第8冊（台北：台灣書店，1946）。

我們是中國的少年，

民族復興的責任，放在我們的雙肩。

偉大的時代，給我們嚴格的訓練。

我們的身體，像獅子一樣的健；

我們的意志，像鋼鐵一樣的堅。

只知挺進，不知苟全。

沒有畏縮，只有向前。

向前！向前！向前！

爭世界的正義，求民族生命的綿延！

我們是中國的少年！我們是中國的少年！

第二課是「怎樣做新台灣的少年」，內容如下：

新生的台灣，要仔細去扶持，要努力去建設。這個責任，
是在我們新台灣的少年們身上。

我們是新台灣的少年，我們應該怎樣做新台灣的少年？

第一，我們的知識，要和阿里山的寶藏一樣豐富。……

第二，我們的品格，要和新高山的主峰一樣崇高。……

第三，我們的貢獻要和日月潭的動力一樣偉大。

努力罷！新台灣的少年們！振作罷！新台灣的少年們！[19]

---

[19] 同前註，《國語》第8冊，頁1-4。第三課以下目次是：三、台灣，四、鄭成
功（一），五、鄭成功（二），六、巷戰，七、登陸，八、空襲（一），九、空
襲（二），十、砲手，十一、春光好，十二、春天來了，十三、螞蟻，十四、
蜜蜂歌，十五、小動物的自衛（一），十六、小動物的自衛（二），十七、喜鵲
做巢，十八、怎樣演說，十九、統一國語，二十、蔣主席的決心，二十一、聯

　　開宗明義的灌輸接收後的台灣小學生是「中國」的少年，是「新台灣」的少年之民族意識。從以上可以得知，學校教材組的工作，即是透過教育內容的重編，分擔了文化重建的部分任務。

(2) 社會讀物組

　　關於社會讀物組的業務，陳儀做了以下指示：

> 社會讀物組先以本省人為對象，文字須淺顯，字數不要多。[20]

　　社會讀物組的工作內容即是編輯一般大眾的社會讀物，許壽裳又請了其東京高等師範學校的同窗，編譯館編纂謝似顏兼該組主任。

　　當時社會讀物組擬編輯的大眾讀物，總稱之為「光復文庫」，計畫編輯的「光復文庫」，包含已刊、未刊，計有[21]：（參見表一）

表一

書　　名	內　　　容	編集者	已刊、未刊之別
怎樣學習國語和國文	專為矯正日本式的文章，而代以標準的國語圖解比較，使台胞學習國語國文有所幫助	許壽裳	已刊，「光復文庫」第1種，1947.5

合國，二十二、羅斯福總統，二十三、公告牌上的故事，二十四、大總統受罰，二十五、便條，二十六、溫泉浴，二十七、登新高山（一），二十八、登新高山（二），二十九、海上看日出，三十、暑假到了。

20 〈台灣省編譯館工作概況〉。

21 同前註。根據筆者調查，截至1947年5月編譯館被撤廢為止，「光復文庫」大概只出版7種書。

書　　名	內　　　容	編集者	已刊、未刊之別
日本改造論	從各種角度暴露日本之罪惡與錯誤，並指出日本今後改造方向	朱雲影	已刊，「光復文庫」第5種，1947.5
中國名人傳記	編輯王充、張騫、鄭成功等人傳記	馬禩光 謝　康	已刊，「光復文庫」第4種，書名改為《王充傳》，馬禩光編著，1947.4
魯迅及其阿Q正傳	介紹中國新文學的開山鼻祖	黃承燊	未刊
通俗歌曲集	取材簡單、淺顯復不失高雅，以培養民眾愛國觀念	汪培元	未刊
美國的女子	給予婦女衛生工作及處世待人之常識	梁甌倪	已刊，「光復文庫」第7種，書名改為《婦女的生活》，1947.5
古今文選百五十編	選讀人人必讀古今文選百五十篇	楊乃藩	未刊
中日文同音異義字彙	將中日文同形異義字，譯中文並加注音	張常悝	未刊
台灣三百年史	敘述台灣自明末迄今之歷史演變	謝　康	未刊
大同西銘及其他	原為蔣主席指定公務員必讀書，加以淺顯解析	謝　康	未刊
通俗物理學	以趣味為本位，將日常實見現象用物理知識加以解釋	傅　溥	未刊
中國故事集（上）	介紹民間故事及名人故事二部	蔡　鎮	未刊
龍門（童話集）	包括魔鬼的門徒等十二篇	袁聖時	已刊，「光復文庫」第8種，1947.6
中國地理現狀	介紹中國基本地理知識之一般讀物	皇甫珪	未刊
劉銘傳與台灣	敘述劉銘傳生平及台灣事蹟	楊雲萍	未刊

書　名	內　容	編集者	已刊、未刊之別
第二次世界大戰故事	選輯此次大戰中若干動人史實，寫成興趣化文藝的故事	趙英若	未刊
經典淺說	講述關於四書五經之內容	黃承燊	已刊，「光復文庫」第6種，書名改為《四書淺說》，1947.5
中國史通論	以簡扼文筆敘述中國歷史概略	梁嘉彬	未刊
中國發明史略	敘述歷代發明的史實	唐傳基	未刊
三民主義淺說		盧英芳	未刊
我國的憲法		朱毅如	未刊

　　此外，不在預定編輯書目內，而出版的「光復文庫」有第2種《標點符號的意義和用法》（黃承燊編，1947年4月）和第3種《簡明應用文》（楊乃藩編，1947年4月）。關於「光復文庫」編印的目的，在許壽裳執筆的〈「光復文庫」編印的旨趣〉中，即明確指出：

　　　　台灣省編譯館是為了要普遍地供應本省同胞一種精神食糧，使他們能夠充分地接受祖國文化的教養而成立的。所以除了編印中小學教科書以外，還要編選許多社會讀物來供應本省的一般民眾（包括中小學教師、大中學生、公務員以及家庭婦女、農工商各界在內），使他們對於祖國的文化、主義、國策、政令等一切必需的實用的知識，明白了解，這就是本館現在編印的「光復文庫」的旨趣。[22]

---

22 許壽裳，〈「光復文庫」編印的旨趣〉，在所有的「光復文庫」之封面扉頁底皆有印上上述文字。本引文是根據「光復文庫」第1種，許壽裳編，《怎樣學習國語和國文》（台北：台灣書店，1947）。

　　從上述「光復文庫」的內容要旨與編印旨趣，能夠得知社會讀物組的任務是編輯、普及大眾讀物「光復文庫」，藉此代替日文讀物與其內容。從「光復文庫」的內容與刊行順序來看，最先優先考慮的，還是中國語與中國文的推行普及；其次是中國文化的傳播，而其傳播的中國文化內容，主要是中國歷代名士、儒家經典、中國歷史地理的介紹，其中也包括了日本批判與婦女教育，內容不可謂不多。從「光復文庫」書目中，也能知道社會讀物組也計畫要介紹魯迅，把魯迅及其作品作為中國文化的一環來傳播，這也正是許壽裳的心願。關於許壽裳如何將魯迅思想的傳播與台灣文化重建做有機的結合，本書第六章再作詳細論述。

(3) 名著編譯組

關於名著編譯組的業務，陳儀做了以下的指示：

　　至於名著編譯，最好先集中力量於一件事，譯述大學生及研究人員必須研讀的專科學術名著，可先請各科專門學者，選定各科必讀名著若干種，然後彙編一應譯名著目錄，斟酌人力、財力，有系統的逐漸譯述。但已有譯本的，可緩譯。[23]

名著編譯組的工作方針，一開始即非常明確：

　　名著應就廣泛意義解，不僅限於學術專著，亦應包括創作的作品。名著編譯組的計劃即根據這個原則。一方面因為限于人力，未能全部包括應有的門類；一方面也因為養成閱讀

---

[23] 〈台灣省編譯館工作概況〉。

的能力，給研究者入門的工具，在目前尤屬重要，本組的工作倒更為注重創作作品的翻譯。……創作的名著之翻譯，在培養國文的能力上有很大的效用，這是基本的工作。[24]

名著編譯組的工作，許壽裳邀請了昔日魯迅創立的文學結社「未名社」的重要成員，俄國文學家李霽野來台，擔任編譯館的編纂兼該組主任。當時名著編譯組擬編譯的書目見表二[25]：

表二

書　名	內　　容	原著者	譯　者	已刊、未刊之別
莪默詩譯	莪默為波斯中古時代詩人，所著魯拜集為世界名著之一，今擬以絕句試譯	波斯：莪默	李霽野	未刊
我的學生生活	敘述十九世紀初葉俄國大中學生生活	舊俄：亞克沙拜夫	李竹年（李何林）	未刊
鳥與獸	作者為現代卓越的自然研究家，寫鳥獸有近人性之生活，非常有趣	英：哈德生	劉文貞	已刊，1947.6
伊諾克亞敦	原著為Tennyson之優秀作品，文彩質樸情節哀婉，全書十二節	英：湯納遜	劉世模	未刊
價值論	以哲學的眼光來討論真善美三方面的價值問題		金瓊英	未刊
美學的理想	看看別人的人生理想與自己的比較一下想來是件有趣的事		金瓊英	未刊
四季隨筆	以片段隨感式的文字，抒寫作者對於文學、藝術、人生、社會各方面的見解	英：吉辛	李霽野	已刊，1947.6
論語今譯	記載孔子和弟子間的談話及瑣事		繆天華	未刊

---

24 同前註。

25 同前註。

從表二的書目，得知名著編譯組所從事的翻譯以創作名著最多，且偏重文學作品，有詩歌、小說、散文，遍及波斯、俄國、英國等國文學。此外，還有編輯介紹哲學及中國儒家經典著作的計畫。名著編譯組設立的目的，考慮到透過名著的編輯、翻譯、介紹，以喚起大學生和研究者的研究興趣，其另一動機是藉名著的普及和普及社會讀物一樣，無非想代替日文讀物，移入西洋文化和中國文化的知識，除了意圖提高台灣人的中文解讀能力以外，同時也希望能達到文化內容重建的目的。

(4) 台灣研究組

關於台灣研究組的工作，陳儀並沒有任何指示，其設定也許是出自許壽裳自身的構想。如同前述許壽裳在考慮戰後台灣的文化重建工作時，也將戰前日本學術文化資本的繼承問題納入視野。著名台灣史前史研究學者，即前台北師範學校教授，後被編譯館徵用為編審的國分直一，就台灣研究組設置的意義，指出：

> 台灣省編譯館台灣研究組的設立，有其應當予以注目的意義，它是以日本文化的接收和強化翻譯陣容為目標，意圖某種程度完成日本時代未竟的研究，將其成果提供予學界。[26]

國分直一的批評清楚的概括了許壽裳的意圖。當時台灣研究組的主任，許壽裳邀請編譯館編纂楊雲萍來擔任[27]。楊雲萍

---

[26] 國分直一，〈戰後台灣における史學民族學界──主として中國內地系學者の動きについて─〉，《台灣考古民族誌》（東京：慶友社，1981），頁4。

[27] 楊雲萍任職編譯館的經過，根據其回憶：「台灣光復，游彌堅先生設立台灣文化協進會，創刊《台灣文化》月刊，《內外要聞》旬刊，由我主編。協進會辦

（1905-2000），出身台北士林的富裕家庭，1921年入學台北第一中學校，在學中創刊文學雜誌《人人》，之後前往東京留學，1928年畢業於日本大學文學部預科，1931年畢業於文化學院文學部創作科，在文化學院的在學期間他受教於名小說家、評論家菊池寬、小林秀雄、川端康成等人。返台後，活躍於台灣文化界發表多篇與文學、歷史相關的文章。許壽裳也徵用一批日本學者，如南洋語言與台灣高砂族語言專家，前台北帝國大學教授淺井惠倫（編纂）、上述的國分直一、民俗學家池田敏雄（編輯）、畫家立石鐵臣（編輯）及昆蟲學家，前台北帝國大學教授素木得一（編纂）等人[28]。當時台灣研究組計畫校訂、編輯的學術書情況可見表三[29]：

公的地方，在市中山堂三樓。有一天，洪炎秋先生突然來訪，說許壽裳季茀先生要和我見面，⋯⋯我們一見如舊，⋯⋯他詳細說明編譯館的目的，規模以及人員的待遇。⋯⋯他說在北京時，已看過我的中日文著作。要我參加編譯館，看到我的名片，知道我是長官公署參議，又說可以兼任。對於他老先生的熱情和誠懇，我立即答應」〈許壽裳先生的追憶〉，《中外雜誌》30卷4期（1981年10月）。楊氏在戰後，立即於《民報》（1945年10月14-16日）發表〈文獻的接收（上）、（中）、（下）〉一文，呼籲國府接收台灣時，除了物資、器材、建築、設備以外，對於圖書、檔案等文獻，更當要有十二分的考慮。楊氏特別呼籲要注意接收台灣總督府、台灣總督府圖書館、南方資料館、台北帝國大學的檔案文獻、圖書。據聞他被聘為長官公署參議與發表此文有關，由此觀之，許壽裳所以會邀請楊氏擔任編譯館編纂並兼台灣研究組主任，是能夠理解的。

28 楊雲萍、淺井惠倫、國分直一、池田敏雄、立石鐵臣皆是戰前《民俗台灣》的同仁，戰後，淺井等人所以任職編譯館，支撐著台灣研究組的工作，皆與楊雲萍有關係。

29 〈台灣省編譯館工作概況〉。

表三

書　名	內　　　容	編譯者
琉球亡國實錄	原書名《琉球見聞錄》一名《廢藩事件》，係琉球舊藩士喜舍場朝賢所著，於琉球滅亡史實記載甚詳	梁嘉彬
過去日人在台灣之科學活動及其成績	就生物、醫學、工礦、地質、各部門敘述過去日人在台之著作發明及建設	張常惺
台灣府縣志藝文志索引	台灣全志向無索引，此以便稽考	賴子清
瘧疾特論	瘧疾在台灣醫界十分重要，本書係台大醫學院教授森下薰所著	廉新生
台灣昆蟲誌	以世界所產昆蟲約四十萬之分類為基礎，對於台灣產的昆蟲每屬記一種，藉以說明	素木得一
高山族語言集成	上篇平埔蕃語，下篇高山蕃語	淺井惠倫孫建中
台灣先史時代之研究	實地調查台灣先史時代之遺跡，採集資料，研究其文化及考究其系統	國分直一
台北盆地之農家		國分直一張樑標
台灣民俗研究	福建系台灣人的個人生活上的諸種儀式，分產育、成年、婚姻、葬禮四部	池田敏雄張樑標
台灣通志	原書為清蔣師徹、薛紹元等編纂，原稿藏省圖書館，由本館借鈔一遍，並加校勘及標點符號	
小琉球漫誌	原書為清朱士玠著，凡十卷，記本省風物，詩文俱佳，存者極少，台大圖書館借鈔，已加標校	
使署閒情	原書為清六十七（居魯）所輯，計四卷，搜集本省藝文甚眾多，為方志所未載，經本館向「楊氏習靜齋」借鈔	

　　從表三的書目中，得知台灣研究組的設立目的，主要是整理、翻譯，或繼續日本學者的台灣研究。換言之，是為了繼承日本人的學術遺產。從前述許壽裳的講演中，得知許壽裳是將日本人的學術遺產當作世界文化的一環，主張保留，並發揚光大。許壽裳也許認知到，為了進行台灣的文化重建工作，所謂繼承日本人的台灣研究學術遺產，除了繼承日本學者的研究風氣外，也透過日本人的台灣研究與台灣研究組本身的台灣文獻整理關係，更加能夠理解台灣，有助於編譯館所負責工作的展開。

　　以上所述，可以清楚的了解編譯館的工作內容，其四組所分擔的工作內容，雖然不同，其實是相輔相成的。學校教材組的主要任務是編輯當時台灣初等教育與中等教育、師範教育的教科書，透過教科書，除了便於推行中國文、中國語教育外，也透過重編過的教育內容，灌輸中華民族意識予台灣學生。而社會讀物組的主要任務是編輯大眾讀物，透過大眾讀物「光復文庫」的普及，也是著重中國文、中國語的普及，並藉重編過的文化內容，做中國文化移植的工作。因此，可以發現上述兩組的工作，是意圖從學校教育與社會教育著手，進行台灣文化重建的工作。而名著編譯組的任務，是編纂、翻譯世界名著、名作，目的是希望大學生與研究者透過世界名著、名作的閱讀，開展視野，喚起研究興趣，其最終意圖和社會讀物組一樣，欲達成文化內容重編的目的。台灣研究組的任務，除了繼承日本學術文化遺產之外，同時也有繼承日本學術研究風氣的意圖，從名著編譯組與台灣研究組的任務來看，可以發現，編譯館在進行文化重建工作時，除了考慮如何使台灣中國化以外，同時也將世界學術文化的介紹與繼承放進視野裡，企圖從教育與研究兩方面雙管齊下，進行文化重建，

從這一點來看也可以知道編譯館兼具有教育與研究的雙重功能。

三、台灣省編譯館的撤廢與成果

1.台灣省編譯館的撤廢

　　1947年2月，台灣發生二二八事件，事發後，4月22日，國府行政院會決定將長官公署裁廢，改組為省政府，並更換長官公署行政長官陳儀，改派魏道明出任台灣省政府主席。同年5月11日，陳儀離台，5月15日，魏道明抵台履新。隔日，召開省政府委員會第一回政務會議，決議撤廢編譯館，其業務由省政府教育廳接管30。編譯館自成立之後，僅十個月即被撤廢。許壽裳在編譯館被撤廢的翌日（5月17日），於日記裡記下：

30《台灣省政府公報》，1947年5月17日，頁16。

　　台灣省編譯館撤廢前一個月的職員名單如下（撤廢時的職員名單未見）：

　　館長許壽裳；編纂：李霽野、鄒謙、傅溥、謝似顏、程璟、章微穎、張一清、鄭桓、朱雲影、周學普、楊雲萍、沈其達、姜琦、孫培良、章熙林；編審：謝康、馬禩光、繆天華、洪鍪、楊蕭、梁嘉彬、張常惺、蔡鎮、金瓊英、黃承燊、朱毅如、趙英若、李竹年（李何林）、劉世模、吳棠、何翠娥、梁甌倪、國分直一、金溟若、黃濬；編輯：袁聖時、廉新生、丁士鏞、劉文貞、賴子清、張樑標、汪培元、孫建中、周家風、陳嗣英、王守豐、黎淑儒、立石鐵臣、黃敬恭；助理編輯：陳光、劉瀚才、王化棠、周一粟、饒壽浩、呂基正、許進、周渭清、楊蓮；出納員王化棠兼；會計員葉桌孫；佐理會計楊佩雲；課員：廖瑞英、何亦娟、黃鼎修、周勤宜、鄭丁塗、蔡秋楓、紀顯臣；書記：胡學彥；汪履冰、劉蘊輝、周基文、李觀濤、周梅生、鍾季輝、鄭月英、李兩成、魏麗華、沈家駒、大崎百百子、竹下律子、傅時松、鄭貞綾。見〈台灣省編譯館職員一覽〉，1947年4月，許壽裳家屬提供。

1947年5月，台灣省編譯館撤廢前，全體同仁合照。從下往上數第四行，右起第二人是楊雲萍；第三行，左起第三人是袁珂，第四人是李霽野，第六人是淺井惠倫，第七人是許壽裳；從下往上數第二行，右起第二人是李何林；最後一行，右起第三人是池田敏雄，第五人是國分直一（許壽裳家屬提供）。

> 新生報及省政府公報，載編譯館經昨日第一次政務會議議
> 決撤銷，事前毫無聞知，可怪。在我個人從此得卸仔肩，是
> 可感謝的，在全館是一個文化事業機關，驟然撤廢，於台灣
> 文化不能不說是損失。[31]

編譯館撤廢的理由諸說紛紜，莫衷一是，例如當時的新聞報

---

[31]《許壽裳日記》，頁250。

紙即說是因「編譯館是陳儀因人設事，經費太多，沒有成績，思想有問題」32，此處的「因人」，當然是指許壽裳。當時編譯館的編審李何林，在日後也曾指出，編譯館的即刻廢止之決定，係魏道明從南京帶來的國民黨CC派之指令，因為許壽裳經常反對CC派主導的法西斯教育政策33。

　　編譯館的設立，如同前述，其具體的實現，可說是出自陳儀個人的構想，而且，其設立之法的依據，是陳儀利用行政長官的立法權，制定台灣省單行法規，在制度上是相當脆弱的。事實上，當陳儀被替換時，編譯館的命運也就可想而知。更何況當長官公署撤廢改組為省政府時，台灣行政機構全體再調整34，編譯

32 《星濱日報》，1948年3月4日。

33 李何林，《李何林選集》（合肥：安徽文藝，1985），頁52。

34 台灣省政府的組織系統如下：

台灣省政府組織系統

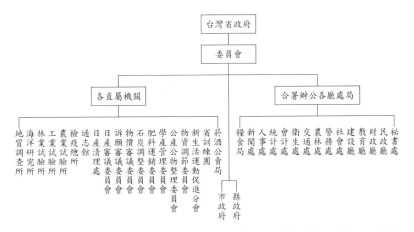

（出處：台灣省政府編，《民國三十八年台灣省政紀要：第三種・機構調整概況》［台北：台灣省政府］，1949）。

館的撤廢有可能只是其行政機構調整的一環而已。

2. 台灣省編譯館的成果

編譯館的工作內容，在前述第二節裡已作詳細說明，國分直一也曾對編譯館的全體業務，做過簡潔的概括性描述：

> 中國接收台灣後設立的台灣省編譯館，其業務不僅僅是如日本時代文教局編輯課，所行教育關係讀物之編輯工作，還有以廣大民眾之教化為目的，而編輯、翻譯介紹外國名著，其中尤以台灣研究為其主要工作，規模是相當大的。[35]

當初，陳儀在給許壽裳的私函中，對於編譯館的業務，希望許壽裳「花五年工夫來完成他」，陳儀也知道編譯館的事業是花時間且規模龐大。但是，自其設立（1946年8月7日）到實際運作、撤廢（1947年5月16日）為止，不到一年，時間太短，很難說有巨大成果出現。而且當時台灣與中國在文化上的隔絕，不可能馬上就消解言語上的隔閡。在許壽裳寫給魯迅未亡人許廣平的信上（1947年4月19日），他就這麼說：

> 此間辦事困難，其最大障礙是在語文的隔閡，因台胞均說日語，看日文，對於國語、國文程度太低，現雖注力於此，收效尚甚少也。[36]

35〈戰後台灣における史學民族學界〉，頁3。
36〈許壽裳先生書簡抄〉，《新文學史料》總第19期（1983年第2期），頁69。

　　信上其實也透露出許壽裳的編譯館工作進展並不是很順利，加上編譯館本身條件也是問題重重。1946年的〈台灣省編譯館九月度工作報告〉上，關於「館務行政」方面，就做了以下指陳：

　　1. 擴充館舍之計畫。本館館址，在本省文化館（舊總督府）大廈尚未修竣前，奉　　命暫假龍口街教育會館辦公。惟該館原為教育處各科借用，是以本館侷處二樓兩小室，地偪人稠，工作頗感不便。
　　2. 職員住宅之籌備。本館新邀約之人員，為數甚多，職員住宅，亟待籌備，以期安定生活。
　　3. 工作人員之補充。本館邀約人員，因道途遙遠，行旅多艱。本月份到職者，僅有七人。[37]

此外，對於編譯館事業的無從接收，許壽裳也曾喟嘆：

　　本省的編譯工作，可以說是一種從頭做起的工作，其他部門，其他機構，都有事業可以接收，唯有編譯事業，無法接收，同時也不應該接收。[38]

　　從以上所述，能夠得知編譯館在創立初期，客觀條件並不算是良好，幾乎是一項從頭開始的事業，在短時間之內，難收成果。

---

37 〈台灣省編譯館九月份工作報告〉，1946年9月30日，許壽裳家屬提供。
38 許壽裳，〈台灣省編譯事業的拓荒工作〉，《台灣月刊》3、4期合刊（1947年1月），頁61。

1947年6月24日，編譯館改組為編審委員會，由教育廳接管，當時負責移交的編譯館編纂章微穎，曾證言：

移交中，除已印成之圖書二十餘種外，計有稿件三百餘萬言，皆編譯初成或尚未完成。[39]

隔日6月25日，館長許壽裳在日記上寫下了：

來台整整一年矣，籌備館事，初以房屋狹窄，內地交通阻滯，邀者遲遲始到，工作難以展開。迨今年一月始得各項開始，而即有二二八之難，停頓一月，而五月十六即受省務會議議決裁撤，如此匆遽，莫解其由，使我表見未遑，曷勝悲憤！館中工作專案移交者近三十件，現款專案移交者百五十餘萬。知我罪我，一切聽之！[40]

總之，編譯館的具體成果，從上述可得知大約是圖書二十餘種的刊行，與三百餘萬字未完全完成的稿件。編譯館的學校教材組、社會讀物組、名著編譯組的工作，由教育廳編審委員會接管，而台灣研究組的工作，則由1948年6月成立的台灣省通志館接管，其後，1949年6月，台灣省通志館改組為台灣省文獻委員會，2002年，台灣省文獻委員會又改組為「國史館台灣文獻館」。

---

[39] 章微穎，〈36年6月、台灣省編譯館結束，賦短章呈翁師座〉，許壽裳家屬提供。
[40]《許壽裳日記》，頁254。

結語

　　編譯館透過學校教材組、社會讀物組、名著編譯組、台灣研究組的工作分擔，從學校教育與社會教育雙管齊下，移入中國文化，介紹西方文化，重編戰後台灣的教育、文化內容，以取代日本文化在台灣的影響力，達到其戰後台灣文化重建的目的。

　　台灣省編譯館從成立到撤廢的時間極短，僅僅十個月，其唯一的具體成果是台灣研究組在楊雲萍的領導下，整理、抄錄、編譯日本人留下的台灣研究成果[41]，在今天台灣研究成為一門顯學

---

[41] 編譯館撤廢後，楊雲萍於〈近事雜記（六）〉（《台灣文化》2卷5期 [1947年8月]，頁12），列舉出台灣研究組完成（未完成）書目，如下：

編譯（著）者	書名‧篇名
梁嘉彬著	隋代琉求確非台灣考
岩生成一著　鄭桓譯	明末旅日甲必丹李旦與鄭芝龍
國分直一著　張樑標譯	台灣先史時代靴形石器考
國分直一著　張樑標譯	苑裡後龍底新石器時代遺址發掘預報
國分直一著	台北盆地之農家
青木文一郎著　張樑標譯	鼠族驅除考
W. Eberhard原著　金關丈夫譯註	射人
池田敏雄著　張樑標譯	福建系台灣人的產育習俗
淺井惠倫著　孫建中譯	Utracht大學所藏台灣平埔語彙
森下薰著　廉新生譯	瘧疾特論
賴子清編	台灣府縣志藝文志索引
素木得一著	台灣昆蟲相
鄭桓編譯	台灣氣象
張常惺著	過去日人在台灣之科學活動及其成績
金溟若著	台灣文治武備沿革史略
立石鐵臣書	石器圖譜

之際，其往年的貢獻是不容忽視與否定的，說編譯館台灣研究組
是戰後台灣研究的出發點，想必是不為過的。

楊雲萍於書目後記也提到，「上列的，除一二篇外，餘皆完成的，……此外
還有《台灣通志》、《小琉球漫志》、《使署閒情》等的傳抄和校勘，及《台灣
關係文獻目錄》的編輯」（〈近事雜記（六）〉）。

第五章
新文化體制的確立
——台灣文化協進會

一、台灣文化協進會的成立

　　台灣文化協進會（以下簡稱協進會）是1946年6月16日，成立於台北的文化團體，與前章論述的台灣省編譯館攜手合作，在戰後台灣的文化重建工作與新的文化體制之建立上也扮演了重要角色。協進會的成立籌備工作早在1945年11月即展開，負責籌備的是時任台北市長的游彌堅。游氏在協進會正式成立後，擔任了該會理事長。當時，游氏曾在《新生報》上公開宣稱協進會的創立宗旨是：

　　　　台灣被日本統治了五十一年，……一切的文化、思想、言論都被壓制到像悶豆芽似的無天日可見，無生長的餘地。在帝國主義的高壓下，一天一天地培植了法西斯的細菌，因此台灣人在這五十一年的中間，被法西斯的毒素麻醉的相當厲害，帝國主義的蔓延在台灣的社會也相當的深。

　　　　現在台灣雖然光復，……但是毒素不是一旦可以掃除乾

淨,毒根不是一天可以掘得清楚。為了趕快實現三民主義的理想,我們應該如何來清除這些毒素?掘掉這些毒根?如何來改變我們這被奴化的觀念,如何來協助政府建設新台灣?這是我們應當考慮,應當努力的地方。台灣文化協進會創設的動機也就是從這裡產生出來的。台灣文化協進會的目的,是要宣揚三民主義的精神,灌輸民主政治的思想,改變被奴化的台灣文化,協助政府推行政令,傳習國文國語,並對社會作種種的服務工作。[1]

經過半年多的籌備後,於翌年6月16日正式舉行成立大會前夕,《新生報》刊登如下報導:

為了促進本省文學、美術、演劇、音樂,教育、學術等諸文化之提昇,以達到民主化的彼岸,之先集合了多數有志之士,成立了台灣文化協進會設立籌備處,準備工作順利開展,已確立將在十六日(星期日)午後兩點,於省都中山堂召開成立大會。[2](原文日文)

協進會正式成立後,公布其成立宗旨是:

本會以聯合熱心文化教育之同志及團體協助政府宣揚三民主義傳播民主思想改造台灣文化推行國語國文為宗旨。[3]

---

[1] 游彌堅,〈台灣文化協進會創立的宗旨〉,《新生報》,1945年11月20日。

[2] 《新生報》,1946年6月12日。

[3] 〈台灣文化協進會章程〉第二條,《台灣文化》1卷1期(1946年9月),頁28。

理事長游彌堅也公開宣稱「文協的使命」是：

　　光復後，台灣的文化界，好像暴風雨之後的沉默似的，大家無聲無息，帶有飄零無依的景象。這是大亂之後應有的氣象不能把他看做老衰凋落，而是含有待機欲動的新生的力量。不過因為一時失掉了表現的工具，找不到發揮的園地罷了。

　　客觀的條件一經改變，內在的情流也要隨之改造，一切需要重新認識。新世界構成新觀念，同時也要用新觀念來構成新世界。……碰到這種大變動，人們就難免會感覺到手忙腳亂。對新世界的認識還沒清楚以前，新觀念也就無從構成？一切都在動盪中，一切都在變化的過程中，這就是台灣文化界的苦悶和沉默的原因，同時沉默也就是苦悶的象徵，這苦悶卻是新生的力量。……這苦悶卻含蓄著，無量的生長力，革命性。就是在醞釀著新的台灣，新的中國，乃至新的世界的新文化的酵母。

　　這些酵母都需要純化，需要有良好的園地讓他發酵，生長。開闢這園地就是台灣文化協進會的使命。為了達成這使命，我們文化協進會的同仁，願意做台灣文化界的忠實僕人。就是說，我們文化界的同志，集合起來組織文化協進會，來促進台灣文化界的先生們，分門別類的，結成團體，大家將個人所釀造的酵母，拿到共同的園地來播種，讓他開美花結美果。這共同的園地，有文學的，有音樂的，有美術的，有……的，繼續開拓下去，不斷地讓他發展。我們文化

協進會的同仁，只守著忠僕的任務，誠誠懇懇的，為台灣文
化界服務罷了。……

我們的國家是三民主義的國家，今後的世界應該是三民主
義的世界，所以我們所需要的新文化，也應該是三民主義的
文化。三民主義文化是什麼？這是新生的台灣，迫切所要的
文化，也是新中國所需要的文化。而台灣將要做這新文化的
苗圃，我們不要忘記我們負著這光榮的使命，努力罷！自重
罷！[4]

從上述游彌堅自己陳述的協進會創立宗旨、使命、《新生報》
的報導及該會對外公布的成立宗旨，可以初步理解協進會成立的
動機是在面對戰後台灣文化界客觀條件改變之後，整個台灣文化
界需要再重編，換言之，即在戰後台灣整個文化體制結構性改變
之際，率先企圖整合收編台灣全省的文化界人士，協助政府從文
學、美術、音樂、戲劇、教育、學術等所有的文化層面，一掃日
本殘留的文化資本。而這些日本文化資本在主事者游氏眼中是
「毒素」、「毒根」，日本化是等同於「奴化」。

我們再進一步分析協進會的組織。協進會的組織規程共有七
條。

㈠本會設理事十五至二十一人組織理事會綜理會務理事由
會員大會或會員代表大會選舉之理事互選五人為常務理事主

持重要會務並由各常務理事互選一人為理事長。

㈡本會設監事五人至十人組織監事會監察會務監事由會員大會或會員代表大會選舉之，並由各監事互選三人為常務監事。

㈢理監事之任期為一年連選得連任常務理監事與理事長亦同。

㈣本會得由理事會聘請名譽理事及顧問。

㈤本會設總幹事一人由理事長提請理事會聘任之總幹事處理本會一切決議案及日常事務。

㈥本會設總務、教育、宣傳、研究、編輯、服務六組每組設主任一人由理事長提請理事會聘任之，各組主任分掌各該組事宜組主任以下職員由理事長任用之。

㈦本會得設置各種委員會其規程另定之。[5]

根據上述組織章程，將協進會的組織系統列表如下（筆者製作）：

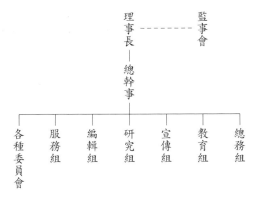

---

[5]〈台灣文化協進會章程〉第六條，《台灣文化》1卷1期（1946年9月），頁29。

　　協進會的會務是由理事長統括，重要會務是由理事會中互選五名常務理事來執行，而實際執行會務的是這五名常務理事互選的理事長。理事長再交由總幹事執行，但是到最後實際負責實務，執行協進會活動的是總務組、教育組、宣傳組、研究組、編輯組、服務組與各種委員會，總幹事與各組的主任事實上也都由理事會的理事來兼任，結果理事會仍然是統括、推進、執行協進會會務的最高機構。

　　協進會成立時的理事及監事名單如下列圖表：

職　務	姓　名	官　　職	其　　他
理事長	游彌堅	台北市長	前台灣調查委員會委員
常務理事	吳克剛	台灣省立圖書館館長	國立台灣大學教授
常務理事	陳兼善	台灣省博物館館長	
常務理事	林呈祿		東方出版社社長
常務理事	黃啟瑞	台北市教育局局長	
理事	林獻堂	國民參政會參政員	
理事	林茂生	國民參政會參政員	國立台灣大學教授
理事	羅萬俥	國民參政會參政員	
理事	范壽康	行政長官公署教育處處長	
理事	劉克明	台灣省教育會監事	
理事	林紫貴		中國國民黨台灣執行委員兼宣傳處長
理事	邵沖霄	行政長官公署參議	
理事	楊雲萍	行政長官公署參議	兼協進會編輯組主任
理事	陳逸松	國民參政會參政員	
理事	陳紹馨		國立台灣大學教授兼協進會研究組主任

職　務	姓　名	官　　職	其　　他
理事	徐春卿	台北市參議會參議員	
理事	林　忠	國民參政會參政員	前台灣調查委員會專員
理事	連震東	台灣省參議會祕書長	
理事	許乃昌		兼協進會總幹事
理事	王白淵		兼協進會教育組服務組主任
理事	蘇　新		兼協進會宣傳組主任
常務監事	李萬居	台灣省參議會參議員兼副議長	前台灣調查委員會委員
常務監事	黃純青	台灣省參議會參議員	
常務監事	蘇維梁	台灣省參議會參議員	國立台灣大學教授
監事	劉明朝	國民大會代表	
監事	周延壽	台北市參議會議長	
監事	吳春霖	台北市參議會參議員	
監事	謝　娥	國民大會代表	

（根據《台灣文化》1卷1期［1946年9月］；章子惠，《台灣時人誌》［台北：國光，1947］；陳鳴鐘、陳興唐主編，《台灣光復和光復後五年省情》上［南京：南京，1989］製作）

　　從上述理事、監事的成員名單來看，有政府方面的台北市長、台北市教育局局長、行政長官公署教育處處長、行政長官公署參議、台灣省立圖書館館長、台灣省立博物館館長，有民意機關（國民參政會、國民大會、台灣省參議會、台北市參議會）代表，也有來自民間的出版社社長、大學教授。其中理事長游彌堅、理事林忠、常務監事李萬居還是前台灣調查委員會成員，本書在第一章已說明了該委員會是由蔣介石下令，在1944年4月於重慶成立（1945年8月撤廢），主要任務是研擬「台灣接管計畫

綱要」，為接收、統治台灣做準備，從「台灣接管計畫綱要」的
起草、行政長官公署的設置、台灣的接收、統治，他們都實際參
與，因此對戰後國府如何在台灣進行文化重建與重新建立新的文
化體制也相當了解，如果再將協進會的成立宗旨與上述組織成員
名單一並合起來看，毫無疑問的，協進會實際上就是政府──行
政長官公署的外圍團體，是國府透過協進會的組織與活動，作為
建立戰後台灣新的文化體制工作的一環。

從協進會組織成員的經歷進一步再調查的話，會發現極有趣
的事實，即實際負責、執行協進會活動的理事兼總幹事許乃昌、
理事兼宣傳組主任的蘇新、理事兼教育組、服務組主任的王白
淵，三人皆是活躍於戰前的左翼運動家。而理事兼編輯組主任的
楊雲萍與理事兼研究組主任的陳紹馨也都是活躍於戰前文化界的
人士，楊雲萍又兼任稍後設立的台灣省編譯館編纂兼台灣研究組
主任，陳、楊兩人皆參與了戰前基本上代表資產階級的民族運
動，以及左、右兩派並具的台灣文化協會之各種文化啟蒙運動。
而協進會與台灣文化協會在活動上具有異曲同工之妙，皆收編、
統合這些經驗豐富的戰前活動家，並展開各種文化活動。

二、台灣文化協進會的活動

協進會曾公布〈台灣文化協進會業務要覽〉是：

1. 文化講座：舉辦學術講座，如「台灣歷史講座」等。
2. 文化座談會：舉辦有關文化、學術之座談會。
3. 出版刊物：發行《台灣文化》月刊，《內外要聞》半月

刊，及各種單行本。

　4. 音樂工作：每年定期舉辦全省音樂演奏大會、全省音樂比賽大會，並隨時舉行個人演奏會等。

　5. 舉辦展覽會：舉辦美術及其他展覽會。

　6. 國語推行工作：舉辦國語補習班、國語演講比賽大會等等。

　7. 經營招待所：地址在台北市南昌街一○二四號，供應文教界人士膳宿。

　8. 文化事情諮詢：代各界人士調查有關省內外文化教育等情形。

　9. 代辦圖書雜誌：代辦代訂京滬等地出版物。

　10. 其他業務：其他隨時推行各種文化工作。[6]

　　從「協進會業務要覽」能夠清楚知道協進會的具體活動內容是圍繞在文化方面的工作，並按照其創立宗旨行事。這些活動的分掌與執行，皆是交由前述組織規程第六項所列出的總務、教育、宣傳、研究、編輯、服務各組與各種委員會去分掌、執行。

　　以下，筆者將按照「協進會業務要覽」逐步檢討協進會的活動內容，為便於檢討，故先將協進會的活動內容製成年表如下，再根據此年表對照「協進會業務要覽」檢討其活動內容。

6〈台灣文化協進會業務要覽〉，收入許壽裳，《魯迅的思想與生活》（台北：台灣文化協進會，1947），封底。

台灣文化協進會活動年表（1946.6—1948.12）

時間	活動內容
1946.6.16	舉行成立大會
6.28	舉辦林妹殊畫家國畫個展
7.4	舉行首次文學委員會懇談會，討論事項6條： 1. 台灣文學現階段的工作。 2. 表現形式與語言問題。 3. 民謠之蒐集與創作問題。 4. 文學作品之發表機關問題。 5. 台灣文化賞問題。 6. 國內文學之研究及其出版問題。
8.10	舉行首次音樂委員會懇談會，討論事項4條： 1. 當前台灣音樂教育問題。 2. 台灣歌謠問題。 3. 古樂問題。 4. 業餘大眾合唱團方案。
8.22	舉辦陳天嘯畫家演講會，題目為「中國畫學史概說」。
8.23-30	舉辦「台灣歷史講座」。 參加者九十餘名，講師： 公署參議省編譯館編纂　　　　　楊雲萍 高雄縣長　　　　　　　　　　　謝東閔 高雄地方法院推事　　　　　　　戴炎輝 國立台灣大學教授文學博士　　　岩生成一 國立台灣大學教授　　　　　　　富田芳郎 師範學校教授　　　　　　　　　國分直一 省參議會祕書長　　　　　　　　連震東 國立台灣大學教授　　　　　　　陳紹馨
9.15	機關誌《台灣文化》創刊
9.17	舉行美術座談會
9.27	舉行演劇關係者懇談會

10.19	舉行光復週年紀念音樂演奏會
10.20	舉行音樂座談會
10.26	舉行首次服裝問題懇談會
10.29	與台灣廣播電台聯合舉辦伍正謙教授獨唱會
11.22	舉行第二次服裝問題懇談會
12.12	與台灣廣播電台聯合舉辦鄭曾祐、鄭慧兄妹國樂演奏會
1947.1.22	與公署教育處合辦古美術展覽會
5.20	協進會招待所正式開幕
6.2	與台北民教館、省教育會、省國語推行委員會、省圖書館、省博物館合辦敦煌美術展覽會
6.25	舉辦第一屆學生國語演講比賽大會
6.27	協辦基督教青年會主辦音樂演奏會
7.10	協辦曾子仁國畫展覽會
7.23-8.31	舉辦暑期國文講習會
7.28-8.31	舉辦美術講座
8.26	舉行民謠座談會
9.14	舉行潘美波、王人藝音樂演奏會
9.19	主催實驗小劇團，公演曹禺《原野》
10.5	主辦馬公愚、龐左王、徐晚蘋三家書畫展
11.8	舉辦全省音樂比賽大會
11.29	舉辦第二屆全省音樂演奏大會
12.12-20	舉辦「中國現代文學講座」，參加聽講者逾一百名，講師： 1. 中國新文學發展概略 　　國立台灣大學副教授　　李竹年（李何林） 2. 新舊文學之演變 　　國立台灣大學教授　　　臺靜農 3. 西洋文學之介紹 　　國立台灣大學教授　　　李霽野

	4. 散文 　　國立台灣大學文學院長　　錢歌川 5. 詩歌 　　國立台灣大學副教授　　雷石榆 6. 戲劇 　　觀眾演出公司理事　　冼群 7. 小說 　　國立台灣大學副教授　　黃得時
1948.1.13	舉辦新春音樂晚會
4.2	舉辦「台灣歌謠演奏會」
4.4	舉辦兒童音樂演奏會
5.19	舉辦第四屆文化講座（音樂講座），講師： 李金土、李濱蓀、蕭雨化、蔡江霖
6.7-17	舉辦第五屆文化講座「五十年來之台灣」，有政治運動、司法制度的變遷、法制、米與糖、貿易、金融、財政與殖民地政策、台灣人政治地位之變遷、人口與社會生活、文化等科目。講師有吳三連、黃演渥、戴炎輝、陳達源、黃及[得]時、高湯盤、張漢裕、陳紹馨、楊雲萍。
6.11	與台灣省藝術建設協會聯合贊助張才攝影個展會。
7.3	舉辦第一次文藝作品朗誦會，朗誦：茅盾〈白楊禮讚〉（散文）、丁西林〈壓迫〉（獨幕劇）、《魯迅語錄》、艾青〈向太陽〉。參加會員五十餘人。
7.17	舉辦第二次文藝作品朗誦會，朗誦：魯迅〈犧牲謨〉（散文）、郭沫若〈屈原〉（劇本中之一段）、丁耶〈外祖父的天下〉（詩）。
8.1	舉辦李昌蓀、魏啟賢音樂演奏會
8.6	舉辦國畫家朱俊佛、呂佛庭聯合國畫展覽會
8.7	舉辦第三次文藝作品朗誦會，朗誦：〈孔雀東南飛〉（古詩）、《羅密歐與朱麗葉》（莎士比亞劇、曹禺譯）
8.21	舉辦第四次文藝作品朗誦會，朗誦：朱自清〈背影〉（散文）、老舍〈駱駝祥子〉（小說一段）

9.4	舉辦女高音胡雪谷、女中音江心美音樂演唱會
	舉辦第五次文藝作品朗誦會，朗誦：張天翼〈蜜蜂〉（散文）、巴金〈還魂草〉。
10.17	贊助第一屆曼陀林音樂晚會
11.5	與台灣廣播電台合辦國樂演奏會，由中央廣播電台廣播樂團台灣訪問國樂演奏隊演出
11.14	舉辦第二屆全省音樂比賽大會
11.24	贊助台北聲樂研究會的演唱會演出
11.28	與台灣廣播電台合辦「歌謠演奏會」
12.5	舉辦第二屆全省音樂比賽入選者演奏會

（根據《台灣文化》的「本會日誌」[協進會日誌] [1卷1期（1946年9月15日）至4卷1期（1949年3月1日）] 做成，因為「本會日誌」只刊登至4卷1期，記述至1948年12月的活動，所以此活動年表只做到1948年12月止）

1. 文化講座

　　協進會在兩年半之間共舉辦了五次文化講座，即「台灣歷史講座」、「美術講座」、「中國現代文學講座」、「音樂講座」、「五十年來之台灣」，內容包括歷史、美術、文學、音樂。講座內容雖然沒有留下紀錄，但是從「中國現代文學講座」的題目「中國新文學發展概略」、「新舊文學之演變」、「散文」、「詩歌」、「戲劇」等，可以推測「美術講座」、「音樂講座」的內容大概與「中國現代文學講座」一樣，都是在介紹中國的文學、美術、音樂等中國文化內容。而「歷史講座」也有兩次，內容包括台灣歷史、政治、司法、社會、經濟、文化等面向，從各個角度尋求時人理解台灣特殊的歷史情境。總之，文化講座的目的不外乎是介紹傳播中國文化的內容，尋求理解台灣歷史的特殊遭遇，試圖取

代日本殘留的文化資本。

2. 文化座談會

在兩年半間，協進會先後舉辦了三次座談會，即「美術座談會」、「音樂座談會」和「民謠座談會」。

「美術座談會」與「音樂座談會」、「民謠座談會」，皆由理事長游彌堅親自主持，總幹事許乃昌、總務主任沈相成、教育組兼服務組主任王白淵、宣傳組主任蘇新、研究組主任陳紹馨、編輯組主任楊雲萍也幾乎全部出席，來賓皆是當時活躍的美術界與音樂界人士。

在「美術座談會」上，就台灣美術的過去與現狀以及將來的動向、展覽會的運用問題、怎樣創造美術研究機關、怎樣構成美術的核心、如何推進藝術教育等問題展開討論[7]。

「音樂座談會」則就台灣過去的音樂及如何定期舉辦音樂演奏會與音樂比賽、如何與中國國內音樂家進行交流、禁止台灣民眾唱日本歌，結果導致民眾沒歌可唱及如何解決大眾音樂的苦悶等問題展開討論[8]。

「民謠座談會」是就如何整理台灣民謠、創作新的民謠以取代日本歌謠的問題展開討論[9]。

在首次座談會上，理事長游彌堅即明白指出協進會舉行座談會的目的是：

---

[7] 〈美術座談會〉紀錄，《台灣文化》1卷3期（1946年2月）。

[8] 同前註。

[9] 〈民謠座談會〉紀錄，《台灣文化》2卷8期（1947年11月）。

　　台灣光復後，要怎樣來建設新台灣和新中國的新文化，這當然是一個大問題，台灣需要為建設新中國的新文化打基礎。所以音樂、美術等藝術各方面的人士必須要集中力量，互相研鑽，要怎樣才能使台灣的文化為新中國文化的種子而得到實果。[10]

　　換言之，座談會的目的即是要集合台灣文化界的人士一起摸索新台灣的新文化，他們也意識到日本在台灣所累積的文化資本確是相當深厚，戰後台灣的文化建設與戰後中國的文化建設息息相關，協進會以強大企圖心，希望摸索出來的新台灣的新文化也能成為新中國文化的種子。

　　除了上述三個座談會以外，協進會還舉辦「文學委員會懇談會」與「音樂委員會懇談會」，以及「演劇關係者懇談會」及兩次「服裝問題懇談會」。

　　除「演劇關係者懇談會」討論事項沒有留下紀錄外，「音樂委員會懇談會」的討論事項（討論內容沒有留下紀錄）中的「民謠之蒐集與創作問題」、「當前台灣音樂教育問題」、「台灣歌謠問題」、「古樂問題」、「業餘大眾合唱團方案」皆與「音樂座談會」的討論事項相關聯，而「文學委員會懇談會」的討論事項（討論內容沒有留下紀錄）「台灣文學現階段的工作」、「表現形式與言語問題」、「文學作品之發表機關問題」、「國內文學之研究及其出版問題」，皆反映出戰後台灣文學體制、文學場域已有了結構性改變。

10〈美術座談會〉紀錄，頁20。

另外，關於「服裝問題懇談會」，《新生報》報導了懇談會的結論是：

> 台灣文化協進會為推行改進人民服裝工作，於22日上午九時，在中山堂該會地址，召開第二次服裝問題懇談會，……決定為改進各界服裝起見，先製成一般市民、農民、商人、學生各種服裝各一種，後舉行公開展覽會，邀請各界人士批評，然後推行於各方面，又此種服裝決定定名為文化服。11

從協進會計畫製作「文化服」這一點，更能了解協進會對於台灣文化的重建工作、新文化體制的建立及消除日本殘留的文化資本，可以說是不遺餘力的，它從整體的文化層面著手，企圖徹底改造台灣文化。

3. 出版刊物

協進會成立後的1946年9月15日，創辦了機關誌《台灣文化》。《台灣文化》內容包含文學、藝術、歷史、教育、社會、政治等，堪稱是一本綜合雜誌。在創刊號的〈後記〉上，它也宣稱：

> 不消說，本誌是「台灣文化協進會」的機關雜誌。可是我們卻不想藉本誌用以宣傳本會。除卻一些本會的工作紀錄和消息以外，我們想用編輯「綜合文化雜誌」的態度，來編輯。12

11《新生報》，1946年11月23日。

《台灣文化》創刊號（1卷1期〔1946年9月〕封面。

但是此「綜合文化雜誌」性質，僅維持到4卷1期（1949年3月），在5卷1期（1949年7月）刊登了一則啟事：

> 本刊自本期起，更改編輯方針，從前之一般性論文、評論、文藝作品等，不擬刊載。只選編有關台灣研究之論文；資料等稿件。[13]

因而從5卷1期至最後一期6卷3、4期合併號（1950年12

---

[12]《台灣文化》1卷1期（1946年9月），頁32。

[13]《台灣文化》5卷1期（1949年7月），頁54。

月），《台灣文化》變成台灣研究的學術專門雜誌。

　　《台灣文化》至1950年12月停刊為止，一共發行了6卷27期，共26冊。「綜合文化雜誌」時期，是從創刊號的1卷1期（1946年9月）至4卷1期，共4卷21期，全21冊。除1卷2期、1卷3期、2卷1期、2卷2期、2卷3期編輯人署名為台灣文化協進會，實際負責編輯事務的，有可能是宣傳組主任蘇新[14]，其餘編輯人皆署名楊雲萍——由編輯組主任同時也兼任編譯館編纂兼台灣研究組主任的楊雲萍負責編輯。而5卷1期起雖沒有署名編輯人，負責編輯的是研究組主任陳紹馨[15]。以下圖表將嘗試說明「綜合文化雜誌」時期，《台灣文化》刊載文章的內容類別（表一），並進一步將刊載最多的文藝關係文章，按其類別與作者身分予以再分類（表二）。透過對《台灣文化》的內容、作者身分的分析，有助於更進一步理解協進會的活動及當時文學場域的特色。

表一　內容分類表（數字表示文章的篇數）

卷期	文藝類	政治類	社會類	教育類	歷史學類
1卷	34	0	0	4	2
2卷	82	0	11	2	3
3卷	80	3	3	1	5
4卷	9	0	0	0	0
合計	205	3	14	7	10

---

[14] 蘇新，《未歸的台共鬥魂》（台北：時報文化，1993），頁67-68。

[15] 秦賢次，〈《台灣文化》覆刻說明〉，《台灣文化》覆刻本（台北：傳文文化，1994）。

表二　文藝類文章之類別及作者身分表（數字表示文章的篇數，括弧
　　　內數字表示翻譯篇數）

類別	作品數（翻譯作品）	中國人	台灣人	身分不明
文藝評論 文藝介紹	83（4）	16	10	3
新詩	20（6）	8	2	1
舊詩	4	2	1	
戲劇	13（1）	2	2	
小說	10	1	6	
隨筆、散文	64	18	2	3
歌謠	11		4	4
合計	205（11）	47	27	11

　　表一的文藝類是指有關文藝評論、文學創作、翻譯等作品。
例如杜容之〈抗戰中我國文學〉（1卷1期）、楊雲萍〈台灣新文
學運動的回顧〉（1卷1期）、陳煙橋〈魯迅先生與中國新興木刻
藝術〉（1卷2期）、黃榮燦〈版畫家——凱綏・柯勒惠支〉（2卷1
期）、羅靈智〈由神曲談但丁〉（2卷9期）、張冬芳〈短篇小說
——阿猜女〉（2卷1期）、李霽野〈莪默詩選〉（3卷3期）皆歸入
文藝類。政治類是指針對當時政治提出評論的文章，例如洪炎秋
〈談貪污〉（3卷1期）、許秀湖〈攻訐、頌德、慶賀的廣告〉（3卷
8期）。社會類是指關於社會問題、社會學研究的論文，例如傅尚
霖〈中國社會問題的體系〉（2卷4期）、陳紹馨〈台灣現象之社
會學的考察〉（2卷5期）。教育類是指針對當時教育現象及教育
政策設計提出意見的文章，例如范壽康〈本省教育事業的現狀及
今後的趨向〉（1卷1期）、吳克剛〈談夜間大學〉（1卷1期）、楊

乃瀷〈台灣高等教育的前瞻〉（1卷3期）。歷史學類是指有關歷
史學的研究論文，例如岩生成一〈華夷變態〉（1卷3期）、許世
瑛〈王導政績和晉元帝中興〉（2卷9期）、陳紹馨〈台灣史料的
整理〉（3卷7期）。從表一，我們能夠得知《台灣文化》刊載的
文章以文藝類居多，占205篇，其次是社會類，占14篇，以下才
是歷史類、教育類、政治類。《台灣文化》確實是「綜合文化雜
誌」，但卻是以文藝為主的「綜合文化雜誌」。

　　表二中的文藝評論、文藝介紹是廣義的有關文學、音樂、美
術等藝術的評論及動向介紹，包括作者自身創作。例如前面提到
的〈抗戰中我國文學〉、〈台灣新文學運動的回顧〉、〈魯迅先生
與中國新興木刻藝術〉、〈版畫家——凱綏・柯勒惠支〉、〈由神
曲談但丁〉等皆屬於這個類別，也有翻譯自外國人的著作，如法
國齋拉・兌・拉揩斯・杜蒂埃（Gêrard de Lacazo Dathiers）之
作，諸侯［陳瑜清］譯〈真文藝和假文藝〉（3卷2期、3期、5
期）。新詩有創作，如王白淵〈我的詩〉（1卷1期）、楊雲萍〈青
銅器與梅花〉（2卷2期），也有翻譯作品，如前述〈莪默詩選〉
即是譯自英國翻譯家E. Fitzgerald的譯詩集〈Rubaiyat of Umar
Khayyam〉。舊詩有天華〈暮雨〉（2卷1期）、〈舊詩兩首〉（2卷5
期）等。戲劇則包括有戲劇評論如呂訴上〈台灣演劇改革論〉（2
卷2期—4期）、王白淵〈台灣演劇之過去與現在〉（2卷3期）、也
有劇本創作如陳大禹〈寂寞繞家山〉（3卷5期—7期），也有翻譯
的文章，如韓罕明譯自史坦尼斯拉夫斯基著〈劇場論〉（3卷5
期）。小說都為創作，如前述張冬芳〈短篇小說——阿猜女〉、江
流［鍾理和］〈生與死〉（1卷1期）、邱平田［蘇新］〈農村自衛隊〉
（2卷2期）等。隨筆、散文也皆是創作作品，如楊乃瀷〈隨筆

──市聲三題〉（1卷2期）、雷石榆〈隨想〉（2卷1期）、味橄[錢歌川]〈戰都零憶〉（2卷9期）等。歌謠有創作作品，如吳新榮〈霧社出草歌〉（1卷3期）、黃鷗波〈小螞蟻〉（2卷4期）、小蜘蛛（2卷5期），有採集整理，如林清月〈民間歌謠〉（3卷6期、8期、9期）。

　　從表二也可以得知文藝類的文章中，以文藝評論及作家、作品、文藝動向的介紹最多，其次是隨筆、散文。作者的身分別等，以1945年以後中國渡台作家占多數，值得注目的有許壽裳、臺靜農、李何林（李竹年）、李霽野、雷石榆、黎烈文、黃榮燦、袁聖時。其中許壽裳是魯迅的一生好友，臺靜農、李霽野還是1925年魯迅在北京創立的文學結社「未名社」之成員，黃榮燦終其一生始終是魯迅木刻思想的傳播者，上述諸人皆接受魯迅思想的影響，圍繞在許壽裳之下，致力五四新文學、新文化在台灣的介紹傳播。

　　《台灣文化》的內容，尤其關於五四以來中國新文化、新文學的介紹，表現了非常積極的介紹態度。例如創刊號的1卷1期，一共刊登12篇文章，教育類2篇，文藝類10篇。文藝類的10篇中有3篇是文藝評論、介紹，即〈抗戰中我國文學〉、〈台灣新文學運動的回顧〉、〈新興木刻藝術在中國〉，中國新文化、新文學的介紹就占了2篇。

　　〈抗戰中我國文學〉一文，介紹了抗日戰爭期間中國國防文學的興起、沉寂經過。〈新興木刻藝術在中國〉一文則介紹自魯迅在1928年組「朝花社」以後，木刻運動在中國發展的情形。關於刊載這類文章的意圖，創刊號的〈後記〉坦率的表明：

　　杜容之先生的〈抗戰中我國文學〉、黃榮燦先生的〈新興
木刻藝術在中國〉等篇，皆是苦心的力作。杜、黃兩先生的
內地文化介紹，確是很重要的工作，從本省和內地的文化交
流上計，我們想再多登載這種的文字。[16]

　　由此可知《台灣文化》刊載「內地文化介紹」文章的動機，
即是為了「本省和內地文化的交流」，換言之，即是為了台灣和
中國的文化交流。1946年10月正逢魯迅逝世十週年，《台灣文
化》繼創刊號之後，在1卷2期（1946年11月發行）製作了「魯
迅逝世十週年特輯」[17]，編輯〈後記〉上指出：

　　本省在日人時代，我們不能公然追悼魯迅。雖是去年，因
　　大家忙於慶祝光復，想到魯迅忌日的人很少。今年我們公然
　　紀念魯迅，可說是光復後第一次，《台灣文化》也特輯這期
　　的紀念號。我們相信，這一本「紀念魯迅特輯」，對於台灣
　　文化貢獻一定不少。[18]

　　協進會的機關刊物《台灣文化》製作「魯迅特輯」，其意義

---

[16]《台灣文化》1卷1期（1946年9月），頁32。

[17]「魯迅逝世十週年特輯」收入下列文章：

　　楊雲萍，〈紀念魯迅〉、許壽裳，〈魯迅的精神〉、高歌譯，〈斯茉特來記魯
　　迅〉、陳煙橋，〈魯迅先生與中國新興木刻藝術〉、田漢，〈漫憶魯迅先生〉、
　　黃榮燦，〈悼魯迅先生──他是中國第一位新思想家〉、雷石榆，〈在台灣首
　　次紀念魯迅先生感言〉、謝似顏，〈魯迅舊詩錄〉，此外還有魯迅的手稿、遺
　　照，及魯迅生前使用過的寫字檯之照片。

[18]《台灣文化》1卷2期（1946年11月），頁21。

版出會進協化文灣台
第　二　期　　第　一　卷
輯特年週十世逝迅魯當

台湾文化

中華民國三十五年十一月一日

《台灣文化》1卷2期（1946年11月）封面，當期製作「魯迅逝世十週年特輯」。

十分重大。它不只是為了「紀念魯迅」，為了「內地文化介紹」與內地文化交流，它同時也表示協進會內部有人認為魯迅所代表的五四新文化、新文學的精神可以作為戰後台灣文化的內容。《台灣文化》裡面，確有不少關於中國新文化、新文學的論述，前面也已指出作者當中不少是接受魯迅思想影響的大陸渡台作家。他們在《台灣文化》反覆不斷的討論上述內容，意圖規範、傳播五四新文化、新文學、魯迅對戰後台灣文化的重要性。影響所及造成了繼一九二○年代台灣第一次魯迅傳播高潮期之後的第二次魯迅傳播高潮期。他們寄望透過魯迅思想的傳播，在台灣掀起一個新的五四運動，以建立一個以五四新文化、新文學為中心的新的文化體制與新的文學體制。協進會後來還出版了楊雲萍

編、許壽裳著的《魯迅的思想與生活》（1947），由此觀之，魯迅
思想對協進會的文化活動一直有其很大的影響力。

　　雖然《台灣文化》的論述有上述傾向，但是這同時期也出現
了呼籲台灣文化界不能忘記台灣新文學運動的傳統之文章，楊雲
萍在〈台灣新文學運動的回顧〉一文中，即直言：

> 　　現在，似是已被忘掉了的，可是台灣也曾經過了一番熱烈
> 真摯的新文學運動。一部分的觀念上的忘掉，當然是不能夠
> 否定歷史上的儼然的會有其事。
> 　　把結論先提示罷，台灣的新文學運動，是受了中國的新文
> 學運動的運動與成就所影響，所促進，雖然台灣當時還在日
> 本的統治下。只是當然要保持了多少的台灣的特色。[19]

　　楊氏在文章中，詳細描述了從一九二〇年代至1937年台灣各
報紙、雜誌「漢文欄」被日本當局廢止為止，整個台灣新文學運
動的發展過程。楊氏意在提醒台灣文化界，即使在日本統治下，
即使在中國影響下，台灣尚能保持自己的台灣特色，而在戰後的
「內地文化介紹」、「內地文化交流」過程中，台灣也仍要保持自
己的台灣特色。

　　上述表二所呈現《台灣文化》的作者，中國作家比台灣作家
多，這也反映了戰後台灣隨著文化體制的再編，文學場域也跟著
改變，中國渡台作家、中文書寫成為戰後台灣文學場域的主流，

---

[19] 楊雲萍，〈台灣新文學運動的回顧〉，《台灣文化》1卷1期（1946年9月），頁
　10。

楊雲萍雖然呼籲保存台灣新文學運動的傳統，卻無法抵擋排山倒海似的中國五四新文化、新文學運動的大量論述，台灣新文學傳統幾乎被中國五四新文學的洪流吞噬了。造成這種現象的根本原因是台灣作家在日本統治時期所累積的文化資本，尤其是最基本的語言能力，一夕之間遭到嚴重貶值[20]。當時，《民報》的社論〈文藝家在哪裡？〉就一針見血的指出：

> 本省文藝界的衰微不振的重要的原因，我們不是不知道，不是不體諒；當是語言、文字未得習熟，換言之，即「工具」未能夠充分運用有以致之。不消說，文藝是用語言、文字作表現的。所以這原因是很嚴重而重大。[21]

戰後台灣作家必須放棄他們的日文書寫，而中文書寫能力卻不是朝夕之間便能習得，這反映在《台灣文化》的作者出身人數的差別，同時也反映在戰後初期台灣的文學場域上。此外，《台灣文化》的國分直一、金關丈夫、岩生成一等日本人作者也不能忽視其存在。當時，國分、金關、岩生還被留用在台灣。《台灣文化》從5卷1期起為台灣研究的學術專門雜誌，至最後一期的6卷3、4期合併號止，共刊有30篇的台灣研究論文，金關與國分直一的論文就刊載了6篇，占有五分之一強，岩生的論文也曾發

---

[20] 關於從日據初期至戰後台灣的文化體制、文學體制、文學場域的變遷，張誦聖有簡要精采的討論。請參考張誦聖，〈「文學體制」與現、當代中國／台灣文學——一個方法學的初步審思〉，《文學場域的變遷：當代台灣小說論》（台北：聯合文學，2001），頁135-55。

[21] 〈文藝家在哪裡？〉，《民報》，1946年11月25日。

表在「綜合文化雜誌」時期的《台灣文化》。而且國分與岩生也都曾擔任協進會主辦的「台灣歷史講座」（1946年8月30日）之講師。協進會和編譯館態度一樣，在某種程度上並沒有完全否定日本學術研究的遺產。

協進會出版的刊物除了機關誌《台灣文化》以外，還在1946年11月發行了「文協小叢書」第1種的中、日文對照之國內外新聞摘要《內外要聞》，目的是為了推行中國語，幫助台灣人學習中文和了解國內外局勢。

4. 音樂工作

兩年半間，一共舉辦了十九場音樂會，除了音樂比賽大會以外，以中國音樂演奏會和台灣歌謠演奏會居多。

5. 舉辦展覽會

兩年半共舉行五次中國書畫展覽會，兩次中國古代美術展覽會，一次攝影展。音樂工作與舉辦展覽會的內容，仍然以中國文化的介紹、傳播為主要內容。

6. 國語推行工作

在這方面的工作，協進會在1947年6月25日舉辦了第一屆學生國語演講比賽大會，並在同年7、8月間舉辦暑假國文講習會，而且在隔年7月至9月間，連續舉辦五次文藝作品朗誦會，協助長官公署的國語推行工作。

上述4至6項的業務也皆由教育組兼服務組的主任王白淵企畫負責。

7. 經營招待所

招待所的正式名稱是「台灣文化協進會招待所」，在《台灣文化》登出廣告時，廣告寫著「地點清靜交通便利設備精雅招待周至取費低廉供應文化教育界人士膳宿」，看似純粹服務，以此也可凝聚文化界人士在協進會之下，如同會館性質，成為重要人際網絡。這是屬於總務組的工作。

8. 文化事情諮詢

協進會具體的做法，是在《台灣文化》1卷2期起開闢「文化動態」欄，專門報導中國國內文化動態，包括作家活動、出版情報、藝術、文化教育活動等等；開闢「本省文化消息」欄，專門報導台灣省內文化動態，項目則和「文化動態」欄一樣。而「文化動態」欄和「本省文化消息」欄從2卷5期起合併為「文化動態」欄，再分「省內」欄，專門報導台灣文化動態，「省外」欄則專門報導中國文化動態。

9. 代辦圖書雜誌

代辦圖書雜誌是為台灣人讀者訂購中國國內出版物，鼓勵台灣人閱讀中國國內出版的中文讀物，可說是一種「內地文化交流」的工作。

從上述所示，我們能夠了解協進會的活動內容非常豐富，它的活動範圍包括出版；透過出版，散布流通它的論述，以獲得正當性。也有訓練性質的講座、比賽、表演諸活動，兼有文化經濟行為──販賣出版品、經營招待所等，藉著上述活動的循環以擴

大其文化功能,協進會即是國府在進行戰後台灣文化重建與建立戰後台灣新的文化體制時所運作的機器之一。

當協進會正徐徐展開其強大的企圖心時,1947年2月發生的「二二八事件」也給予重大打擊。該事件發生時,協進會運作的主要成員理事林茂生、徐春卿失蹤,教育組兼服務組主任王白淵被捕,宣傳組主任蘇新逃亡大陸。《台灣文化》重要作者也被捲入該事件,如台灣作家呂赫若在逃亡中喪命、吳新榮被捕,中國渡台作家也在事件發生後被國府監視,許壽裳在事件後隔年被暗殺,李何林、李霽野、雷石榆紛紛返回中國,黃榮燦也在事件後的一九五〇年代之「白色恐怖」時期一開始,隨即被捕、處死。協進會的活動頓呈停止狀態,成立當初時的氣勢與熱情也急速消失。事件發生後,唯一繼續的活動是《台灣文化》之刊行。前面已提及,《台灣文化》從5卷1期(1949年7月)起,不再是「綜合文化雜誌」,變成了台灣研究的學術專門雜誌,與它的成立宗旨大相逕庭,成為一個保持台灣特色的雜誌,也許這是協進會編輯組主任楊雲萍、研究組主任陳紹馨的努力。但是,隨著1949年底國府的撤台,台灣進入戒嚴時期,國府反共、中國文化中心的文化體制更加確立,《台灣文化》在出版完6卷3、4期合併號(1950年12月)後,即停止發行,協進會的活動全面停止,該會無息而終。

結語

協進會是長官公署推動其戰後台灣文化重建工作與建立新的文化體制時之一重要外圍機構,它企圖收編、統合所有活躍於戰

前台灣的社會運動家、文化工作者，從音樂、美術、戲劇、服裝、文學等所有文化層面著手，將中國文化全面輸入台灣，以取代殘留台灣的日本文化資本。協進會的成立宗旨與對外所宣稱的使命，再三的強調三民主義文化是新台灣、新中國迫切需要的文化，其成立的目的即是要協助政府宣揚三民主義。從這一點來看，我們也能夠推測國府在戰後所企圖建立的新的「文化體制」，與其說是中國文化「文化體制」，不如說是三民主義文化「文化體制」，換言之，即是要建立合乎官方意識形態（official ideology）的中國文化「文化體制」。

從協進會的機關誌《台灣文化》的內容，我們能夠發現協進會試圖努力做中國文化與台灣文化的交流、接軌工作，但是這種嘗試隨著「二二八事件」的發生而逐漸中斷，同時也能夠了解到隨著戰後台灣文化體制的再編，文學場域也跟著發生結構性之改變，中國渡台作家、中文書寫成為戰後台灣文學場域的主流，這種文學現象清楚的反映在《台灣文化》上。而戰後中國渡台作家，也透過在《台灣文化》與其他媒體上的不斷論述與傳播，企圖以中國五四新文學取代台灣新文學，成為戰後台灣新的文學體制，即樹立新的文學典範。面對此種趨勢，除了楊雲萍為文呼籲勿忘台灣新文學的傳統以外，楊逵也挺身而出，在1948年8月，創刊了《台灣文學》，致力承繼台灣新文學的香火。但是，這並不意味著他們反對、否定此新的文學典範。《台灣文化》的停刊，協進會的無息而終，除了與當時的大環境有關以外，也意味著當時一部分台灣文化人試圖留在「文化體制」內力挽狂瀾的努力宣告失敗。

第六章
魯迅思想與戰後台灣文化重建

一、「新的五四運動」與台灣文化重建

1. 許壽裳與魯迅

　　前文已指出戰後初期台灣文化重建過程中，台灣省編譯館扮演的重要角色，及作為長官公署外圍團體的台灣文化協進會的重要功能。在這段期間，許壽裳除了擔任編譯館館長外，對台灣文化協進會的文化活動也發揮了影響力。本章將進一步討論支持許壽裳從事台灣文化重建活動的思想基礎，以及台灣的知識分子與國府對此思想基礎的反應如何。

　　為了徹底檢討許壽裳在台之文化重建活動的思想基礎，本文會將許壽裳在台時期的重要著作、講演活動列為表一，關於魯迅之著述活動列為表二。

　　從表一能夠得知許壽裳在台期間，五回的演講中有兩回是關於魯迅，37篇的著作中有16篇是關於魯迅的，由此可知魯迅的研究及其思想的傳播介紹，可以說是許壽裳在台的演講與著作活動的中心。

表一　許壽裳台灣時期主要著作及講演活動

1946.6.25	（抵達台北）
8.?	撰〈台灣省編譯館的設立〉（《現代週刊》2卷11期 [1946.9.3]）
8.23	撰〈孔子的生平事略及其學說〉（《現代週刊》2卷12期 [1946.9.10]）
9.5	在台灣省地方幹部訓練團演講〈台灣文化的過去與未來的展望〉（《台灣省地方行政幹部訓練團團刊》2卷4期 [1946.10.15]）
12	撰〈俞曲園先生的教育功績〉
23	在省立第一女子中學演講〈第二誕生期和第三誕生期〉、《亡友魯迅印象記》完成第8、9章
26	《亡友魯迅印象記》完成第10章
30	撰〈魯迅的精神〉（《台灣文化》1卷2期 [1946.11]）
10.?	撰〈魯迅的德行〉（上海《僑聲報》，1946.10.14；台中《和平日報》，1946.10.21）
6	《亡友魯迅印象記》完成第11、12章
14	撰〈魯迅和青年〉（台灣《和平日報》，1946.10.19）
15	《亡友魯迅印象記》完成第13、14章
19	撰〈台灣省編譯事業的拓荒工作〉（《台灣月刊》3、4期合併號 [1947.1]）
29	撰〈魯迅的人格和思想〉（《台灣文化》2卷1期 [1947.1]）
?	撰〈新台灣與三民主義的教育〉
11.25	撰《亡友魯迅印象記》
26	撰《亡友魯迅印象記》
30	在省立師範學院演講〈魯迅的人格及其思想〉
1947.1.2	撰〈教授國文應注意的幾件事〉（《中等教育研究》創刊號 [1947.4]）
1.?	撰〈國父孫中山先生和章太炎先生 —— 兩位成功的開國元勳〉（《文化交流》1輯 [1947.1]）
2.13	撰〈摹擬與創作〉（《台灣文化》2卷7期 [1947.10]）
18	在台灣省地方幹部訓練團演講〈教授國文應注意的幾件事〉

19	撰〈第二誕生期和第三誕生期——告台灣省青年〉
3.22	《怎樣學習國語和國文》脫稿（台北：台灣書店，1947.4）
26	題臺靜農藏〈魯迅講演稿手跡——娜拉走後怎樣〉
4.30	撰〈台灣需要一個新的五四運動〉（《新生報》，1947.5.4）
5.4	撰〈《魯迅的思想與生活》序〉（台北：台灣文化協進會，1947.6）
26	撰《亡友魯迅印象記》脫稿（上海・峨嵋，1947.10）
6.3	撰台灣大學編〈《敦煌祕籍留真新編》序〉（《台灣文化》2卷6期[1947.9]）
5	撰〈俞曲園先生的思想〉（《台灣文化》2卷4期[1947.7]）
7.28	撰〈魯迅的避難生活〉（《時與文》2卷6期[1947.10]）
8.1	撰〈中國民族精神的中心〉（台灣《和平日報》1947.8.3）；〈魯迅和我的交誼〉（《台灣文化》2卷5期[1947.8]）
8.?	撰〈讀了《敦煌祕籍留真新編》之後〉（《學藝雜誌》17卷9號[刊行日期不詳]）
9.30	撰〈魯迅的遊戲文章〉（《台灣文化》2卷8期[1947.11]）
12.5	在台北市外勤記者進修會演講〈中國新文藝創造者魯迅〉（徐子記錄，題〈許壽裳話魯迅〉，《中華日報・中華週報》20號[1947.12.8]）
13	撰〈王通和韓愈〉（《台灣文化》3卷1期[1948.1]）
20	撰〈新年展望和[台灣大學]校歌歌詞〉（《國立台灣大學校刊》7期[刊行日期不詳]）
21	撰〈對於本省今後語文教育的一點意見〉；〈三百年前台灣破荒的偉人沈光文〉
1948.1.21	〈敦煌祕籍留真新編研究——尚書盤庚・微子二編〉脫稿
29	撰〈李慈銘秋夢樂府本事考〉（《台灣文化》3卷4期[1948.5]）

參考文獻：《許壽裳日記：自1940年8月1日至1948年2月18日》（北岡正子、黃英哲、秦賢次編[東京：東京大學東洋文化研究所附屬東洋學文獻中心，1993]）；許世瑛，〈先君許壽裳年譜〉，收入北京魯迅博物館魯迅研究室編，《魯迅研究資料》卷22（北京：中國文聯，1989）；許壽裳未公開著作。

表二　許壽裳的魯迅關係著作一覽表

凡例……A＝《魯迅的思想與生活》。B＝《我所認識的魯迅》1952年、1953年、1978年。C＝《亡友魯迅印象記》。未見＝原載雜誌（書）未見者。不明＝原載雜誌（書）完全不明者，及無法判定其是原載或是轉載者。

原載雜誌之發行年月日，明確者，則予以記載，無法確認者，則不予以記載。

年月日	題目	初刊雜誌	收入書
1936.10.19	（魯迅去逝）		
10.27	〈我所認識的魯訊〉	《新苗》（北平）11期（1936.11）	B—1952年、1953年、1978年；《魯迅先生紀念集：評論與記載》（上海：文化生活，1937.10）
11.8	〈懷亡友魯迅〉	《新苗》（北平）11期（1936.11）	A、B—1952年、1953年、1978年；《魯迅先生紀念集》；《月報》（上海：開明書店，1937.1）—未見
12.17	〈魯迅的生活〉	《新苗》13至14期（1937.1-1937.2）	《工作與學習叢刊之一・二三事》（上海：生活書店，1937）；A、蕭紅，《回憶魯迅先生》（重慶：婦女生活社，1941）；B—1978年
12.19	〈懷舊〉	《新苗》13期（1937.1）—[只有目錄，未見本文]	B—1952年、1953年、1978年；《魯迅先生紀念集》
1937.3.18	〈魯迅古詩文的一斑〉	《新苗》16期（1937.4）	《許壽裳文錄》（長沙：湖南人民，1986.9）

5. ?	"Lu Hsun's Life and Character" (by Hsu show Shang and Sheh Quincy)	《新苗》17期	沒有
5.24	〈魯迅先生年譜〉	《大魯迅全集》卷7（東京：改造社，1937.6）；《魯迅先生紀念集》	《宇宙風乙刊》27期（1940.8）；王冶秋，《民元前的魯迅先生》（上海：峨嵋，1947.9）
1942.3.12	〈魯迅在杭州任教時的生活〉	不明	不明
4.14	王冶秋，〈《民元前的魯迅先生》序〉	王冶秋，《民元前的魯迅先生》（上海：峨嵋，1947.9）	A、B—1952年、1953年、1978年
7.8	〈周樹人略傳〉	教育部《中國教育全書》—未見	沒有
10.17	〈關於兄弟〉	《文壇》（重慶）2卷1期（1943.4）—未見	A、B—1952年、1953年、1978年
1944.5.4	柳非杞編，〈《魯迅舊體詩集》序‧跋〉	《新華日報》（重慶），1944.5.4（題名〈《魯迅詩集》序〉）—未見；《雲南晚報》（昆明），1944.7.30（題名〈跋尹默手寫《魯迅先生詩鈔》〉）—未見	A、B—1952年、1953年、1978年
10.18	〈回憶魯迅〉	《新華日報》（重慶），1944.10.25—未見	B—1952年、1953年、1978年
1945.10.15	〈魯迅的幾封信〉	《新華日報》，1945.10.19—未見	B—1953年、1978年
10.18	〈魯迅與民族性研究〉	《民主週刊》（昆明）1卷2期（1946.1.15）—未見	B—1952年、1953年、1978年

1946.5.18	《亡友魯迅印象記》（起稿三則）	1至2章刊載於《民主週刊》35期；3章刊載於《民主週刊》36期	C
5.24	《亡友魯迅印象記》（10頁寄給許廣平）	4至5章刊載於《民主週刊》37期	C
6.8	《亡友魯迅印象記》（11頁寄給許廣平）	6至7章刊載於《民主週刊》38期	C
6.25	（許壽裳抵達台北）		
9.23	《亡友魯迅印象記》（8至9章寄給許廣平）	8至9章刊載於《民主週刊》51、52期合併號及《人世間》4期（1947.6.12）	C
9.26	《亡友魯迅印象記》（10章寄給許廣平）	《人世間》4期（1947.6.12）	C
9.30	〈魯迅的精神〉	《台灣文化》（台北）1卷2期（1946.11）	A、B—1952年、1953年、1978年
10.?	〈魯迅的德行〉	《僑聲報》（上海），1946.10.14；《和平日報》（台中），1946.10.21	A、B—1978年
10.6	《亡友魯迅印象記》（11至12章寄給許廣平）	11章刊載於《人世間》4期（1947.6.12），12章刊載於《人世間》5期（1947.7.20）	C
10.14	〈魯迅和青年〉	《和平日報》（台中），1946.10.19	A、B—1953年、1978年
10.15	《亡友魯迅印象記》（13至14章寄給許廣平）	13至14章刊載於《人世間》5期（1947.7.20）	C
10.29	〈魯迅的人格和思想〉	《台灣文化》2卷1期（1947.1）	A、B—1952年、1953年、1978年
12.25	《亡友魯迅印象記》		C

12.26	《亡友魯迅印象記》		C
1947.3.26	〈臺靜農藏《魯迅講演稿手跡：娜拉走後怎樣》跋〉	沒有	沒有
5.4	〈《魯迅的思想與生活》序〉	《魯迅的思想與生活》（1947.6）	A、B—1978年
5.26	《亡友魯迅印象記》（脫稿15至25章寄給許廣平）	15、16至17章刊載於《人世間》6期（1947.8.20）；18、19至20章刊載於《人世間》2卷2期（1947.10.1）；23章刊載於《台灣文化》2卷5期（1947.8）	C
6.？	《魯迅的思想與生活》出版		
7.28	〈魯迅的避難生活〉	《時與文》（上海）2卷6期（1947.10.17）	B—1952年、1953年、1978年
9.30	〈魯迅的遊戲文章〉	《台灣文化》2卷8期（1947.11）；《文藝復興》4卷2期（1947.11.1）	B
10.19	《亡友魯迅印象記》出版		
1948.2.18	（許壽裳在國立台灣大學宿舍遇害）		
1952.6.-	《我所認識的魯迅》第一版出版		
1953.4.-	《我所認識的魯迅》第二版出版		
1978.6.-	《我所認識的魯迅》第三版出版		

參考文獻：《許壽裳日記》；許世瑛，〈先君許壽裳年譜〉，收入北京魯迅博物館魯迅研究室編，《魯迅研究資料》卷22（北京：中國文聯，1989）；許壽裳，《魯迅的思想與生活》（台北：台灣文化協進會，1947），《亡友魯迅印象記》（上海：峨嵋，1947），《我所認識的魯迅》（北京：人民文學，1952），王冶秋，《辛亥革命前的魯迅先生》（上海：新文藝，1956）；沈鵬年輯，《魯迅研究資料編目》（上海：上海文藝，1958）；林辰編，《許壽裳文錄》（長沙：湖南人民，1986）、魯迅紀念委員會編，《魯迅紀念集》（上海：文化生活，1936）；袁良駿，《魯迅研究史》上卷（西安：陝西人民，1986）；許壽裳，《我所認識的魯迅》（北京：人民文學，1953；1978）、中國社會科學院文學研究所魯迅研究室編，《魯迅研究學術論著資料匯編，1913-1983》1-5（北京：中國文聯，1985-1990）；北岡正子、黃英哲，〈《許壽裳日記》解說〉，收入北岡正子、黃英哲、秦賢次編，《許壽裳日記》；北岡正子、黃英哲，〈關於《許壽裳日記》〉，《近代中國史研究通訊》18期（1994.9）；北岡正子，〈《我所認識的魯迅》に異義あり〉，《關西大學中國文學會紀要》17號（1996）。

　　眾所皆知的是，許壽裳關於魯迅的著述在今天已成為魯迅研究不可或缺的第一手資料。從以上的表二能夠得知其大部分是在台灣完成的。許壽裳關於魯迅的著述被整理為單行本出版的有三種，《魯迅的思想與生活》（楊雲萍編 [台北：台灣文化協進會，1947]）、《我所認識的魯迅》（王士菁編 [北京：人民文學，1952]）、《亡友魯迅印象記》（上海：峨嵋，1947）。前兩者是將各處發表過的單篇文章整理成書，同標題目的文章互相重複的不少，但是字句的表現有部分是不同的。尤其是許壽裳去世後出版的《我所認識的魯迅》所收的若干文章，不知是何原因內容被做了更動[1]。而《亡友魯迅印象記》是許壽裳受許廣平之託，來台

---

[1] 北岡正子將《魯迅的思想與生活》、《我所認識的魯迅》、《亡友魯迅印象記》三本書的文章做了對照，指出其異異同。詳細請參考北岡正子，〈《我所認識的魯迅》に異義あり〉，《關西大學中國文學會紀要》17號（1996）。

赴任之前即開始撰寫，依據各章分成數回撰寫，總共25章，這是
當時在上海的許廣平之奔走下，得以成為單行本出版。此外，還
有數篇文章並未收入在上述單行本裡。

　　從表二能夠得知許壽裳赴台灣之後，兩年不到的時間之著述
遠勝於之前的十年，《魯迅的思想與生活》的一半內容、《我所認
識的魯迅》的三分之一內容、《亡友魯迅印象記》的三分之二內
容是在台灣寫成的。許壽裳在台灣如此的積極講演魯迅、書寫魯
迅，絕對不是偶然的，而是與台灣文化重建的構想有密切關係。

　　許壽裳關於台灣文化重建的構想，在他親自撰述〈台灣需要
一個新的五四運動〉一文中，充分表達出來。

　　　　誰都知道民國8年的五四運動是掃除我國數千年來的封建
　　　遺毒，創造一個提倡民主，發揚科學的文化運動，可說是我
　　　國現代史中最重要的劃時代、開新紀元的時期。雖則她的目
　　　標，至今還沒有完全達到，可是我國的新生命從此誕生，新
　　　建設從此開始，她的價值異常重大。我想我們台灣也需要有
　　　一個新的五四運動，把以往所受的日本毒素全部肅清，同時
　　　提倡民主，發揚科學，於五四時代的運動目標以外，還要提
　　　倡實踐道德，發揚民族主義。從這幾個要點看來，她的價值
　　　和任務是要比從前那個運動更大，更艱巨，更迫切啊！[2]

　　因此可以理解許壽裳的台灣文化重建構想，即是在台灣掀起
一個「新的五四運動」，宣揚民主、科學的五四中國新文化運動

---

2 許壽裳，〈台灣需要一個新的五四運動〉，《新生報》，1947年5月4日。

精神，以肅清日本文化影響。

其實，在許壽裳之前，行政長官公署也已認識到為了台灣文化重建，台灣需要展開類似「五四運動」的文化運動。當時行政長官公署教育處副處長宋斐如在題為〈如何改進台灣文化教育〉的電台廣播詞中，慨嘆「台灣一向沒有足與世界比美的文化運動，即如祖國『五四運動』一類的活動從沒有發生過，具有世界史意義的文藝復興運動，更不消說了」[3]。當時行政長官公署的機關報《新生報》之社論〈論本省文化建設〉也指出「民主與科學，是民國八年『五四』運動以來，瀰漫內地的一種新文化精神。……但當這一劃時代的新生精神在內地激蕩，根本改造著古老文化，並發展成為一種以民主與科學為主要內容的新文化運動時，本省正處於日本統治之下，無從與之接觸而起同樣的變化」[4]。戰後初期，在台灣掀起類似「五四運動」的文化運動，進行台灣的文化重建，此一構想在行政長官公署內部可說有某種程度的共識，前面所論述的行政長官公署外圍團體——台灣文化協進會的文化活動即有此傾向，許壽裳的想法可以從當時這種思潮中來理解。

但是，許壽裳認為戰後台灣需要的不只是德先生（民主）與賽先生（科學），還要進一步提倡實踐道德，發揚中國民族主義，以建設一個具有新生命的台灣。至於如何在台灣掀起一個「新的五四運動」？許壽裳的構想是傳播魯迅思想，透過台灣省編譯館與台灣文化協進會之重要平台，將魯迅思想與台灣文化重

---

3 宋斐如，〈如何改進台灣文化教育〉，《新生報》，1946年1月14日。
4 《新生報》，1946年6月19日。

建做有機結合。

2. 許壽裳的魯迅思想傳播

許壽裳於1946年6月25日抵達台北，同年的10月19日恰是魯迅逝世十週年忌日，他在《和平日報》發表了〈魯迅和青年〉，這是他抵台後，發表的第一篇有關魯迅的文章，緊接著又在同月21日的《和平日報》發表了〈魯迅的德行〉，在隔月的11月1日發行的《台灣文化》（1卷2期）「魯迅逝世十週年特輯」上，又發表了〈魯迅的精神〉。之後，又在隔年1月的《台灣文化》（2卷1期）發表了〈魯迅的人格和思想〉。

在上述文章中，許壽裳極力介紹魯迅的思想和精神的根本。例如在〈魯迅的精神〉一文中，對魯迅的精神做了概括性的總結，他說「抗戰到底是魯迅畢生的精神」「魯迅作品的精神，一句話說，便是戰鬥精神，這是為大眾而戰，是有計畫的韌戰，一口咬住不放的」[5]。在〈魯迅的人格和思想〉一文中，指出魯迅是青年的導師、民族的文化鬥士，暴露了中國民族性的缺點，揭發了歷史的黑暗，其人格的偉大和聖潔在於其擁有真誠、摯愛、堅貞、勤勞，並強調魯迅的思想本質是人道主義，其方法是戰鬥的現實主義[6]。在〈魯迅的德行〉一文中，則再三闡述魯迅的德行特點是誠愛、勤勞、堅貞、謙虛[7]。此外，在〈魯迅和青年〉一文中一開頭就說：

---

[5] 許壽裳，〈魯迅的精神〉，《台灣文化》1卷2期（1946年11月），頁2。

[6] 許壽裳，〈魯迅的人格和思想〉，《台灣文化》2卷1期（1947年1月），頁1-3。

[7] 許壽裳，〈魯迅的德行〉，《和平日報》，1946年10月21日。

　　魯迅是青年的導師，五四運動的驍將，中國新文藝的開山
者。他的豐功偉績，到今日幾乎已經有口皆碑，不必多說
了。但是他自己並不承認是青年的導師，正惟其如此，所以
為青年們所信服，他的著述為青年們所愛誦。他說導師是無
用的，要青年們自己聯合起來，向前邁進。……他又指示著
青年生存的重點，生命的道路，而且主張國民性必須改革。
……魯迅常說國民性必須改造，否則招牌雖換，貨色照舊，
口號雖新，革命必無成功。革命者只有前進，義無反顧的。
他在〈出了象牙之塔後記〉一文中說道：「歷史是過去的陳
跡，國民性可改造於將來，在改革者的眼裡，以往和目前的
東西是全等于無物的」。以上這些話，至今還是很適切很需
要的。8

　　從上述許壽裳的論述中，可以理解許壽裳想要傳達的信息
是，戰後台灣最需要的是民主、科學、道德實踐、中國民族主
義，這些精神可以集中從魯迅身上學習到。許壽裳明顯的意圖透
過魯迅思想的傳播，使得過去魯迅曾經扮演過重要角色的五四新
文化運動能夠再度在台灣掀起，達成台灣文化重建目的。

　　此外，許壽裳上述言論中，最值得注意的是，他一抵達台灣
之後，立刻透過魯迅思想的介紹，呼籲國民性改造的重要性。國
民性改造的必要，很久以前即是魯迅和許壽裳之間共同討論的課
題。許壽裳在有關魯迅的回憶性文章中，屢屢提及二人在日本弘
文學院就學期間，討論有關中國國民性的改造。當時，他們二人

8 許壽裳，〈魯迅和青年〉，《和平日報》，1946年10月19日。

經常就這個問題，再三討論。最後得出一個結論，一致認為中國
民族最缺乏的東西是「誠和愛」。缺乏誠和愛，換句話說，便是
深中了詐偽無恥和猜疑相賊的毛病。其最大最深的病根是兩次奴
於異族，唯一的救濟方法是革命[9]。關於中國國民性改造的問
題，在許壽裳回國後，甚至在抗日戰爭期間，或是抗日戰爭勝利
後，始終是他的終極關懷。例如從他1945年8月15日日記上所留
下的兩首詩，就能窺其一端。

　　昨日詩兩首。8月10日夜聞日寇乞降，翌日得瑗兒平安抵
華府，喜成二首。
　　居然喜訊聯翩至，黷武倭夷竟乞降，
　　難得八年催勁虜，從今一德建新邦。
　　陷區妻子狂歌舞，盟國經綸足駿龐，
　　歸路反愁何所見，創痍滿地下長江。
　　兒書萬里慰親情，喜報安然抵美京，
　　科學發明原子彈，和平領導國聯盟，
　　厚生能泯貧和富，進德端由愛與誠，
　　羨爾觀光時會好，相期無負此長征。[10]

即使在抗日戰爭勝利後，許壽裳仍然不忘昔日年少時代和魯迅之
間的共識，中國國民性還是需要改造，重建戰後「新邦」，「愛

9　詳細請參照北岡正子，〈もう一つの國民性論議──魯迅‧許壽裳の國民性論
　　議への波動──〉，《關西大學中國文學會紀要》10號（1989年3月）。
10　《許壽裳日記》，頁186。

與誠」依然是需要的。這種信念與前面舉出的許壽裳戰後初期在台灣的言論之思想基調，基本上是一致的。對許壽裳而言，從日本異民族殖民統治掙脫後的台灣之文化重建與抗日戰爭勝利後的中國國民性之改造，是密切相連的緊急課題。

總而言之，許壽裳在台灣極力傳播魯迅思想的意圖，除了深恐台灣和中國一樣會因奴於異族造成了國民性的扭曲，提醒台灣人明瞭國民性改造的重要性外，更希望藉著魯迅思想的傳播，使魯迅曾經扮演過重要角色的中國新文化運動——五四運動也能夠在台灣展開，藉以發揚中國民族主義，肅清日本文化影響，並引進民主、科學的新文化運動精神，達成台灣的文化重建目的。

二、台灣人的魯迅理解

在上一節已指出行政長官公署的台灣文化重建構想的動向中，含有許壽裳的藉由魯迅思想之傳播，在台灣掀起「新的五四運動」。以下本文將檢討當時台灣知識分子如何理解魯迅思想，並思考他們對當時台灣文化的見解。

魯迅思想在台灣的傳播，有兩次高潮期，並不是始自許壽裳。第一次高潮期是在日據時期的一九二〇年代，台灣受到中國文學革命的影響也展開了新文學運動，除了提出各種文學主張與介紹文學理論之外，當時台灣人唯一的言論機關《台灣民報》亦不時轉載了胡適、魯迅、郭沫若、周作人、謝冰心、徐志摩等中國新文學作家的作品，提供借鏡，其中以魯迅的作品（包括譯作）轉載最多，影響也最大[11]。

楊雲萍在戰後曾對上述現象做了以下回想：

　　民國12、3年前後，本省雖在日本帝國主義的宰割下，也曾經掀起一次「啟蒙運動」的巨浪。面對此次運動，直接地，間接地影響最大的影響的，就是魯迅先生。他的創作如〈阿Q正傳〉等，早已被轉載在本省的雜誌上，他的各種批評，思想之類，沒有一篇不為當時的青年所愛讀。12

　　當時轉載魯迅作品的動機之一是因為「魯迅的譯筆又非常之老練，實在可為語體文的模範」。一般說來，當時台灣對魯迅的理解非常有限，還沒有完全捕捉到魯迅文學的真正核心13。

　　1937年，日本發動全面侵華戰爭，日本當局加強對台灣言論思想管制，廢止發行漢文新聞，一直到日本戰敗前，包括魯迅的一切中國新文學作品轉載幾乎不可能。雖然如此，一部分的台灣本地文化人還是透過日文翻譯本14，繼續閱讀魯迅，因此魯迅並沒有完全在台灣消失。至於台灣的魯迅思想傳播第二次高潮期，則必須要等到戰後了。

---

11 林瑞明，〈石在，火種是不會絕的──魯迅與賴和〉，《國文天地》7卷4期（1991年9月），頁19-20。關於日據時期台灣轉載魯迅作品與有關介紹魯迅的文章之詳細目錄，以及張我軍在一九二〇年代第一次魯迅思想傳播高潮期中，所扮演的重要角色，請參考中島利郎，〈日本殖民地下の台灣新文學と魯迅（上）──その受容の概觀〉，《岐阜教育大學紀要》24集（1992）。

12 楊雲萍，〈紀念魯迅〉，《台灣文化》1卷2期（1946年11月），頁1。

13 中島利郎，〈日本殖民地下の台灣新文學と魯迅（上）〉，頁227-28。

14 甦甡（蘇新）在〈也漫談台灣藝文壇〉（《台灣文化》2卷1期 [1947年1月]）中，曾做以下的回想：「本地的文化人……在日本統治時代，就已讀到一部日文《大魯迅全集》（按：東京：改造社，共7卷，1937.2-1937.8），只因本省被日政府隔絕祖國，致不能多得原著，而且因為受多年日本教育，致不能多讀一點原文」（頁14）。

　　戰後，台灣復歸中國。前面已指出行政長官公署採取的文化重建政策是企圖在台灣掀起一個「新五四運動」，儼然成為了一股社會潮流。在這種風潮下，五四中國新文學又大量被介紹到台灣，當時除了魯迅之外，還介紹了茅盾、郁達夫、沈從文、老舍、周作人、豐子愷、張天翼等人的作品。但是，沒有一個新文學作家能像魯迅那樣被大大的提起，做有系統的傳播介紹。

　　根據筆者的調查，從1945至49年間，在台灣出版的中日文對照魯迅作品單行本，就一共有下述五冊（按照出版年月先後）。之所以會做中日文對照，當然是為了對應當時的語言現象，

　　　　1947年1月　　楊逵譯，《阿Q正傳》，東華書局

　　　　　　　1月　　王禹農譯，《狂人日記》，標準國語通信學會

　　　　　　　8月　　藍明谷譯，《故鄉》，現代文學研究會

　　　　1948年1月　　王禹農譯註，《拼音註解中日對譯　孔乙己　頭髮的故事》（第2輯）

　　　　　　　1月　　王禹農譯註，《拼音註解中日對譯　藥》（第3輯），東方出版社

　　此外，雜誌上也刊載（轉載）不少關於魯迅的傳記、回憶、作品介紹的文章。除了雜誌，當時台灣的三大報紙──《新生報》、《和平日報》、《中華日報》的副刊，關於魯迅的文章也近四十篇之多，作者有來自中國來台作家與台灣作家。而且在1946年10月19日，魯迅逝世十週年忌日，三大報又不約而同地製作了紀念專輯。另外，官方編輯出版和民間出版社編輯出版的國語教科書也都採錄了魯迅的作品，如〈鴨的喜劇〉（初級中學適用《初級國語文選》[台北：台灣省政府教育廳，1947]）、〈看戲〉

（一九四七年度台灣省各縣市小學教員暑期講習講義之二《國文》）、〈鴨鴨的叫〉（節選〈鴨的喜劇〉，張我軍編，《國文自修講座》卷1 [台北：聯合，1947]）、〈美女蛇〉（節選〈從百草園到三味書屋〉，張我軍編，《國文自修講座》卷2 [台北：聯合，1947]）。因此，戰後初期可說是繼一九二〇年代之後的第二次魯迅思想傳播高潮期。

　　戰後初期，魯迅思想的主要傳播者，除了許壽裳之外，致力於傳播魯迅的台灣本地文化人，可以列舉三個人為代表，透過他們可以了解當時台灣本地文化人的魯迅思想理解。

　　⑴龍瑛宗（1911-1999）

　　龍瑛宗在日據時期即活躍於日本的中央文壇，1937年，日文小說《パパイヤのある街》，曾入選著名綜合雜誌《改造》懸賞小說佳作，在小說中，龍瑛宗透過登場人物婉轉說出自己的心境，也透露了自己的讀書習慣。

　　　　佐藤春夫的魯迅的《故鄉》（按：指佐藤春夫翻譯的《故
　　　　鄉》），深受感動，……舊有的觀念已分崩離析，不管再怎麼
　　　　困苦，我還是只想讀書。我很想讀魯迅的《阿Q正傳》、高
　　　　爾基的作品，還有摩根的《古代社會之研究》，託台北的友
　　　　人，在舊書店尋購，可是並沒有找到，要買新書的話，又沒
　　　　錢。……15

---

15 龍瑛宗，〈パパイヤのある街〉，《改造》19卷4期（1937年4月），頁52。

龍瑛宗攝於一九四〇年代後期
（龍瑛宗家屬提供）。

　　戰後初期最先介紹魯迅的台灣本地文化人即是龍瑛宗。1946
年5月，龍瑛宗在他所主編的《中華日報》日文版[16]副刊上發表
《阿Q正傳》，介紹魯迅作品，強調「魯迅生前極為憎惡中國的壞
性格，但是不能因此就把魯迅視為非愛國者，正是因為他憎惡中
國的壞性格，這才表示他是真正愛中國的」[17]。其後又在同年10
月魯迅逝世十週年忌日，於《中華日報》日文版發表〈中國近代
文學の始祖──魯迅逝世十週年記念日に際して〉一文，悼念魯
迅，並指出「魯迅非常傾心露西亞的果戈里和高爾基，特別注意
世界上的被壓迫文學」，「魯迅雖已逝世十年，魯迅的肉體雖已

---

16 戰後初期，是適應過渡期，准許報紙、雜誌有日文版面，但是自1946年10月
　　25日起即被廢止。

17 龍瑛宗，《阿Q正傳》，《中華日報・文藝》，1946年5月20日，原文日文。

滅亡。但是魯迅精神還活著,那是永遠呼喚民族精神覺醒的聲音」[18]。

龍瑛宗透過自己的魯迅思想理解,強調魯迅精神長存,魯迅精神即是民族主義精神與國民性的改造,這是戰後台灣不可或缺的精神。

(2)楊逵(1905-1985)

楊逵在日據時代即是甚為活躍的社會運動家和文學家,和龍瑛宗一樣也活躍於日本中央文壇,1934年,他的小說〈新聞配達夫〉曾入選文藝雜誌《文學評論》懸賞第二獎(第一名從缺)。戰後初期,更是活躍於台灣文化界,翻譯介紹了不少中國新文學作品[19]。在擔任《和平日報》副刊編輯時,刊載了許壽裳的〈魯迅和青年〉(1946年10月19日)、〈魯迅的德行〉(1946年10月21日),許廣平的〈忘記解〉(1946年10月20日),胡風的〈關於魯迅精神的二三基點〉(1946年10月19日)等紀念魯迅的文章,積極介紹傳播魯迅思想。

1946年10月,魯迅逝世十週年忌日,楊逵同時在《中華日報》日文版與《和平日報》副刊發表新詩。兩者的題目均為「紀念魯迅」,只是使用不同的語言,內容幾乎一樣,都是讚美魯迅

---

[18] 龍瑛宗,〈中國近代文學の始祖——魯迅逝世十週年記念日に際して〉,《中華日報・文藝》,1946年10月19日,原文日文。

[19] 楊逵翻譯的中、日文對照中國新文學作品,計有《阿Q正傳》(魯迅原著,1947年1月)、《微雪的早晨》(郁達夫原著,1947年8月)、《大鼻子的故事》(茅盾原著,1947年11月)、《黃公俊的最後》(鄭振鐸原著,未見),皆是由東華書局出版,列入「中國文藝叢書」。

楊逵攝於綠島監獄時期（照片出處：彭小妍主編，《楊逵全集》卷10〔台北：國立文化資產保存研究中心籌備處，2001〕）。

的戰鬥精神，強調「魯迅是人類精神的清道夫，迎向低劣及反動的東西，吶喊又吶喊，魯迅作獅子之奮迅」，「至今仍然到處能夠聽到魯迅的聲音，繼承者們的心中仍直視著魯迅的至誠與熱情。魯迅是人類精神的清道夫，是永遠長存的革命記號」[20]。

　　但是最能夠表現楊逵的魯迅思想理解，即是他寫在他所翻譯的中、日文對照《阿Q正傳》一書前之短文〈魯迅先生〉。在短文中，他說：

　　　　作為一位被迫害者與被壓迫階級的朋友，先生經常反覆的過著血肉模糊的戰鬥生活。⋯⋯

　　　　《阿Q正傳》是先生的代表作，他向該詛咒的惡勢力與保守主義宣告死刑，但願每人仔細吟讀，只要惡勢力與保守主

20　楊逵，〈魯迅を紀念して〉，《中華日報》，1946年10月19日，原文日文。

義不揚棄的一天，我們絕對無法前進。[21]

楊逵的魯迅思想理解如實的表現在上述的詩文中，對楊逵而言，魯迅是「永遠長存的革命記號」，是「被壓迫階級的朋友」，和反動勢力、保守主義戰鬥的不撓不屈之文學者。楊逵作為社會運動家，從日據時期活躍到戰後，他從社會運動家的立場，注意到魯迅戰鬥精神中所帶有的「社會性」與「政治性」。

(3)藍明谷（1915-1951）

前文已述及，戰後初期，中、日文對照的魯迅作品翻譯單行本一共有五本出版，其中之一即是藍明谷的《故鄉》。

藍明谷本名藍益遠，「藍明谷」是筆名，另一筆名是藍青。1919年生於高雄岡山，台南師範學校畢業，之後前往中國北平的東亞經濟學院留學。北平時代和作家鍾理和相交相知。戰後返台，任職台灣省教育會，「二二八事件」前夕離職，經鍾理和介紹到其兄鍾浩東擔任校長的基隆中學任教，《故鄉》的翻譯就是在彼時完成的。1949年8月，國共鬥爭發展得如火如荼時，藍明谷和鍾浩東響應中國的共產主義革命，祕密進行宣傳活動，被有關當局發現後遭到逮捕，即所謂「光明報事件」，鍾浩東及藍明谷其後均被判處死刑[22]。前此，1949年4月6日，楊逵也因簽署

---

21 楊逵譯，《阿Q正傳》（台北：東華，1947），頁2-3，原文日文。

22 關於藍明谷的生平事蹟，詳細請參考藍博洲，《消失在歷史迷霧中的作家身影》（台北：聯合文學，2001），頁237-332。關於鍾浩東生平及「光明報事件」，詳細請參考藍博洲，《幌馬車之歌》（台北：時報文化，1991），頁51-104。

1937年，台南師範學校時代的藍明谷
（藍明谷家屬提供）。

一篇籲請國府釋放「二二八事件」人犯和消弭本地人和大陸人之間裂痕的「和平宣言」，被判處有期徒刑十二年。

藍明谷曾為自己所翻譯的《故鄉》寫了一篇前言〈魯迅と《故鄉》〉，他指出：

我們如果再度回顧「五四」以來的歷史，除了倒在帝國主義「代言人」的封建軍閥凶刃底下的人以外，為數甚多的所謂指導者，或是一些自任為指導者的人，不是中途和敵人妥協，不然就是意氣沮喪，逃往安全地帶。

但是，中途不變節，而且徹底投身反帝、反封建運動的人也不是沒有，魯迅即是其中的一人。

不用說，魯迅也是對「五四」以來的中國思想界，相當有影響的人。人人稱呼他是「世界的大文豪」、「青年的導師」

或是「革命的健將」。但是，他不自任為「鬥陣的戰將」，勿寧自任是「搖旗吶喊的小卒」。而且事實上，他又和所謂的指導者不一樣，直到最後不支倒地的瞬間，他從來沒有停止戰鬥。他不是光站在戰線後方，只是用嘴發號施令的指導者，他與民眾為伍，理解民眾，如同上述所說，是真正與民眾共同戰鬥的「小卒」。他曾經說過這樣意思的話「如果認為老百姓是無知的愚物的話，那就大錯特錯。他們往往能夠正確的看穿『大人君子』們無法洞察的地方」，這才正是他的文學態度，而且進一步表現在他的生活全般態度，這也是他偉大之所在。

　　本作寫於1921年1月，和前作《狂人日記》、《孔乙己》、《藥》、《風波》等相比較，主題不同，手法也不一樣。《風波》之前的作品主題，主要是「暴露」封建社會的弱點。可是，《故鄉》中對於楊二嫂的黑暗面暴露倒是其次，反而將主題放在對淳樸的閏土之同情與深切關懷。在形式上，也一反以前慣有的客觀、諷刺的描寫法，帶有很明顯的抒情色彩。[23]

　　藍明谷的魯迅思想理解，強調魯迅是中國近代史上反帝、反封建運動的指導者，而且「與民眾為伍」、「真正與民眾共同戰鬥」，實際參與政治運動和社會運動。藍明谷的魯迅思想理解總括了魯迅的「文學性」、「社會性」與「政治性」，台灣人的魯迅思想理解至此已到達相當高的水準。他甚至將自己所描繪的魯迅

---

[23] 藍明谷譯，《故鄉》（台北：現代文學研究會，1947），頁3-4，原文日文。

像與自己的人生相互重疊，在國共內戰中，響應中國的共產主義
革命，「與民眾共同戰鬥」，犧牲了生命。

許壽裳的魯迅思想傳播意圖，是希望能將魯迅思想與戰後台
灣的文化重建做一個有機結合，以魯迅思想為媒介，期待在台灣
能掀起「新的五四運動」。但是，從大陸來台從事文化重建工作
的許壽裳與台灣本地文化人的立場，畢竟是不一樣的。當時台灣
人面對的問題不只是文化問題，還包括日漸惡化的經濟問題、政
治問題與社會問題。龍瑛宗就公開說：

> 文化的發展需要一定的環境與條件，其最低條件之一是什
> 麼呢？那就是文化人生活的安定。如果沒有安定的生活，那
> 就無法從事文化創作。當然文化人是甘於過著清貧生活的，
> 憎惡俗世間的奢侈。然而在現時的社會情勢下，文化人不但
> 不能過著清貧的生活，且會徬徨於餓死線上。文化人不屑投
> 身於貪污行列，在混濁的世界裡也不知「紅包」為何物？在
> 制度與情面的雙重壓迫下，被壓於社會底層，徒然遭受市儈
> 侮蔑，過著呻吟無以為生的可憐生活。24

經歷過殖民地統治下悲哀的台灣人，在戰後初期又要面臨不
安定的社會環境，忍受精神上、生活上的諸多困苦。著名文藝評
論家山本健吉（1907-1988）曾指出「在亞洲型的規模裡，提供
後進國面臨的共同課題之解答時，魯迅文學所蘊含的內涵，能夠

---

24 龍瑛宗，〈文化を擁護せよ〉，《中華日報・文藝》，1946 年 6 月 22 日，原文日
文。

給予很多啟發」[25]。因此，可以理解，在半殖民地狀況下和惡劣環境戰鬥，所產生的魯迅文學和思想，能夠得到台灣人的共鳴，絕對不是偶然的。台灣本地文化人吸收了魯迅思想的「社會性」與「政治性」、「戰鬥性」，獲得啟發，反而去思考戰後台灣的現況問題，最後且將魯迅的思想、精神和台灣現狀直接連結，表達他們的不滿。

例如，楊雲萍在〈紀念魯迅〉一文中，就表示：

　　魯迅生前所憎惡的，似有一部分已經消滅，魯迅生前所爭取的，似有一部分已將見諸實現。

　　然而，假使我們從興奮裡醒覺，冷靜地思索一下時，那末一定會感覺所謂真理的尊嚴，以及正義的力量，還未完全回復；魯迅所疾惡的「正人君子」，還得意登場，魯迅所痛恨的「英雄豪傑」，還霍霍磨刀，準備著第幾次的大屠殺。而魯迅所最關懷，所最摯愛的我中國民眾，還在過著流離顛沛的慘無天日的生活。至於魯迅盡其一生的血淚，所奮鬥爭取的政治、經濟、文化的「民生」的實現，卻還在遠處的彼岸。

　　台灣的光復，我們相信地下的魯迅先生，一定是在欣慰。只是假使他知道昨今的本省的現狀，不知要作如何感想？我們恐怕他的「欣慰」，將變為哀痛，將變為悲憤了。[26]

<hr />

[25] 山本健吉，〈魯迅の作品について〉，《魯迅》（東京：河出書房新社，1980），頁33。

[26] 楊雲萍，〈紀念魯迅〉，頁1。

楊雲萍的文章假託魯迅，實透露了對戰後初期中國、台灣民生疾苦的不滿情緒。

楊逵也在〈阿Q畫圓圈〉一文中，指出：

> 禮義廉恥之邦，在這一年來給我們看到的，已經欠少了一個信字。……
>
> 禮義廉恥之士的靈魂與思想，比不上阿Q的生怕被人笑話，在欠少做人條件的我們看來，卻有點心酸。打倒敵人以來，時間已經過了不短的一年餘了，我們總願結束了一番武劇，來編排一齣建設的新戲，拖來拖去總難得使這個圈畫得圓圓的。我們平民凡夫都是要看看所謂「幸福結尾」的大團圓，一齣劇要演到大團圓，總不得在「路絲腳」的戲台上演，雖有幾個禮義廉恥欠信之士得在此大動亂之下再發其大財，平民凡夫在飢寒交迫之下總會不喜歡他們的。27

楊逵所指的「禮義廉恥之邦」，當然是指中國，而且在動亂中大發其財，使平民凡夫的老百姓陷於飢寒交迫的「禮義廉恥欠信之士」，指的是大陸來台的一部分貪官污吏。他們的靈魂與思想甚至連阿Q都比不上。許壽裳在抗戰勝利後，所企盼的以「愛與誠」重建「新邦」，即使在台灣也絲毫未見實現。

魯迅思想在台灣滲透發展的結果，是台灣本地文化人受到魯迅思想的啟發，藉著紀念魯迅或是透過魯迅的作品討論，激烈的批判大陸來台的一部分國府腐敗官僚，同時也表示對當時中、台

---

27 楊逵，〈阿Q畫圓圈〉，《文化交流》第1輯（1947年1月），頁17。

兩地現狀的不滿。許壽裳期待的「新五四運動」並沒有在台灣發生，這種結果也許不是他當初所能預料到的。

三、反魯迅的動態

　　戰後台灣由上而下的文化重建工作，除了許壽裳的以五四新文化運動象徵之一的魯迅思想為核心思想的文化運動外，也有不同方向的文化運動。當時中國國民黨台灣省執行委員會主任委員李翼中就公開主張：

> 　　我認為台灣文化運動工作仍然缺乏一個領導中心，這不是說台灣的文化運動要加以統制式的領導，而是說當前努力於文化運動的工作者，沒有一個系統的、合理的、一貫的努力方向，也就是說當前努力於文化運動的工作部分中，仍然存留著紛歧錯雜的思想。我們必須要使台灣的文化運動能夠配合建設三民主義新台灣的偉大任務，必須使三民主義能夠成為領導台灣文化運動的最高原則，望著三民主義的最後目標，來致力於台灣文化運動，這就是我們所謂建立台灣文化運動領導中心的意義。[28]

　　當時，中國國民黨台灣省執行委員會（以下簡稱台灣省執行委員會）設有「文化運動委員會」，執行文化運動。陳儀當時雖任行政長官公署行政長官兼台灣省警備總司令，掌握行政權與軍

---

[28] 李翼中，〈對當前台灣的文化運動的意見〉，《新生報》，1946年7月28日。

權，卻對台灣省執行委員會絲毫沒有拘束力，甚至有時還受到掣肘。例如，宣傳委員會在檢查電影時，還須會同台灣省執行委員會底下的宣傳處一起審查。眾所皆知，中國國民黨一向是以「黨」治「國」，由黨控制政府。但是，國民黨內部也相當複雜，因意識形態和利害關係分成幾個派系，互相對立、牽制。例如，陳儀即屬於「政學系」，許壽裳在其庇護下進行其文化工作。可是在國民黨本部和國民政府內擁有勢力，負責全國性教育、文化政策的卻是國民黨中央常務委員的陳果夫，和其弟——國民政府教育部長陳立夫的「CC派」，「政學系」和「CC派」處於對立關係[29]，許壽裳之前即已與「CC派」處於對立立場[30]。

台灣甫復歸中國，「CC派」即任命其人員李翼中為台灣省執行委員會主任委員。他隨即組訪問團，在三個月內走遍台灣，於全省的區、鄉、鎮設立台灣省執行委員會下部組織，在縣、市設立「縣市黨務指導辦事處」，指導下部組織。此外，又在台灣省執行委員會之下設立「文化運動委員會」，在全省各地舉辦集會、講演會等文化性活動宣揚三民主義，強調三民主義是戰後台灣最需要注入的新精神，揚言要「黨化新台灣」[31]。「CC派」主導的文化政策經常帶有極端民族主義的傾向，換言之，即是有

---

[29] 詳細請參考陳明通，〈派系政治與陳儀治台論〉，收入賴澤涵主編，《台灣光復初期歷史》（台北：中央研究院中山人文社會科學研究所，1993）。

[30] 許壽裳曾在致友人的信中，清楚的表示反對「CC派」的立場，並透露與「CC派」的對立關係。《許壽裳日記》，頁59-60。

[31] 張兆煥（台灣省執行委員會書記長），〈本省黨務概況〉，《台灣省地方行政幹部訓練團團刊》2卷6期（1946年11月15日），頁273-75。伊藤金次郎，《台灣欺かざるの記》（東京：明倫閣，1948），頁201-202。

文化保守主義的傾向[32]，對於五四學生愛國的民族主義運動予以很高評價，但是對於「民主」「科學」──五四啟蒙文化運動則採取保留態度。許壽裳的台灣文化重建構想注定是會和他們產生衝突的。戰後台灣最初攻擊許壽裳和魯迅的文章，即是刊登在國民黨黨部系統的刊物上。

　　1946年10月是魯迅逝世十週年，當時台灣的報紙、雜誌紛紛製作了魯迅紀念特輯，隔月即出現激烈攻擊許壽裳和魯迅的文章：

　　　　許壽裳先生的大作〈魯迅的德行〉，我已經從10月21日的《和平日報》上拜讀了。為了紀念一個死去的朋友而為文表彰，這不僅是一種應酬也是一種美德。不過，恭維死人和恭維活人是一樣的，總要得體。否則便會使人肉麻。許先生說「偉哉魯迅」是可以的，說魯迅是「中國民族之魂」，就似乎有點滑稽。……

　　　　許先生說：「他的言滿天下，尊重創造和奮鬥，並且主張擴充文化，指導青年生活，這些都是合於教育的。」許先生是教育家，當然有權這樣說。但是「言滿天下」者很多，不能一律「偉哉」，還得察其「言」是否真正「合於教育」，而且更要「觀其行」。魯迅「奮鬥」的歷史是有過的，「創造」的歷史則無。他「奮鬥」的方法是敷衍與投機。……

　　　　許先生又說：「魯迅是一位為民請命，拼命硬幹的人。」

---

[32] 阪口直樹，〈國民黨文化政策の展開と胡適〉，《季刊中國》33號（1993），頁72-82。

民國19年春，[魯迅]忽負密令通緝的罪名，相識的人都勸他暫避。魯迅答道：「不要緊的。」俯仰無怍，處之泰然。許先生竟忘記了魯迅那時候是住在上海租界內的虹口，而且是住在日本的文化間諜內山完造的家裡，……他這樣托庇於民族仇敵的爪牙之下，而你卻說他是「拼命硬幹的人」！……[33]

魯迅生前即經常抨擊國民黨，尤其到了晚年，更參與了中國左翼作家聯盟的成立與運作，該聯盟在精神上是接受中國共產黨的指導。而且魯迅又公開對結束「長征」後的中國共產黨與紅軍表示敬意，甚至也公開表明支持毛澤東和中國共產黨所倡導的抗日統一戰線。由於他晚年這一連串的舉動，所以被尊奉為革命文學家，受到共產黨與激進的知識青年們之禮讚。因此，即使在他去世後，他的存在與思想仍然受到國民黨很大的敵視。

戰後初期，因為陳儀的庇護，所以許壽裳能在台灣公開傳播魯迅的思想，台灣本地文化人也能自由的談論魯迅，至少在表面上，國民黨是不會和許壽裳的活動相對立的。但是，「二二八事件」後，陳儀被調離台灣，隔年，許壽裳又遇害於國立台灣大學宿舍[34]。其他與魯迅思想傳播有關係的人，如楊逵、藍明谷都遭

---

[33] 遊客，〈中華民族之魂！〉，《正氣》1卷2期（1946年11月），頁3-4。《正氣》是1946年3月在台北成立的正氣學社之機關刊物，正氣學社的社長是當時台灣省警備總司令部參謀長柯遠芬。正氣學社成立之目的是吸收台灣青年加入正氣學社，然後再指導其加入三民主義青年團或中國國民黨（〈正氣學社三十六年度工作大綱〉，《正氣》1卷4期 [1947年1月]，頁78）。故正氣學社很可能就是黨團在台灣的外圍組織。

[34] 關於許壽裳的遇害，當時台灣省警務處的正式發表是，1948年2月18日夜，原

遇不幸的命運。1949年，國共鬥爭中失利的國府，終於遷移台灣。它檢討在大陸失敗的原因，其中之一即歸咎於三〇年代的左翼文學[35]。因此，魯迅的作品在台灣遭到近四十年的禁錮命運。而在同一時期，新成立的中華人民共和國，則給予魯迅極為崇高的評價。

結語

　　戰後初期，有關台灣文化重建的問題，相當複雜，行政長官公署、國民黨黨部、台灣本地文化人各有各的想法。但是，無庸置疑的，戰後初期，魯迅思想的傳播與閱讀在台灣相當流行，是當時的思想潮流之一，而且與文化重建有關係。

　　許壽裳擔任行政長官公署底下的台灣省編譯館館長，從事台灣文化重建工作，其構想的文化重建便是想藉著魯迅思想的傳播，在台灣掀起一個「新的五四運動」，將五四新文化運動以來提倡的民主、科學的新精神注入台灣，一掃日本文化思想在台灣社會的影響，達成台灣的文化重建目的。但是，因為發生「二二八事件」、陳儀離職、撤廢編譯館，以魯迅思想為媒介的「新五四運動」並沒有在台灣發生，導致他的構想成為泡影。

　　另一方面，台灣文化人受到魯迅思想所蘊含的「政治性」與「社會性」之啟發，正視當時台灣的現狀，並透過紀念魯迅的文

　　編譯館工友高萬伸，潛入許宅欲行竊，被許壽裳發現，故行凶。詳見《新生報》，1948年2月23日。

35 劉心皇，《現代中國文學史話》（台北：正中，1971），頁467。

章與魯迅的作品討論，抨擊大陸來台的一部分貪官污吏。

　　此外，以三民主義為核心思想的文化運動也是戰後初期台灣文化重建的另一個方向，這是由國民黨黨部所主導的，其實也正是國府的構想。因此，台灣甫復歸中國，即立刻付諸實行。國府一接收台灣即有意使三民主義 —— 其政權的官方意識形態（official ideology）能成為台灣人國家認同的思想基礎，尤其在台灣人追求自治自主的「二二八事件」爆發後，國府將事件發生原因一部分歸咎於共產黨的蠱惑。其後，又發生了台灣人響應共產主義革命的「光明報事件」，國府更加防範共產主義思想在台灣的傳播，當然魯迅思想絕對是在防範之內。早在1946年即已展開的反魯迅動態，就是一個明證。因為魯迅思想在台灣的傳播，有可能導致台灣人反對代表舊中國的國府，而對代表新中國的共產黨政權產生憧憬，甚至進一步產生認同。當時國府要求於台灣人的「國民化」，已不只是要「中國化」，而且也要「國民黨化」。換句話說，它要求台灣人認同的「國家」是「國民黨統治下的中華民國」，而不是「共產黨統治下的新中國」。這種趨勢，在1949年國府正式遷台之後，更加被強化。饒富意思的是，當時行政長官公署當局、許壽裳負責的台灣省編譯館、行政長官公署外圍團體的台灣文化協進會與中國國民黨台灣省執行委員會，皆高舉著三民主義大旗，齊唱台灣文化改造。但是，彼此間卻在三民主義的旗幟下，表現了進步對保守的不同立場，這也反映在各自對於戰後台灣文化重建之不同思維上。

第七章

魯迅思想傳播的另一章
——黃榮燦

一、黃榮燦的抵台

　　本書在上一章已指出魯迅思想在台灣的傳播有兩次高潮期，第一次高潮期是在日據時期的一九二〇年代，第二次高潮期則是戰後初期。戰後初期在台灣，魯迅思想主要傳播者，除了許壽裳之外，還有在當時作為魯迅思想傳播者被與許壽裳相提並論的黃榮燦[1]。許壽裳認為，戰後台灣的文化重建，要借助魯迅的思想與精神，在台灣掀起一個「新的五四運動」，以達成台灣的文化重建工作。而黃榮燦在戰後初期的台灣，系統的、積極的介紹魯迅的木刻思想，換言之，他是戰後台灣第一個魯迅木刻思想的傳播者，而有別於許壽裳，從別的面向來傳播魯迅思想。關於黃榮燦的個人資料，截至九〇年代，所知極為有限，直至近期才逐漸明朗[2]。本章即是釐清黃榮燦在台傳播魯迅木刻思想的始末，企圖

---

[1] 勉甡，〈也漫談台灣藝文壇〉，《台灣文化》2卷1期（1947年1月），頁15。

[2] 關於黃榮燦的個人資料，1946年12月，中華全國木刻協會編，開明書店出版，扉頁上寫著「謹以此書紀念木刻導師魯迅先生逝世十週年」的《抗戰八年木刻

理解戰後魯迅思想傳播在台灣的另一面向。

黃榮燦，1916年生，四川重慶人，抗日戰爭初期自四川西南職業學校畢業，1938年前往雲南昆明國立藝專學習，1939至1941年任廣西柳州龍城中學美術教師。1938年6月，第一個全國性的木刻團體「中華全國木刻界抗敵協會」在漢口成立，1941年3月，該協會被國民政府社會部指為非法組織，予以解散。1942年1月，該協會改名為「中國木刻研究會」，幾經交涉，終獲認可成立。其後，該研究會又於抗日戰爭勝利後的1946年7月改組為「中華全國木刻協會」。黃榮燦在1941至1943年轉任《柳州日報》副刊〈草原木藝〉編輯，並兼任「中國木刻研究會」柳州分會負

選集》，除了收入黃榮燦的木刻版畫作品「修鐵道」外，關於黃榮燦的介紹是：

> 重慶人。曾肄業於昆明時期的國立藝專。性好動，善適應環境，熱心木運，富有組織力。抗戰開始後參加劇隊工作，流動於西南諸省。作品多現實生活的描寫。（頁14）

日本有關黃榮燦的介紹，是池田敏雄（1916-1981，台灣民俗學家）的〈敗戰日記〉（《台灣近現代史研究》4號 [1982年10月]，頁55-108）中對黃榮燦所做的註解：

> 黃榮燦。陶行知的弟子，曾跟魯迅學木刻。據說後來在台灣被處死刑。（頁107，原文日文）

而1985年12月，馬蹄疾、李允經編著，北京：人民美術出版社出版的《魯迅與中國新興木刻運動》，書中列出曾跟隨魯迅學習木刻的青年三十五名，其中沒有黃榮燦的名字。有關黃榮燦的傳記研究，梅丁衍，〈黃榮燦疑雲——台灣美術運動的禁區（上）、（中）、（下）〉，《現代美術》67期—69期（1996年8月、10月、12月），做了非常紮實的基礎研究，本文撰寫時獲益不少，梅丁衍先生後來也提供一部分寶貴資料給筆者，謹致謝意。

此外，居住於日本福岡的橫地剛先生也在從事黃榮燦的研究，筆者與橫地先生曾交換意見、資料，在此也一致謝意。

黃榮燦20歲左右的照片
（梅丁衍提供）。

責人。1944年，黃榮燦又轉往廣西宜山縣柳慶師範學校任教，同
年日軍攻陷宜山，乃返回家鄉重慶。抗日戰爭勝利後，1945年
10月，黃榮燦參加「中國木刻研究會」在重慶舉行的「九人木刻
聯展」，這九人除了黃氏以外，還有陳煙橋、梁永泰、王樹藝、
王琦、汪刃鋒、陸地、丁正獻、劉峴，皆是活躍於抗日戰爭時期
及日後新中國時期的木刻版畫家。當時，新華日報社也提供了一
批由延安轉來的木刻版畫與該聯展一起展出，之後，這九人的作
品也送往延安展出。同年冬，黃榮燦為教育部赴台教師招聘團所
錄用，經香港抵台灣[3]。因此戰後最早來台的中國木刻版畫家極
有可能就是黃榮燦。繼黃榮燦之後，同年又有陳耀寰（廣東人，

---

[3] 梅丁衍，〈黃榮燦疑雲（上）〉，頁49-50。李允經，《中國現代版畫史》（太
　原：山西人民，1996），頁99-109。

1922-）、朱鳴岡（安徽人，1915-）來台；1946年，有荒煙（廣東人，1921-1989）、麥非（廣東人，1916-）、陸志庠（江蘇人，1910-）；1947年，有王麥稈（山東人，1912-）、戴英浪（馬來西亞華僑，1940年返回中國，1908-1985）、章西崖（浙江人，1917-）；1948年，有汪刃鋒（安徽人，1918-）、黃永玉（湖南人，1924-）、劉崙（廣東人，1913-）、陳庭詩（耳氏，福建人，1916-2002）。戰後為什麼有這麼多的中國木刻版畫家前來台灣呢？抗日戰爭勝利後，中國主流畫家們逐漸回到他們主要的活動舞台——北京、上海、杭州等地的美術學校，然而木刻版畫家大部分都在抗日戰爭時期開始習作木刻版畫，一面從軍作戰，一面配合抗日宣傳需要，結合傳統年畫的技法自學版畫，發表於報刊、雜誌，並且以此串聯其他同好。戰爭勝利後，被國民政府接收復員的地區一時不容許這些木刻版畫家繼續發表作品，主流美術學校的教席也容納不下他們，他們喪失活動的舞台後，於是便前往台灣一探中國新邊疆地區的面貌，另尋活動空間[4]。黃榮燦也許就在這種心情下前往台灣！

　　1945年冬，黃榮燦抵台灣後，初始並沒有擔任教職，隨即在1946年1月1日創刊的報紙《人民導報》（社長宋斐如，主編蘇新，為民間經營的報紙，1947年3月13日因批評陳儀政府被迫停刊）主編副刊〈南虹〉[5]，當時住在台灣的日本僑民還沒有完全

---

[4] 謝里法，〈中國左翼美術在台灣（1945-1949）〉，《台灣文藝》101期（1986年7、8月），頁129-56。陸地，《中國現代版畫史》（北京：人民美術，1987），頁328-30。

[5] 《人民導報》副刊〈南虹〉與《人民導報》創刊日同日創刊，〈南虹〉主編最初是木馬（本名林金波），自12期（1月14日）起，改由黃榮燦主編。

遣送完畢，而且台灣當局也留用了一批日本技術人員與教育人員，黃榮燦以木刻版畫家和《人民導報》副刊主編身分，廣交台灣本地和暫居台灣的日本藝文界人士，特別與蘇新[6]、王白淵[7]、西川滿[8]、濱田隼雄[9]、池田敏雄[10]、立石鐵臣[11]等人來往親密。

　　黃榮燦抵台後，到底在哪個報社工作，有種種不同的記載，有「上海大導報特派員、人民導報記者」（濱田隼雄，〈黃榮燦君〉，《文化廣場》2卷1號[1947年3月]，頁17；〈木刻畫〉，《展》3號[1982年10月]，頁152），有「前線日報駐台特派員」（池田敏雄，〈敗戰日記〉，頁99），有「大剛報台灣特派員」（吳步乃，〈思想起黃榮燦[續編]〉，《雄獅美術》242期[1991年4月]，頁88）。唯一可以證實的是《人民導報》副刊〈南虹〉，印有「黃榮燦主編」。

6 蘇新（1907-1981），社會運動家。1927年參與台灣共產黨成立工作。1928年，台灣共產黨（日本共產黨台灣民族支部）成立時，成為正式黨員。1931年，擔任中央常務委員兼書記局長宣傳部長，同年9月被捕，判處有期徒刑12年。1943年出獄。戰後，任雜誌《政經報》主編，報紙《人民導報》主編，1947年「二二八事件」後，逃亡至中國。

7 王白淵（1902-1965），社會運動家、詩人。1925年入學東京美術學校，1932年以因參加過「日本無產階級文化聯盟」系列下的台灣人留學生左翼文化團體「台灣人文化圈」，在岩手女子師範學校任職教師時被捕下獄。其後偷渡上海，任教於上海美術專門學校。1937年，又以抗日分子嫌疑，再度被捕下獄，遣送回台灣。戰後，任《新生報》編輯部主任。

8 西川滿（1908-1999），文學家。1910年全家移住台北，1933年畢業於早稻田大學文學部法文科，歸台。1934年，進入台灣日日新報社工作。1939年創立台灣詩人協會，翌年，改組台灣詩人協會為台灣文藝家協會，發行機關刊物《文藝台灣》。1942年，與濱田隼雄、台灣人作家龍瑛宗、張文環一同出席在東京召開的第一回大東亞文學者大會。戰爭期間，西川滿是台灣總督府戰時文藝政策的協助者、執行者。1945年，日本戰敗後，與濱田隼雄被台灣總督府情報課認定是戰時台灣文化的最高指導者，列入戰犯名單提交。1946年4月，被遣返日本。

9 濱田隼雄（1909-1973），文學家。1932年，畢業於東北帝國大學法文學部國文學科。1933年，任台北私立靜修女學校國語教師。1937年，轉任台北州立台北第一高等女學校教師。1938年，結識西川滿，成為知音、文學上的盟友。1942

戰後，西川滿與濱田隼雄設立劇團「制作座」，西川家時常聚集不少前來觀劇的文化人士，黃榮燦也是其中一個。西川滿曾對黃榮燦做了以下的描述：

> 戰爭以慘敗結束，……一朝破敗的境遇，迫使人們終日為生活奔波，過著天天不關心文化事的日子。出版沒什麼指望。

年，出席第一回大東亞文學者大會。1943年，配合日本戰時國策的創作小說《南方移民村》獲台灣文學賞，同年轉任台北師範學校教授。1945年日本戰敗後，與西川滿同被列為戰犯。1946年4月，被遣返日本。

10 池田敏雄（1916-1981），台灣民俗學家。1924年，全家移住台北。1935年，畢業於台北第一師範學校，任教於台北龍山公學校，因對台灣民俗極感興趣，暇時致力採集記錄台灣民俗，並參與西川滿創立的台灣詩人協會、台灣文藝家協會。1940年，辭龍山公學校教職，轉任台灣總督府情報部囑託，擔任編輯事務。1941年，在戰爭時期雷屬風行的「皇民化運動」期間，參與雜誌《民俗台灣》的創刊工作，負起企畫、編輯的重任，盡力於保存記錄台灣的民俗。1945年日本戰敗，1946年3月，為台灣省行政長官公署宣傳委員會留用，同年10月，轉任台灣省編譯館台灣研究組幹事，1947年發生「二二八事件」後，5月被遣返日本。

11 立石鐵臣（1905-1980），畫家。1905年生於日本，父親時任台灣總督府財務局事務官，1911年，父親調職日本內地，乃返回日本。1921年，立石鐵臣入門川端畫學校，習日本畫；1926年，轉習西畫，先後師事岸田劉生、梅原龍三郎。1933年1月至3月，赴台寫生。1934年7月至36年3月，再度赴台，活躍台灣藝壇。1939年以後，長居台灣，在台北帝國大學理農學部從事標本畫製作。1941年，參與《民俗台灣》的創刊、編輯工作。1942年，擔任東都書籍株式會社台北支店的出版企畫。1945年日本戰敗後，初期繼續留在台北支店工作。1946年被台灣省編譯館台灣研究組留用，任編輯，再度製作標本畫。1947年，該編譯館撤廢後，轉任國立台灣大學文學院美術講師，1948年12月被遣返日本。

　　於是，我和《文藝台灣》的同仁濱田隼雄商量，創設劇團
「制作座」，招集四處遊蕩的文化人來我家。……

　　超越了語言不通的障礙，觀眾有很多人是來自大陸的中國
人。透過這個「制作座」的戲劇，我結交了新的中國友人，
他就是來自重慶的黃榮燦先生。

　　黃先生和郁達夫的妹妹──西畫家郁風女士──一起從事
文化工作已經很久了；八年抗戰勝利時，他也同時回到南
京，接著轉到上海，然後又渡海到台灣。這位版畫家的作風
很踏實，他的人品也讓人如沐春風。

　　他來我家看過大約兩次「橫丁之圖」第二次公演的舞台排
演，對版畫比對戲劇本身有興趣，常常滔滔不絕地談論中國
版畫和日本版畫。[12]（原文日文）

黃在西川家結識了濱田隼雄，兩人來往非常頻繁，後來，濱
田隼雄寫了下面這段對於黃榮燦的感想：

　　黃榮燦先生是木刻版畫家。我們第一次見面是終戰那年年
末，在西川滿先生家。……

　　他的名片上印著「上海大導報特派員」和「人民導報記者」
兩個頭銜。……終戰後，從中國來的人們多半都說英語，我
想他也會說英語，所以努力回想已經忘掉的英語，想得滿頭
大汗。而他卻從西裝口袋拿出記事本，開始筆談。……他

---

[12] 西川滿，〈創作版畫の發祥と終焉──日本領時代の台灣──〉，《アンドロ
　　メダ》271號（1992年3月），頁11。

說，中國的新劇運動在抗戰時期也進行得很活絡，最近上海的劇團也計畫來台北。既然戰爭結束了，中日文化的徹底合作就要落實才行。也希望能和日本的劇團共同演出，……還有，他是木刻版畫家，想見見住在台灣的日本畫家，希望我幫他介紹，……他很尊重日本文化人，也很沉著地進行新聞記者的報導工作，和被中國割讓之後的台灣文化層面的調查，以及抗戰中木刻版畫展覽的籌備等文化工作。我的驚訝轉變成羞愧。反省只因為好奇而和他交往的自己，也反省自己的迂腐──嘲笑進駐台灣的軍隊揹著棉被和雨傘的模樣。我在黃君身上看到了中國人，「日本也被中國打敗了」。才第一次具有真實感，震撼了我。13（原文日文）

當時，除了西川滿、濱田隼雄以外，還有和黃榮燦以及來台的中國木刻版畫家親密來往的立石鐵臣也留下了珍貴的證言，

　　終戰後，在本省報上看到兩三幅很優秀的木刻版畫，是同一位作家的作品，在這裡前所未見。魯迅先生孕育、發揚的木刻版畫曾被介紹到日本，不過，這些畫顯然比那些畫的風格更進一步。我想，魯迅先生創造出來的新興木刻版畫，終於在中國開花結果，同時也認為其中一位優秀的木刻版畫家已經來到台灣。
　　果不其然，我最近終於有機會見到他──黃榮燦先生，我們也互相交談。……黃先生的木刻版畫很細緻，可以說有寫

---

13 濱田隼雄，〈木刻畫〉，頁153。

實風格。絕不是從中國許多民俗版畫的玩味中衍生出來的，而是走在新中國、有生命力的中國的尖端。雖然他的手法和風格讓人想起蘇俄的木刻版畫，但這種風格才適合新中國的木刻版畫。黃先生等人的木刻版畫的使命和舊文人的喜好無關，它是為了喚醒大眾、教化大眾而誕生的；它的使命不是讓人掛在豪宅牆上欣賞，而是要讓大眾互相傳閱。什麼是新中國最「中國」的心呢？木刻版畫思索著這個課題，在這個課題裡活動；在它這個必然的使命中站著一群年輕的藝術家。所以，它的工作是與大眾同在而不流於媚俗，它的寫實性中有可以淨化大眾的樣式。雖然在寫實性之中有饒舌的說明，但它的作用是為了引領大眾進入版畫世界。

像黃先生這樣的木刻版畫，台灣這邊將會如何傳承？如何發展下去呢？[14]（原文日文）

1946年2月，黃榮燦因濱田隼雄的介紹，買下東寧書局的產權[15]，改名新創造出版社，計畫創刊文藝美術雜誌《新創造》。黃榮燦買下東寧書局後，為了新創造社的將來計畫、雜誌《新創

---

14 立石鐵臣，〈黃榮燦先生の木刻藝術〉，《人民導報》，1946年3月17日。

15 戰前，株式會社三省堂在東京設立子公司東都書籍株式會社，是三省堂出版物的販賣公司。1934年，東京總公司的東都書籍株式會社，在台北設立了分店「東都書籍株式會社台北支店」。1945年，日本戰敗後，該支店改名東寧書局。後來因日僑的遣返日本，濱田隼雄從黃榮燦口中得知他有意設立一個中國人、台灣人、日本人畫家、作家能夠交流的沙龍，遂介紹當時還在該支店工作的立石鐵臣，由立石鐵臣仲介，幾經交涉，買下了東寧書局的產權。詳細過程請參考濱田隼雄，〈木刻畫〉，頁156-60。河原功，《台灣新文學運動的展開：日本との文學接點》（東京：研文出版，1997），頁264-90。

造》的創刊準備工作，一度和池田敏雄密切來往，尋求池田敏雄的合作。當時，池田對他的印象是「黃先生的意見非常進步，經常談論中國最近的民主主義動向（原文日文）」[16]。從池田敏雄的日記，我們能夠得知此時黃榮燦與戰前《民俗台灣》的同仁來往頻繁，黃榮燦大概也知道東寧書局的前身是東都書籍株式會社台北支店，該支店在戰前得以在台灣確立其出版界的地位，乃是因發行《民俗台灣》，及該雜誌同仁擔任支店的出版顧問、企畫，支撐著該支店。黃榮燦也想借助這批人的力量，好有一番作為，而他確實也留用了《民俗台灣》的同仁，同時也是該支店出版企畫的立石鐵臣。

　　1946年4月，西川滿、濱田隼雄被遣返日本，同年8月，池田敏雄，立石鐵臣紛紛轉往台灣省編譯館工作，之後黃榮燦似乎就很少與日僑來往了。1946年年底，黃榮燦尋求與中國共產黨領導下的三聯書店合作，取得該書店負責人之一黃洛峰的同意。黃洛峰從上海派人前往台北協助，並從上海運來進步書刊在新創造出版社販賣。1947年發生「二二八事件」後，在風聲鶴唳中，同年11月，新創造出版社結束營業[17]。

---

16 池田敏雄，〈敗戰日記〉，頁100。

17 詳細請參考曹健飛，〈憶台北新創造出版社〉，《新知書店的戰鬥歷程》（北京：生活・讀書・新知三聯，1994），頁519-22。黃榮燦計畫出版的文藝美術雜誌《新創造》，未見。而新創造出版社計畫出版的圖書，從《人民導報》廣告（1946年5月12日、5月17日）可知有李凌編《新音樂歌選集》、「新創造文藝叢書」——劉白羽《成長》、張天翼《新生》、黃榮燦編《凱綏：珂勒惠支畫集》，以上皆未見。目前，唯一能找到的是新中國劇社發行，新創造出版社總經售，歐陽予倩編劇《桃花扇》，出版日期未註明，但是在封底寫有「本劇於36年（1947）2月15日由新中國劇社在台北中山堂作首次演出」，可推測是

　　1948年，黃榮燦轉任台灣省立師範學院藝術系講師，直至1951年12月，因牽涉吳乃光案被國民政府指為「黃匪早於28年（1939）參加匪幫外圍組織之『木刻協會』，從事反動宣傳，34年（1945）冬潛來台灣，充任《人民導報》畫刊〈南虹〉主編，及新創造出版社社長，與台灣省師範學院講師等職。假文化工作為名，而作反動宣傳之實」[18]，遭逮捕以判亂罪起訴，翌年11月，被判處死刑，隔月執行槍決，結束了三十六年短暫的一生，戰後台灣的魯迅思想傳播者又增添了一位犧牲者。

二、黃榮燦的魯迅木刻思想傳播

　　1945年冬，黃榮燦抵達台灣後，立即展開盛大的文筆活動及木刻版畫創作活動，關於其木刻版畫創作活動，本章不擬探討[19]，而把焦點放在他的文筆活動中之魯迅木刻思想傳播。當然其木刻版畫作品，其實也是魯迅木刻思想傳播的一個手段，但是，由於筆者對美術是門外漢，沒有能力來分析這個面向，則有待這方面的專家學者日後來做分析研究。關於黃榮燦在台時期的文筆活動，根據筆者的調查列表如下，

在這段時間前後出版銷售。

18 詳細請參考〈吳乃光等叛亂案〉，《安全局機密文件：歷年辦理匪案彙編》（台北：李敖，1991），頁127-29。〈吳乃光案〉，收入呂芳上等訪問，丘慧君紀錄，《戒嚴時期台北地區政治案件口述歷史》第3輯（台北：中央研究院近代史研究所，1999），頁1267-278。

19 黃榮燦在台發表的木刻版畫作品不下二十件，目錄請參考梅丁衍，〈黃榮燦身世之謎・餘波盪漾〉，《藝術家》48卷3號（1999年3月），頁375-76。

黃榮燦在台灣時期文筆活動年表（1946-1949）（未訂稿）

時間	活動內容
1945 年冬（日期不明）	抵台
1946 年 1 月 4 日	〈迎一九四六年——願望直前〉，《人民導報・南虹》，2 期
1 月 17 日	〈清潔活動〉（署名榮丁），《人民導報・南虹》，15 期
1 月 22 日	〈悼冼星海〉，《人民導報・南虹》，20 期
1 月 27 日	〈目的與手段〉（署名榮丁），《人民導報・南虹》，25 期
1 月 28 日	〈從學習說起〉（署名榮丁），《人民導報・南虹》，26 期
1 月 30 日	〈關於「造形藝術」〉，《人民導報・南虹》，28 期
1 月 31 日	〈給藝術家以真正的自由——響應廢止危害人民基本自由〉，《人民導報・南虹》，29 期
2 月 8 日	〈怎樣利用假期〉（署名榮燦），《人民導報・南虹》，34 期
2 月 11 日	〈婦女要怎求民主〉（署名榮丁），《人民導報・南虹》，35 期
6 月 2 日	〈抗戰中的木刻運動〉，《新生報・星期畫刊》，3 期
9 月 9 日	〈歡迎善良的音樂家〉，《人民導報》
9 月 15 日	〈新興木刻藝術在中國〉，《台灣文化》1 卷 1 期
10 月 6 日	〈木刻版畫家A・克拉甫兼珂（1889-1940）（上）〉，《新生報・星期畫刊》，21 期
10 月 20 日	〈中國木刻的褓姆——魯迅—石在・火種是不會滅的〉，《和平日報・每週畫刊》，7 期
11 月 1 日	〈悼魯迅先生——他是中國一位新思想家〉，《台灣文化》1 卷 2 期
11 月 3 日	〈木刻版畫家A・克拉甫兼珂（1889-1940）（下）〉，《新生報・星期畫刊》，25 期
11 月 4 日	〈馬思聰要離開沙漠〉，《人民導報》
11 月 9 日	〈介紹馬思聰的樂曲〈綏遠組曲〉、〈西藏音詩〉、〈F調協奏曲〉〉，《和平日報・新世紀》，77 期
11 月 10 日	〈從荊莽中壯大〉，《和平日報・每週畫刊》，10 期
11 月 17 日	〈創作木刻論〉，《和平日報・每週畫刊》，11 期

時間	活動內容
11月24日	〈介紹人民版畫家KAETHE KOLLWITZ凱綏・珂勒惠支（1867-1945）〉，《和平日報・每週畫刊》，12期
12月1日	〈介紹人民版畫家KAETHE KOLLWITZ凱綏・珂勒惠支（1867-1945）〉，《和平日報・每週畫刊》，13期
1947年1月1日	〈版畫家凱綏・珂勒惠支（1867-1945）〉，《台灣文化》2卷1期
3月1日	〈新現實的美術在中國〉，《台灣文化》2卷3期
8月1日	〈美術教育與社會生活〉，《台灣文化》2卷5期
9月22日	〈法木刻家波耶〉，《中華日報》附刊
10月1日	〈工藝・生活・社會・科學的基礎〉，《台灣文化》2卷7期
1948年3月21日	〈關於學習木藝——介紹陳彧、林亞冠的習作〉，《新生報・畫刊》，9期
3月25日	〈美術家・美術教育——寫於台灣美術節〉，《新生報・美術節特刊》
9月6日	〈凱綏・珂勒惠支〉，《新生報・橋》，161期
11月29日	〈正統美展的厄運——並評三屆「省美展」出品〉，《新生報・橋》，189期
1949年2月8日	〈歌謠舞蹈做中學〉（署名蘇榮燦），《台灣民聲日報・新綠》，139期
4月20日	〈紅頭嶼去來（三）〉（一、二未見），《台旅月刊》1卷3期
4月28日	〈近代名畫與其作家〉，《新生報・集納版》
6月5日	〈濕裝現實的美術——評「台陽美展」〉，《公論報・藝術》，9期
9月17日	〈琉球嶼寫畫記〉（署名黃原），《新生報・藝術生活》，3期
12月10日	〈美展之窗〉（署名黃原），《新生報・藝術生活》，14期

　　從上述年表中，我們能夠得知從1946年初至1949年底，這四年中黃榮燦一共發表35篇文章，35篇文章中，關於美術者有22篇，而這22篇文章，直接涉及木刻版畫者則占13篇，美術木

刻版畫方面的文章在他的文筆活動中之比例，可謂不少。

1946年，黃榮燦在《人民導報》副刊〈南虹〉1期（1月1日），發表他抵台後的第一件木刻版畫作品〈迎新年舞〉，緊接著在〈南虹〉2期（1月4日），又發表他抵台後第一篇文章〈迎一九四六年──願望直前〉。

在這長春的華麗島上，人民極自然的要迎接五十年受難的新生，都想新的展望比過去更好。那麼就讓我先說我自己。自勝利以來，我就在進行著迎接新的生活，願以八年苦難經歷追奮直前，這是我應有的理由。

我來自祖國的高原，現住海的邊心，就在這陌生的地帶，我外鄉人拿起筆來，寫我所願：我以為我們致力於藝術工作的人，什麼都可以放棄，但不能放棄創作的生活。我們的心與腦應該承認遠生的偉大是創作，我們青年的朋友也不要失去不可放棄自己願望著的事業，這是偉大生命之源。

抗了八年戰，我們幹藝術工作的，尤其在新興的省都台北，使我想起過去流轉在祖國的生活，在那血的日子裡，用我的工具描寫種種，這種種的描寫中，我最愛那黑與白的分

黃榮燦木刻版畫〈迎新年舞〉（原刊《人民導報・南虹》1期，1946年1月1日）。

化（按：指木刻版畫），或愛它是人間的動力；今後我當然
不斷的描寫，直到理想為止。……20

上述文章也隱約透露了黃榮燦來台的動機。自抗戰勝利後，
和一群活躍於戰爭期間的木刻版畫家一樣，黃榮燦也在「進行著
迎接新的生活」，但是國民政府接收復員的地區，容納不了他們
的活動空間，但是「致力於藝術工作的人，什麼都可以放棄，但
不能放棄創作的生活」，「新興的省都台北」（台灣）也許還有機
會提供他們活動的舞台「不斷的描寫，直到理想為止」。

黃榮燦抵台後也曾公開宣言：

在一個雜亂於私自發展的社會中，藝術家得不到保障與自
由，……新的民主國家應賜予藝術家是以他為一個真正的藝
術家，讓他依照著民主的意旨自由的創造，貢獻於人民社
會。……藝術家也可從生活底真實的反映中，幫助新的人類
產生新的社會結合的忠實的信念，從此發揮群力消滅那些浮
華與自私自利的傢夥，重建一個可愛的康樂之國。21

---

20 黃榮燦，〈迎一九四六年——願望直前〉，《人民導報・南虹》2期，1946年1
月4日。

21 黃榮燦，〈給藝術家以真正的自由——饗應廢止危害人民基本自由〉，《人民
導報・南虹》29期，1946年1月31日。黃榮燦在這篇文章結束後，又附加一
筆「喜訊：人民身體、信仰、言論出版、集會結社之基本自由。重慶中央社廿
八日電：國防最高委員會廿八日晨十時開會，通過認為有關人民基[本]自由法
令之廢止。」由此也可見黃榮燦關心戰後中國民主主義的動向，內心渴望民主
之實現。

他內心企盼在「新興的省都台北」（台灣）有中國戰後「民主主義」實現的可能，他認為「今天真正就要來臨的民主勝利已不遠！」[22] 於是他向台灣青年學生呼籲：

今天台灣的學生所應採取的方向，也就是今天中國廣大人民所努力的方向，用盡全力來爭取「民主」的徹底實現的方向。……放棄小市民的個人主義的觀念，走進廣大人民當中，去為人民服務，建立自己生活的基礎，改進一切落後的統治舊觀念，去把「民主」實現的重任擔負起來，接合國內的學生努力奮進，這是今天台灣學生最正確的方向。[23]

同時，也向台灣婦女呼籲：

世界在變，「民主」政治向婦女解放呼響了，目前世界潮流已趨向於真正的「民主」的時候，我們婦女尤其在台灣的婦女應該用全部力量來要求民主。……有真正的民主政治，婦女才能得到自由和解放，否則永遠沒有平等發展的機會。[24]

從黃榮燦的發言，正好印證了池田敏雄對他深刻的印象是「黃先生的意見非常進步，經常談論中國最近的民主主義動向」。黃榮

---

[22] 黃榮燦，〈悼冼星海〉，《人民導報・南虹》20期，1946年1月22日。

[23] 榮燦（黃榮燦），〈怎樣利用假期〉，《人民導報・南虹》34期，1946年2月8日。

[24] 榮丁（黃榮燦），〈婦女要求民主〉，《人民導報・南虹》35期，1946年2月11日。

燦渴求戰後中國民主政治的實現，希望在台灣掀起一場「邊境革命」，渴望中國戰後「民主主義」至少能夠先在台灣實現，先在台灣「重建一個可愛的康樂之國」，進而推廣全中國。對木刻版畫家黃榮燦而言，能夠作為實現台灣與中國戰後「民主主義」的媒介，就是魯迅木刻思想，此外無他。

　　黃榮燦抵台後的文筆活動，從前面所列的文筆活動年表，可明顯看出其美術、木刻方面的文章所占之比例是相當高的，而且這些文章幾乎都圍繞在魯迅木刻思想的宣揚。黃榮燦第一篇關於木刻方面的文章，是發表在《新生報》（1945年10月25日創刊，創刊時社長李萬居，當時是台灣省行政長官公署機關報）的〈星期畫刊〉3期（1946年6月2日）之〈抗戰中的木刻運動〉。這也是戰後台灣第一篇介紹中國新興木刻運動的文章。黃榮燦在文章中詳細介紹活躍於抗戰中的木刻版畫家——古元、彥涵、李樺、王琦、荒煙、陳煙橋、朱鳴岡、梁永泰、刃鋒、宋秉恆、章西崖等人木刻版畫的特色，同時也介紹發行於抗戰時期的木刻期刊雜誌如《木藝》、《刀與筆》、《木刻通訊》與全國各地的報紙木刻副刊，例如重慶〈半月木刻〉、桂林〈救亡木刻〉、柳州〈草原木刻〉等，黃榮燦在文章中也指出「抗戰八年來，木運的成就還距理想很遠，……然而我們已健壯的起來了，同志們實際的表現突破任何阻礙木運的企圖，這是我們自慰的地方」[25]。接著，又在

---

25 黃榮燦，〈抗戰中的木刻運動〉，《新生報·星期畫刊》3期，1946年6月2日。該期畫刊，除刊載黃榮燦的文章外，還刊載了有李樺的木刻版畫〈兩代〉、彥涵的木刻版畫〈抗戰〉、〈衛生隊在農村〉，古元的木刻版畫〈迎接〉，梁永泰的木刻版畫〈起重機（粵漢路上）〉，麥非的木刻版畫〈崗〉、〈搶運軍糧〉、戰地素描〈警戒線〉、〈檢查〉、〈守望〉、〈喝水〉，張樂平的漫畫〈別

《台灣文化》發表〈新興木刻藝術在中國〉。此文和〈抗戰中的木刻運動〉一樣，都是向台灣介紹新興木刻運動在中國演變的情形。不同的是，在〈新興木刻藝術在中國〉一文中，黃榮燦特別指出「中國新興木刻運動十七年來的史實，首始由魯迅先生組織『朝花社』，出版五種外國畫集中除小部分黑白畫外全是木刻，同時又在北平雜誌上介紹德國人民版畫家K・珂羅惠支的木刻『犧牲』，從此播下新的種子」[26]。在文中，黃榮燦更公開呼籲「今天中國木刻藝術同別的新興藝術運動一樣，要重要［新］建立起來，由反帝、反封建、反侵略以至為爭此民主的前哨」[27]。黃榮燦心目中理想的木刻運動、木刻宣傳，除了反帝、反封建、反侵略，更是宣揚民主、爭取民主的利器，爭取民主是他來台後文筆活動的一貫基調主張。

　　1946年10月19日是魯迅逝世十週年紀念日，黃榮燦在《和平日報》（1946年5月4日創刊，屬國民政府國防部，原名《掃蕩報》，總部設在南京，創刊時社長為李上根，1950年7月7日停刊）的〈每週畫刊〉7期「魯迅先生逝世十週年紀念木刻專輯」[28]

久重逢〉，在〈編後語〉註明了「為了使讀者對國內的藝術作家有深一層的認識，從這期起，內容方面，我們打算著重畫和木刻。這裡介紹的幾位作家在國內畫壇上都是素負盛譽的，以後我們想經常的做著這樣的工作，讓本省和內地的藝術互相交流，互相批評，互相進步」。該畫刊的主編是麥非。

26　黃榮燦，〈新興木刻藝術在中國〉，《台灣文化》1卷1期（1946年9月），頁14。

27　同前註。

28　該專輯的內容除了黃榮燦的文章外，還有其木刻版畫〈失業工人待救〉、吳忠翰，〈讀《魯迅書簡》後感錄——為紀念魯迅先生逝世十週年而作〉、秉恆的木刻版畫〈鬱悶〉、陳煙橋的木刻版畫〈高爾基與魯迅〉、羅清楨的木刻版畫遺作〈汽油響了〉、野夫的木刻版畫〈安息吧！導師〉、荒煙的木刻版畫〈城堡的克復〉、耳氏的木刻版畫〈母女〉。

黃榮燦木刻版畫〈魯迅先生遺像〉
（原刊《和平日報·新世紀》68期，
1946年10月19日）。

黃榮燦木刻版畫〈失業工人待救〉。
（原刊《和平日報·每週畫刊》7期，
1946年10月20日）。

（1946年10月20日），發表該專輯刊頭文章〈中國木刻的褓姆——魯迅石在・火種是不會滅的〉，在《台灣文化》1卷2期「魯迅逝世十週年特輯」[29]（1946年11月1日）發表〈悼魯迅先生——他是中國第一位新思想家〉，另外，在10月19日《和平日報》副刊〈新世紀〉68期也刊登黃榮燦木刻版畫作品〈魯迅先生遺像〉[30]。在這兩篇文章中，黃榮燦將魯迅的木刻思想更是傳達的淋漓盡致，他指出：

> 今天在此紀念魯迅先生逝世十週年，較以往有意義，在台灣首次紀念，介紹，認識他，是台灣文化發展重要的一面。……
>
> 魯迅先生把木刻從西歐搬回中國的老家以後，他苦心地哺育著，領導著，它以新的戰鬥姿態配合著現實，關切著民生的命運，而踏上英勇的前進的階段！所以木刻在今天才能刻劃出敵人的野蠻，殘暴，和醜惡的現實來！……
>
> 魯迅先生的艱苦的鬥爭精神，我們應該加以充分發揮和強

---

29 該特輯的內容除了黃榮燦的文章外，還有楊雲萍，〈紀念魯迅〉、許壽裳，〈魯迅的精神〉、高歌譯，〈斯茉特萊記魯迅〉、陳煙橋，〈魯迅先生與中國新興木刻藝術〉、田漢，〈漫憶魯迅先生〉、雷石榆，〈在台灣首次紀念魯迅先生感言〉、謝似顏輯，〈魯迅舊詩錄〉、凱綏・珂勒惠支的木刻版畫〈犧牲〉、魯迅的筆跡、1936年10月8日在上海第二次全國木刻展覽會中魯迅先生對青年木刻版畫家談木刻之最後一次攝影照片、魯迅所用之寫字檯的照片。該特輯的主編是蘇新，從〈編後記〉（頁21）得知該特輯的編輯曾得到黃榮燦的協助。

30 該日副刊的內容，除黃榮燦的木刻版畫外，還有許壽裳，〈魯迅和青年〉、楊逵，〈紀念魯迅〉、胡風，〈關於魯迅精神的二三基點〉、穎瑾，〈魯迅先生傳略〉。

調去說明的，所以我們木刻工作者必須盡量地去接受魯迅先生的革命精神，配合著我們的工作——木刻，給現實無情的暴露，和無情的打擊！

我們知道，偉大藝術家是曾經盡過他所應盡的任務，今天，我們也應盡量地去發揮刀筆的威力，去作為祖國爭取民主，搶救危急意旨！[31]

他偉大民主的戰士，通過藝術，與毒龍、瘴煙、黑暗反覆的苦鬥了一生的精力，……他在人類戰勝惡力的巨聲中，撩著歷史的記錄，記錄衝破了「帝國」、「封建」、「侵略」底包圍，終於建立了「不准通過」這永生的號召，團結了民主力量。[32]

此外，黃榮燦也陸續在報章介紹了蘇聯木刻版畫家Ａ‧克拉甫兼珂與德國女木刻版畫家凱綏‧珂勒惠支，特別關於凱綏‧珂勒惠支的介紹文章，就先後在《和平日報》、《台灣文化》、《新生報》發表了四篇（請參考其文筆活動年表），此外還在《和平日報‧每週畫刊》12期、13期製作了「世界名女版畫家凱綏‧珂勒惠支專輯」[33]（1946年11月24日、12月1日）。如果說魯迅

[31] 黃榮燦，〈中國木刻的褓姆——魯迅—石在‧火種是不會滅的〉，《和平日報‧每週畫刊》7期，1946年10月20日。

[32] 黃榮燦，〈悼魯迅先生——他是中國第一位新思想家〉，《台灣文化》1卷2期（1946年11月），頁13。

[33] 該專輯刊載了黃榮燦〈介紹人民版畫家KAETHE KOLLWITZ凱綏‧珂勒惠支（1867-1945）〉，及珂勒惠支木刻版畫作品〈死亡〉、〈母與子〉、〈談話的婦

是第一位把凱綏‧珂勒惠支介紹到中國的人，那黃榮燦就是戰後第一位把凱綏‧珂勒惠支介紹到台灣的人。眾所皆知，魯迅非常推崇凱綏‧珂勒惠支，深受其影響，黃榮燦介紹凱綏‧珂勒惠支也等於是在介紹魯迅的木刻思想。在這些文章中，黃也屢屢引用魯迅對珂勒惠支的評語。

> 提到「婦人為死亡所捕獲」這幅作品，魯迅寫的「『死』從她本身的陰影中出現，由背後來擊她，將她纏住，反剪了；剩下弱小的孩子，無法叫回他自己的慈愛的母親。一轉眼間，對面就是兩界，『死』是世界上最出眾的拳師，死亡是現社會最動人的悲劇，而這婦人則是全作品中最偉大的一人」。[34]

黃榮燦同時也在陳述了自己對凱綏‧珂勒惠支的作品的感受「感覺著魯迅對中國人民所抱的感情一樣誠實有力」之後，做了公開呼籲，

> 中國的新興藝術運動者在今天的「才能就是義務」的凱綏‧珂勒惠支的學習是面對著偉大未完成的民族革命的表現，是不許彷徨，至少可以迅速填補才能的義務。凱綏是這

女〉、〈產婦〉、〈起來鬥爭〉、〈追求光明者〉、〈婦人為死亡所捕獲〉、〈互助〉、〈生命前途〉、〈在醫生那裡〉、〈母親的沉痛〉、〈父與子〉、〈死〉、〈饑餓的孩子們〉、〈吊〉。

34 黃榮燦，〈版畫家凱綏‧珂勒惠支（1867-1945）〉，《台灣文化》2卷1期（1947年1月），頁11-12。

樣指示了至老不懈的精神留給永生的紀念碑。[35]

　　從以上敘述，我們可以理解黃榮燦抵台後，其作為記者的文筆活動，或是一度從事的文化出版活動，企圖創刊美術雜誌，都與作為一個木刻版畫家的思維與活動空間沒有脫節。在戰後的台灣，在國共鬥爭日漸白熱化的氣氛下，他發表的一系列文章之內容基調，無非是想追求中國戰後「民主主義」能首先在台灣實現，進而推廣全中國，為達成這個目標，乃積極的傳播魯迅的木刻思想精神，他和魯迅一樣認為木刻版畫對改造人的意識十分強力有效，而魯迅的木刻思想是含有「反帝」、「反封建」、「反侵略」、「爭民主」的因子在內，不只適合中國，也適合戰後的台灣。故黃榮燦積極的介紹魯迅木刻思想，呼籲木刻工作者勿忘魯迅的革命精神，作品中應刻畫醜惡的現實，喚醒民眾爭取民主的精神。

結語

　　前面也提到黃榮燦的傳記研究，直到最近才有突破性進展。但是，關於黃榮燦研究，還留下不少問題。黃榮燦自1945年底抵台後，一度和木刻版畫家立石鐵臣共同摸索中、日版畫的交流，思索如何展開戰後台灣版畫藝術，立石鐵臣也深刻感受到黃榮燦等一群來自中國的木刻版畫家所抱負的使命是「和舊文人的喜好

---

35 黃榮燦，〈介紹人民版畫家KAETHE KOLLWITZ凱綏‧珂勒惠支（1867-1945）〉，《和平日報‧每週畫刊》12期（1946年11月24日）。

無關，它是為了喚醒大眾、教化大眾而誕生的」，戰後來台的中國木刻版畫家與日本木刻版畫家，如何透過王白淵與台灣本地藝術家進行交流，需要再做更清楚的釐清。而在發生「二二八事件」後，日僑的全部遣送，戰後初期來台的中國木刻版畫家除了黃榮燦、陳庭詩等少數人留下來以外，其餘大都返回中國。以魯迅為代表的中國新興木刻藝術之移入台灣也只是曇花一現，更遑論三邊交流。黃榮燦雖閉口不再談魯迅，但在一進入五〇年代白色恐怖時期之後，隨即遭遇肅清命運。戰後初期，在台灣宣揚魯迅思想的台灣本地文化人，或大陸來台文化人，沒有人能夠逃離此噩運。

第八章

台灣人對文化重建的反應

一、日本化與「奴化」

　　戰後初期國府對於台灣的文化重建之基本原則，在第一章已指出，即「增強民族意識，廓清奴化思想，普及教育機會，提高文化水準」，而這段文字引人深思的是，國府將台灣人在殖民地時代所接受的日本文化、思想，一律稱之「奴化思想」，所接受的日本教育當然也是「奴化教育」，因此必須「廓清」。

　　陳儀於重慶的台灣調查委員會時代，在給當時的國府教育部長陳立夫的私函中，即曾這麼說：

　　　台灣與各省不同，他被敵人占據已四十九年。在這四十九年中，敵人用種種心計，不斷地施行奴化教育。不僅奴化思想而已，並禁用國文、國語，普遍地強迫以實施日語、日文教育，開日語講習所達七千餘所之多，受日語教育者幾占台人之半數。所以，台灣五十歲以下的人對於中國文化及三民主義差不多沒有了解的機會，自然是茫然。這真是十二分的危險。收復以後，頂要緊的是根絕奴化的舊心理，建設革命

的心理，那就為主的要靠教育。[1]

爾後，在接收台灣後開始的台灣省行政長官公署時代，很明白的將「毒化思想的清除」[2]列為教育方針的重點項目之一。公署的機關報《新生報》社論〈肅清思想毒素〉公開主張：

台灣過去在日本帝國主義者高壓統治之下，……在文化思想上散播了無數的毒素，使台灣同胞日日受其麻醉與薰陶，對祖國觀念模糊，逐漸離心，以遂「日本化」和「皇民化」的目的。……我們認為肅清日本在台灣五十年來所散播的思想毒素，是目前刻不容緩的工作，應該馬上做，趕快做！[3]

在國府主其事者的眼中，台灣的「日本化」就是等同「皇民化」、「奴化」和「毒化」，日本遺留下來的文化、思想、風俗習慣，皆被列為肅清的對象。

但是，在這種風潮中，《新生報》的社論〈建設台灣新文化〉也出現了以下的論調：

如以中國眼光權衡台灣文化，則其缺點不少，台灣離開中

---

[1] 〈陳儀關於台灣收復後教育工作與陳立夫往來函〉（1949 年 5 月 10 日），收入陳鳴鐘、陳興唐主編，《台灣光復和光復後五年省情》上（南京：南京，1989），頁 58。

[2] 台灣省行政長官公署教育處編，《台灣一年來之教育》（台北：台灣省行政長官公署宣傳委員會，1946），頁 96。

[3] 《新生報》，1945 年 12 月 17 日。

國五十年，實在沒有法子。但如以世界眼光看台灣，則台灣的優點頗多。無論如何，受日本統治五十年，台灣同胞多少是學習了些東西了。質言之，台灣的民族文化雖不如祖國，但其世界性的文化，絕對不低。……世界性的學術，我們須設法保留，不僅保留，還要使它發展。[4]

此外，在另一篇社論〈認識本國與認識台灣〉上則進一步主張：

　日本為了搾取台灣、統治台灣，過去五十年中曾經做了很多調查研究的工作，出版很多的書籍。差不多對於任何一件事物、任何一個問題，大至台灣的歷史地理、政治經濟、風土人情、小而至於台灣的蜘蛛，都有專門的研究和著作。……我們認為今後為建設台灣而研究台灣，除將日本過去在台灣所設的各種科學與技術的研究機關所作成的各種研究報告，加以翻譯，以供當局與專家參考，為擬訂各項建設計畫的根據。[5]

同樣是公署的機關報，可是對日本文化的態度與認識卻出現分歧，在第四章已經陳述當時擔任台灣省編譯館館長，在戰後初期台灣的文化重建過程中，扮演著重要角色的許壽裳就曾表示：

---

[4] 《新生報》，1945 年 11 月 6 日。

[5] 同前註，1945 年 12 月 13 日。

　　台灣的學術文化，已經有了很好的基礎，可以有為各省模範的資格。……過去本省在日本統治下的軍國侵略主義，當然應該根絕，可是純粹學術性的研究，卻也不能抹殺其價值，我們應該接收下來，加以發揚光大。[6]

　　從《新生報》社論的主張與許壽裳的發言，能夠理解當時台灣文化重建執行過程中，也有主其事者將日本學術文化遺產的繼承問題納入視野。

　　至於所謂「奴化教育」問題，陳儀在行政長官公署長官時代主持「本省中學校校長會」時，又再度指出「台胞過去受著日本之奴化教育，其所施之愚民政策不使大眾對政治正確認識」[7]。可是，在同一時期陳儀又做了以下的發言：

　　我覺得台灣同胞有兩種很好的習慣，值得我們樂觀：第一是台灣同胞比較有自治的習慣，這也許是受了日本教育的好處，因為日本教育是很注重自治的。……台灣同胞第二種好習慣是勇於求知，這也是受著日本教育的影響。……自治與求知是現代政治最基本的條件，這種條件台灣比較其他省份實遠為優越。[8]

---

6 許壽裳，〈招待新聞記者談話稿──省編譯館的趣旨和工作〉，1946年8月10日，許壽裳家屬提供。

7 《人民導報》，1946年2月10日。

8 陳儀，〈來台三月的觀感〉，收入台灣省行政長官公署宣傳委員會編，《陳長官治台言論集》第1輯（台北：台灣省行政長官公署宣傳委員會，1946），頁48-49。

　　陳儀的前後發言，一方面否定不使台灣人對政治產生正確認
識的「日本之奴化教育」，另一方面卻又讚美台灣人有自治和勇
於求知的好習慣，指出此二者是現代政治最基本的條件，而這是
受「日本教育」的影響，某種程度上是肯定了日本教育。陳儀對
日本教育的評價顯然自相矛盾。

　　從上述言論，我們能夠理解國府當初是以否定日據時期的日
本教育，並準備肅清其影響力，作為文化重建的大前提。但是，
在目睹戰前日本於台灣達成的教育水準，並且又與中國本土相比
較之後，他們才發現日本的教育並不能全面否定，至少我們可以
理解當時抱持著這種認知的政治勢力，在行政長官公署內確實存
在。這包括陳儀、許壽裳等一批行政長官公署內的「知日派」官
僚，他們對日本文化並存著愛憎兩極化的感情。

　　而另一方面，台灣出身的知識分子對於「奴化」問題又有什
麼看法呢？針對台灣人的「日本化」被指為「奴化」，台灣本地
民營的報紙《民報》在社論〈台灣未嘗「奴化」〉中提出反論：

> 本省人對於日本人之奴化教育始終沒有接受過，奴顏卑
> 膝、甘心事仇的奴隸根性，除一小部分的御用紳士外，誰也
> 沒有，……本省人雖然備受經濟的搾取，而斷然不是過著奴
> 隸的生活。至光復以後，才時常看到奴化的文字。[9]

　　王白淵也在《新生報》上一篇題為〈所謂「奴化」問題〉的
文章中指出：

---

[9]《民報》，1946年4月7日。

　　從前在日本統治下，有「皇民化」三字，使台胞非常頭痛，光復後還有「奴化」兩字不斷地威迫著我們。台省現在的指導者諸公，開口就說台胞「奴化」，據說政治奴化、經濟奴化、文化奴化、語言文字奴化、連姓名亦奴化，好像不說台胞奴化，就不成台省的指導者，似有損失為政者的資格一樣。10

繼之又在《政經報》上〈告外省人諸公〉文章裡指出：

　　台省本是一個富有秩序的社會，……台省在其各方面，既有具備近代民主社會建設的諸條件。許多外省人，開口就說台胞受過日人奴化五十年之久，思想歪曲，似乎以為不能當權之口吻，我們以為這是鬼話，除去別有意圖，完全不對。那麼，中國受滿清奴化三百年之久，現在女人還穿著旗袍，何以滿清倒台後，漢人仍可當權呢？台胞雖受五十年之奴化政策，但是台胞並不奴化，可以說一百人中間九十九人絕對沒有奴化。只以為不能操漂亮的國語，不能寫十分流利的國文，就是奴化。那麼，其見解未免太過於淺薄，過於欺人。……現象與本質，應該要認清楚，不可以為一時的現象，例如台胞慣用日文日語，或是帶著一點日人脾氣，或是不能說漂亮的國語，寫流利的國文，就說台胞奴化變質或是沒有用。……台胞雖是在日本高壓之下，但竟受過高度資本主義的洗禮，很少有封建的遺毒，在這一點我們以為台胞可以自慰。11

10 王白淵，〈所謂「奴化」問題〉，《新生報》，1946年1月8日。

　　從王白淵的反論文章裡可以理解當時台灣人被指為「奴化」的原因是，台灣人不會講中國語、寫中國文；慣用日文日語，而且染有日本的風俗習慣——所謂的「日本化」。可是，對台灣人而言，這個「日本化」卻是「具備近代民主社會建設的諸條件」，是「受過高度資本主義的洗禮」。

　　關於「奴化」問題，吳濁流在當時也提出他的看法：

　　　　光復後，各方面以台灣曾受日本教育為題而做種種評論，其中雖也有教育專家，但也有一竅不通的。他們雖然爭論得有聲有色，但千篇一律且簡單地認為它是奴化教育，或譏為日本教育的毒素；他們未能觸到日本教育在台灣的真髓，且多偏於主觀論，甚至滲入感情是甚為可惜的。

　　　　……

　　　　日本教育在精神教育方面注意明瞭國體、修身、歷史教育，使國民妄信甚至盲從而推行所謂「奴化教育」，但在科學方面就沒有這種痕跡，並且也無法奴化的。在前面已經講過，日本在台灣推行的精神教育——即所謂奴化教育並沒有成功，寧可說常常處在破產狀態。本省人經常地在表面上和暗地裡跟他們鬥爭著，回到祖國去為打倒日本帝國而奮鬥的志士也為數不少。

　　　　不過，在科學教育方面倒相當成功，今天本省青年的科學思想不但不比外省籍的差，大體說來還有一日之長。[12]（原

11 王白淵，〈告外省人諸公〉，《政經報》2卷2期（1946年1月25日），頁1-2。
12 吳濁流，《夜明け前の台灣》（台北：學友，1947），頁15-18。

文日文）

　　吳濁流也不認為接受日本教育就會被「奴化」，相反的，接受日本教育可以享受現代的科學教育，獲得科學思想，對於殖民地時代的日本教育，毋寧是抱持肯定的看法。

　　戰後初期，台灣人慣於使用日本語，被國府視為一種明顯的「奴化」現象。換言之，日本語被視為是「奴化」的象徵。前面已指出，根據推算，日本戰敗時，台灣的日本語普及率大約已達70%，當時台灣人口約有六百萬，日本語使用人口至少有四百二十萬左右。國府也承認這個事實，戰後初期在台灣發行的報紙、雜誌，允許有日文欄的存在，同時在1946年4月，設立「國語推行委員會」，展開中國語推行運動。但是，來台教中國語的中國人所講的中國語不一定標準，徒然增加台灣人的語言混亂，甚至使其認為中國語有六種，導致中國語的推行並不順利[13]。國府且又在同年9月14日，下令禁止中學使用日語，10月25日又以「本省光復，已屆週年，為執行國策，推行本國語言」[14]為理由，下達報紙、雜誌禁止使用日語的指示。這裡所謂的「國策」，當然是台灣中國化的政策，國府當局企圖利用強制言語的手段，加速台灣的中國化。中學禁止使用日語，廢除報紙、雜誌的日文欄，可以說是戰後初期台灣文化重建執行過程中的一大事件。台灣人對此反應相當激烈，台灣本地民營的報紙、雜誌皆群

---

13 許雪姬，〈台灣光復初期的語文問題——以二二八事件前後為例〉，《思與言》29卷4期（1991年12月），頁99。

14 台灣省行政長官公署教育處編，《台灣一年來之宣傳》（台北：台灣省行政長官公署宣傳委員會，1946），頁34。

起反對。例如《新新》雜誌就公開主張：

> 　　報紙雜誌的日文已決定將在來月十月二十五日廢止，此舉無異等於封死本省人之耳目，不管是青年層或是壯年層皆對當局非效率的過度行動表示怨嘆和非難。
>
> 　　連恣意施行鎮壓政策的日本當局，甚至也等到中日戰爭爆發後的第二年，才禁止使用中國語。但是，對教育方面與文藝方面諸事，並沒有加以任何拘束，給予相當自由。「禁止使用中國語」是八年前的往事，這是日本統治台灣長達半世紀之間的最後、最大的政策，由此可以理解其在某種程度上相當尊重民意。
>
> 　　期待當局再三思考，這是一般市井小民的切望之聲。[15]
> （原文日文）

表達了反對日文欄廢止的意見後，並批評國府比戰前日本當局更不尊重民意。當時，吳濁流也表示了他的不滿：

> 　　日文為什麼壞？只因為它過去曾被武裝。可是，現在它的武裝已經被解除了。日文業已回復它本來的面目，絕不是壞的東西。……解除武裝的日文，為介紹文化負有重大的任務，尤其世界各國的文化差不多已譯成日文，只要了解日文就能跟各國文化接觸。中日戰爭前，我國把許多留學生送到日本去，亦且是用寶貴的國幣。現在，我國一下子有六百五

15〈巷の聲——日文廢止は時期尚早〉，《新新》6期（1946年8月），頁16。

十萬的日本留學生回到祖國來，他們趕時髦般地使用日語，看日文的報紙雜誌，並沒有什麼稀奇，反而是可喜的現象，當局為何愚蠢地廢止日文，我們實在無法了解其用意。他們對那些靠留學而帶回來的寶貴的文化，不但不加培養，反而愚蠢地糟蹋它。後世的史家將不知會如何批評這樁事呢？……關於日文廢止有各種不同的原委。不幸的，現在外省人和本省人之間釀成了不愉快的感情。在這種氣氛下，所有的理論都是空的，即使多有道理也是無法通用。但是，為了文化，保存日文會不會阻礙中國文化，應當要放在公平的文化天秤上，加以重新檢討一番。我認為政府刊物的日文版當然要廢止，而日文報紙、日文雜誌，無論是過渡時期與否，應該允許它永遠自由發行。[16]（原文日文）

　　戰後初期對台灣人而言，除了母語台灣話（包括閩南語、客家語或原住民語）以外，日本語幾乎是獨一無二的思考語言。因此，如果全面禁止日本語、否定日本文化，很有可能導致「自我喪失」。台灣人一方面對於日本殖民統治下的差別待遇和壓榨心懷反感，但是卻又在另一方面得到近代文明的洗禮，且透過日本教育得以接觸到世界各國的文化。而台灣知識分子對日本文化反思之後，對「奴化」這個詞彙反應非常激烈，努力將「奴化」問題超越「日本化」的是與非，從「世界化」的方向重新思考這個問題，摸索著戰後台灣文化的出路。

---

16 吳濁流，〈日文廢止に對する管見〉，《新新》7期（1946年10月），頁12。

二、戰後台灣文化出路的摸索

　　戰後初期，台灣知識分子在經過「奴化」問題的爭議後，自己摸索台灣文化出路的方向乃是必然的事情。當時台灣本地民營的《民報》在社論〈中國化的真精神〉一文中，針對作為國策推行的中國化提出看法：

　　現在各方面正在推行中國化工作，這是很當然的一回事，在原理上，我們是沒有異議的，可是對於具體推行，應當有種種要慎重考慮的問題。

　　什麼是中國化？不少的人士，以為排除日本統治以後所發生的習俗思想，而將國內的衣食住行風俗習慣移至本省便是中國化。大體上我們可以承認這個方針，然須明白地把握正確的指導原理，方才可以不發生錯誤。第一：國內現在的習俗思想，未必全可以為我們的模範。某些社會賢達，經已指出現代中國人的生活，為污穢，浪漫，懶惰，頹廢，必須以整齊，清潔，簡單，樸素的原理改進，……第二：固然日本統治以後所發生的習俗思想中，有違背三民主義的，必須徹底地剪除，但其中亦有若干要素，是法治國的必須條件，在最低程度的文明社會，亦所不可缺的。比方守法的精神、社會公德等等。……若是以此為日本奴化政策的結果，而且以國內沒有而加以否認拒絕，則我們是應當絕對反對的。關於這點，我們不但不要「中國化」而且積極要求外省人士中不少分子來個「台灣化」。……無論在本省或者外省，我們的生活改進的目標，應當是在於如何達到富強的國家民族的生

活。若是配合著這個目標的，無論它是英美的，或者是日本的，都應當攝取而活用之。若是違背這個目標的，無論它是數千年來的道地中國傳統，也必須把它打破剷除。這才可以說是在本省要推行的中國化的原理。[17]

此外，台灣本地民營的雜誌社《新新》月報社，亦曾聚集台灣本地的知識分子舉行「談台灣文化的前途」討論會，席上黃得時曾做了以下發言：

> 光復後台灣的文化運動方向，可以從兩方面來考慮。
>
> 一方面是過去台灣文化受到日本式文化的影響很大，因此同時能夠達到世界水準。
>
> 另一方面是台灣文化的現狀和中國的漢民族文化比較時，很多地方尚未達到中國化。
>
> 今後，世界化和中國化這兩方面應該如何同時推進呢？若已達世界水準的文化，今後應當更加擴張、推進。若將中國自身的文化作為比較對象時，有不合之處及不適合之處，則有必要盡快達成良好意義的中國化。[18]（原文日文）

吳瀛濤也在一篇題為〈台灣文化的進路〉文章中表示了自己的想法。文章發表時，報紙、雜誌的日文欄已經被廢除了，

---

[17]《民報》，1946年9月11日。

[18]〈談台灣文化的前途〉，《新新》7期（1946年10月），頁5-6。

年來的文化不振和其苦痛的因源，並不單存在這種語言的
急變而所以然地易生的；雖說五十年來的病態和去勢致出今
日的衰微，這層已成了明白地不能否認的事實，然一面仔細
來看一看時，接受著已達到世界文化水準的日本文化之影
響，過去的台灣文化亦自然地所能達到的發展，無論如何又
不許忽視。

……

所謂世界文化水準，其包括範圍不限狹窄的意義上而說，
凡有關人民生活的一切精神教養及道德環境亦不在圈外，就
是說，可見台灣不但保持來著它那最良好的民族精神一線，
更進獲了著值以所謂中國模範省似的光榮堅固的文化基礎。

可是，幾十年疏隔致使台灣文化有些不符合著中國文化的
一小部分，對此它要加層檢討一下它應向的進路，這樣才能
控制年來的混迷而直使沿著龐大的中國文化路線走向去吧！[19]

　　上述的主張皆有一個特徵，即都認為台灣文化的出路，除了
「中國化」以外，也要兼及「世界化」的方向。這是當時台灣知
識分子們對台灣文化出路觀點的共通處，他們一致認為未來台灣
文化的面貌，應該是在由外而內、由上而下蜂擁而來的「中國
化」，與由前行代繼承而來的「世界化」之間，尋求其平衡點。

　　事實上，戰後初期台灣受國府中國化國策愚弄的，不只是在
文化層面，經濟層面、政治層面也是一樣。台灣本地民營報紙
《人民導報》在社論〈如何看台灣？〉中就沉痛指出：「台灣的

---

[19] 吳瀛濤，〈台灣文化的進路〉，《新新》2卷1期（1947年1月），頁20-21。

中國化，我們是贊成的，但台灣中國化並不等於台灣黑暗化、台灣貧窮化、台灣貪污化。」[20] 台灣知識分子深刻的體認到當時台灣社會與中國大陸社會之間存有很大的鴻溝。

王白淵在〈在台灣歷史之相剋〉一文中，直截了當的指出此現象：

> 台灣雖在日本帝國主義高壓之下，竟在高度工業資本主義下，過著半世紀久之生活，因此其意識型態、社會組織、政治理念，均屬於工業社會之範疇。……中國在八年抗戰中，當然許多地方，有相當進步，但還脫不離次殖民地之性格，帶著許多農業社會的毛病，在這一次接收過程中，我們明明白白可以看得出農業社會和工業社會的優劣。接收台灣，就是接收日本，從低級的社會組織，來接收高度的社會組織，當然是不容易的。[21]

王白淵的認知是否值得商榷姑且不論，但是可以指出的是，至少台灣知識分子已經察覺到當時台灣社會與大陸社會之間的落差，他們不但主張台灣社會的優越性，同時也已經清楚地認知了兩者文化上的優劣。

楊雲萍在〈文化的交流〉一文中就清楚的直陳：

> 本省光復後，本省和省外各地的所謂「文化的交流」的問

---

[20] 《人民導報》，1946年6月13日。

[21] 王白淵，〈在台灣歷史之相剋〉，《政經報》2卷3期（1946年2月10日），頁7。

題，是最膾炙人口的問題之一。當道言之，省民言之，由外省來的朋友，亦無不言之。可是，經過一年有餘的今日，其具體的成就，則寥寥無幾。

原來，文化的流注，有一個定式，就是像流水般的由高之低，從高度的文化的地方，流注於較低度的地方的。其流注是很迅速的。可是，現在本省的狀態，和這定式，卻有些不同。就是本省和他省的文化的程度，各有高低，不是「清一式」，所以不能像由某一方流注某一方那麼簡單，這就是文化的交流，遲遲不進的重大原因。談文化的交流的，要直視這個事實。

上述的事實以外，文化的交流不進的另一個原因，就是，現在本省人和外省人的心理上的隔閡，沒有互相尊敬處，沒有互相信賴處，那有文化交流的可能呢？談文化的交流的，要努力打破這個隔閡。

至於我國的內戰不已，到處烽煙，也是阻礙文化交流的重大原因之一。因為戰事不已，那有餘力，可以流出或是接受他處的文化。

我們略舉本省和外省的文化交流遲遲不進的原因二三。第一的原因是不可如何的事實。可是第二、第三的原因是人為的，可以改善它，可以消滅它的。我們願與關心文化的省內外諸同志，向此努力！[22]

從上述幾位台灣知識分子的發言，我們能夠了解國府在接收

---

22 楊雲萍，〈文化的交流〉，《新新》2卷1期（1947年1月），頁1。

台灣後的一年多裡，他們所遭遇的困境，以及他們如何盡可能客觀的去接受這個事實。值得注意的是，針對上述奴化問題、戰後台灣文化出路問題而踴躍發言的王白淵、吳濁流、楊雲萍皆嚐過殖民統治的辛酸。前面也已指出王白淵曾因參加過台灣人留學生左翼文化團體「台灣人文化圈」，而被迫離開岩手女子師範學校的教職，且過了八年的牢獄生活。吳濁流也因反對公學校內的日、台教員之差別待遇，被迫辭職。楊雲萍則在1941年皇民化運動如火如荼當中，參與《民俗台灣》，努力記錄保存台灣獨特的民俗。他們不是被「皇民化」的台灣人，他們的發言絕不是在為日本的文化政策做辯護。行政長官公署一年多的文化重建政策執行的結果，台灣本地知識分子對「中國化」相當有意見，而且台灣與中國之間不但沒有縮短距離，反而是越走越遠，背道而馳。台灣人和中國人對立的二二八事件，即是在楊雲萍發表這篇文章後的隔月發生。

結語

　　戰後，國府對台灣的文化重建政策，前面已指出它是一種由外而內，由上而下的「國民建設」。換言之，即是如何將新納入「中華民國」版圖的非「國民」——日本化的台灣人——「國民化」。

　　面對此文化重建政策，台灣人也做出回應。首先，因為不會講中國話、寫中國文，加上染有日本風俗習慣的「日本化」問題，從國府當局的角度來看，「日本化」和「奴化」同義。但是，台灣人不僅不承認因「日本化」而導致人性也跟著被「奴

化」，反而主張「日本化」的另一面其實也包含「近代化」與
「世界化」，這是台灣知識分子對殖民文化反思後所得到的結論，
繼而進一步主張，戰後台灣文化的出路，應該是在「中國化」與
「世界化」之間，尋求平衡點。

　　當時國府與台灣知識分子對於日本文化的有效性，其理解的
基本觀點可說是有差異的。當初國府的看法是可以理解的——雖
然其論點十分粗糙武斷，這與它在接收台灣後，企圖盡速將台灣
中國化的立場有密切關係。但是至少以當時雙方所持的意見之深
度而論，當時的台灣知識分子對日本、中國之間的文化異同所抱
持的態度是相當開放客觀，相對的，國府的局限性心態就表露無
遺。戰後初期台灣人的所謂「日本化」，絕對不是跳躍而又單向
思考的「奴化」一詞足以涵蓋或解釋的。

結論

　　1945年第二次世界大戰結束，日本戰敗，台灣脫離了日本的殖民地統治，重歸中國版圖。在五十年的殖民地統治期間，日本為了順利推展殖民地統治，強力推行同化政策，利用國家機器將日本文化移植到台灣，透過各級學校教育與社會教育，將日本國民意識強加灌輸予台灣人。此同化政策特別自1937年中日戰爭爆發後，更為變本加厲，日本殖民當局進一步推行皇民化運動，在全台各地設置皇民錬成所，企圖以日本軍國主義思想將台灣人塑造成日本「皇民」。在同化政策的強力推行下，有部分台灣人認為自己是日本人，也就不足為奇了。事實上，在日本統治末期已有相當多的台灣人被日本化。

　　因此，國民政府接收台灣以後，隨即在台灣展開一連串的「去日本化」「再中國化」之文化重建工作。此一台灣文化重建工作，是一種由上往下的「國民建設」，值得注意的是，在台灣重歸中國版圖後的時間點上，不能將此「國民建設」等同於「再殖民」，當然當時國民政府面對台灣的心態值得非議。然而此「國民建設」所指涉的是要將已日本化的台灣人「國民化」——這意味著要將台灣「中國化」，台灣人「中國人化」。

　　關於當時國府的台灣文化重建基本政策和實施辦法，在國民

政府主席蔣介石裁定的「台灣接管計畫綱要」中有相當詳細的記載。戰後初期，實際統治台灣的機構——台灣省行政長官公署，基本上根據此一綱要來執行台灣的文化重建政策。

當時，行政長官公署內設有台灣省國語推行委員會、台灣省行政長官公署宣傳委員會和台灣省編譯館，並且利用其外圍團體——台灣文化協進會，針對文化重建重點的語言問題、教育內容和文化內容、文化體制進行重整工作。

台灣省國語推行委員會是針對國府接收台灣後，首要解決的語言問題之執行機構。當時約六百萬人左右的台灣人，對日語的使用率高達70%。換言之，約有四百二十萬人左右的台灣人的生活語言是日本語。台灣省國語推行委員會就是戰後初期台灣語文教育——中國語教育的執行機構，其具體做法是從中國各地招聘國語國文教員，分發到各級學校任教，並負責中國語傳習者——全省行政人員、國民學校、中等學校教員之國語訓練，又在各縣市設立「國語推行所」，從中國各地招聘國語推行員派往推行所，負責各地方之中國語推行，其終極理想是希望五四新文化運動的基本理想——言文一致，能夠率先在台灣實現。

宣傳委員會的任務是在台灣省的縣、市、區、鄉、鎮設置政令宣導員，向台灣人宣導中國的政治制度及法令等之外，更重要的是經營管理電影戲劇、圖書出版、新聞廣播的審查及宣傳品的編輯工作。換言之，宣傳委員會藉著管制傳播媒體以及普及宣傳品來掃除「日本文化思想的遺毒」，同時灌輸中華民族意識。

台灣省編譯館設有學校教材組、社會讀物組、名著編譯組、台灣研究組。學校教材組的任務是在編纂適合台灣初等教育、中等教育、及師範教育的學生中文程度之教科書，以此來推展中國

語文教育，並透過其教育內容灌輸中華民族意識予台灣學生。社會讀物組的任務則在於編輯大眾讀物「光復文庫」。經由「光復文庫」的普及來推廣中國語文。此外，藉著「光復文庫」之文化內容，進行中國文化的移植工作。名著編譯組的任務則是翻譯編輯西洋、中國名著、名作。其目的是希望透過閱讀這些名著、名作，擴展大學生及研究者等人的視野，激發其研究興趣，另一目的是藉著西洋、中國名著的普及，取代日文讀物，達成文化內容的重建目的。台灣研究組的任務在於整理、翻譯並且繼承日本學者所遺留下來的台灣研究工作。對於日本人所留下的學術文化遺產，編譯館館長許壽裳認為，這是世界文化遺產的一環，日本的學術文化遺產和學術研究風氣應該予以接收，將其台灣研究成果編譯成中文，做知識的再生產，使其成為中國學術研究的一部分。換言之，即將日本人的學術文化研究「中國化」之挪用策略。從台灣研究組的工作內容與成果來看，除了做史前史跡發掘，也進行田野調查、文獻資料抄錄、覆刻、編譯，其研究範圍囊括今天所稱的「台灣學」、「台灣研究」，它是戰後台灣作為政府機構的台灣研究──「台灣學」之出發點。

　　台灣文化協進會的任務則是作為行政長官公署的外圍團體，出版「綜合文化雜誌」《台灣文化》，舉行各種文化活動，從事社會教育，宣揚三民主義文化是戰後台灣迫切需要的文化，協助行政長官公署的台灣文化重建工作。由台灣文化協進會的活動，我們可以得知其意圖在於經由傳播三民主義與五四以來的中國新文學、新文化，以及推廣和中國之間的文化交流，重新建立戰後台灣新的文化體制，樹立戰後台灣新的文學典範。

　　台灣省國語推行委員會、台灣省行政長官公署宣傳委員會、

台灣省編譯館、台灣文化協進會四個機構,在戰後初期的台灣文化重建工作上,具有相互聯繫及互補的關係。國語推行委員會負責語文教育,宣傳委員會負責管制傳播媒體,編譯館則兼具教育和研究雙重功能,從教育和文化兩方面同時進行文化重建工作,協進會更從社會教育的層面強化了國語推行委員會和編譯館的功能。

除此之外,尤其要注意的是當時文化重建的思想基礎。在行政長官公署時代的台灣文化重建工作上,台灣省編譯館館長許壽裳扮演了重要角色,他同時也是當時大陸來台及台灣本地的進步文化人、知識分子、學者的聚焦中心。許壽裳的台灣文化重建思想基礎,始終是五四新文化運動的精神,以繼承發展其精神作為文化重建工作的樞紐。因此,許壽裳介紹傳播自己的摯友——五四新文化運動的精神支柱之一的魯迅思想來台灣,想藉著推廣其思想在台灣掀起「新的五四運動」,許壽裳認為這才是台灣文化重建的最佳途徑。針對這種五四新文化運動,國民黨中央及「CC派」採取批判的態度,提出三民主義作為台灣文化政策的最高理念。換言之,國府真正的用意,是要以三民主義政權的官方政治意識形態,來培植台灣人國家認同的思想基礎,達成台灣「中國化」。歸根究柢,這種文化政策不僅是和「中華民國化」甚至和「國民黨化」同義。許壽裳傳播魯迅思想,影響了台灣的知識分子。他們接受了魯迅思想,培養出批判精神,對當時的台灣現狀表示了不滿,批判國府不合理的措施及恣意搜刮台灣的腐敗官僚,但是許壽裳所期待的「新五四運動」終究沒有在台灣發生。

戰後台灣的魯迅思想主要傳播者,除了許壽裳之外,還有黃

榮燦。許壽裳的魯迅思想傳播目的是企圖要將魯迅思想與戰後台灣的文化重建做一個有機的結合。其有關魯迅研究之著作大半是在台灣完成，關於此發現除了是學術史發現外，也賦予了其時代意義。而黃榮燦的魯迅思想傳播是希望傳播魯迅含有「反帝」、「反封建」、「反侵略」、「爭民主」因子的木刻版畫思想，喚醒民眾爭取民主，追求中國戰後「民主主義」能首先在台灣實現，進而推廣到全中國。從魏建功、許壽裳、黃榮燦這些戰後台灣文化重建的「執行者」「代理人」的構想，我們能夠發現他們皆企圖將台灣作為落實五四新文化運動理想的試驗場。而戰後台灣魯迅思想的傳播者，不管是大陸來台文化人或是台灣本地文化人，皆遭遇到悲慘命運。但是，如果我們再從胡風事件來看，會發現從國共內戰到五○年代中國的整風運動、反右鬥爭與台灣的白色恐怖時期，海峽兩岸受過魯迅思想洗禮的知識分子幾乎難逃整肅命運。

　　針對戰後國府之「去日本化」「再中國化」之文化重建政策，台灣本地知識分子也做出反省。首先他們一致否認被日本文化「奴化」，他們認為「日本化」裡面含有「近代化」與「世界化」的要素，主張戰後台灣文化的出路，除了是有選擇性的「中國化」之外，同時也不需完全否定日本文化遺產，應在兩者之間尋求平衡點，努力創造戰後新的台灣文化。換言之，即反對徹底的「去日本化」和無條件的「再中國化」。

　　本書透過對台灣省國語推行委員會、台灣省行政長官公署宣傳委員會、台灣省編譯館、台灣文化協進會功能的探討，再現了戰後初期台灣省行政長官公署時期之台灣文化重建過程，同時也探討了台灣從日本殖民地解放後，本地台灣知識分子在面臨文化

危機時如何自處，如何去摸索戰後台灣文化出路的議題。此外，同時也論述了魯迅思想傳播與台灣文化重建的關係，發現魯迅思想對戰後初期台灣社會的深刻影響，提供「魯學」研究新視野。

後記

　　這本小書的藍本是我於1995年夏，向立命館大學提交「戰後初期台灣文化重建之研究——以台灣省行政長官公署時期（1945年—1947年）為中心」的博士論文。之後經過重新增補、修改，於1999年以《台灣文化再構築1945-1947の光と影：魯迅思想受容の行方》在日本出版。1999年在日本出版後，得到相當的迴響，先後有日、中文書評四篇出現（日文有阪口直樹教授、下村作次郎教授、塚田亮太講師撰寫的書評，中文則是附錄二的許雪姬教授之書評），書評中皆指出此書是開拓戰後台灣文化政策研究的先驅之作。

　　十多年前寫的論著，而且是在當時很多資料尚未被挖掘、被公開的年代下所完成的著作，在今天看起來，自己也不是很滿意。因此，2001至2002年在美國哥倫比亞大學擔任訪問學人時，王德威教授鼓勵我將日文著作翻譯整理為中文出版，當時內心實在非常躊躇。2003年底，終於鼓起勇氣整理成中文稿，結果一校稿一擱就是兩年，始終沒有勇氣去面對如同「百衲本」的舊作，自己和自己陷入天人交戰中。其實本書大部分內容已先後由自己改寫為中文在台灣發表刊載，後來發現台灣這幾年一些相關研究論文，部分是在我早先的論述之下加以延伸的，覺得再不鼓起勇氣整理出版，恐怕也就喪失在台灣出版的時機了。我首先要感謝王德威教授的鼓勵，並向麥田出版社推薦我的著作，同時我

也要感謝麥田主編胡金倫先生耐心地等待我的怠慢。

　　1985年赴日留學以來，匆匆間，二十多年的歲月就這樣暗中偷換，留學當初從未想過留在異國執教的我，沒想到今日卻在異國的學術界覓得一席。人到了「知天命」（或稱為「後青春期」）的年歲後，也較能冷靜的面對走過的前半生，如果要我對這段歲月下個小結，我想說的僅有五個字──感謝與努力。我感謝這些年來對我鼓勵與關懷的師友們，更因此而加倍努力，我想我僅餘的「後青春期」也將會以這些為動力而努力下去。

　　我在拿到博士學位之前，曾渡過十一年的留學生生活，輾轉念了五所大學，現在回想起來，除了佩服自己的無謀之勇，更感謝那些接受我並指導我的日本老師。我最感謝的除了我大學時代的老師呂實強老師之外，就是在我留學後半期真正指導我如何做學問，如何作為一個「真正的學術人」的北岡正子老師。

　　從小學開始，我就對歷史與文學產生極大的興趣，大學進入國立台灣師範大學夜間部歷史系，當時國立台灣師範大學日間部與夜間部的唯一差別是日間部享有公費與分發，夜間部則沒有，但在師資上則全都相同。我和呂老師相遇於大二的「中國近代史」這門必修課上，本來「中國近代史」的課是由李國祁老師擔任，但那時他公務繁忙，因此就延請當時擔任中央研究院近代史研究所研究員的呂老師來任教，當時老師教我們的時候正是我現在的年紀。呂老師的「中國近代史」從明末西方傳教士來華傳教開始講起，滿口的山東口音，對於習慣「台灣國語」發音的我的確是一大考驗，一直過了半學期才慢慢習慣這種山東腔國語。呂老師的授課內容非常紮實，特別是針對西方勢力侵入中國後，中國方面的反應與變化都鉅細靡遺的講授，一年下來，我的「中國近代

史」有了一定的基礎。大學時期除了呂老師的「中國近代史」外，我對「中國現代史」也有極大的興趣，特別是「五四」前後的文學與思想，當我向呂老師談起我的關心時，他除了要我去閱讀胡適的文章外，還帶我到中央研究院近代史研究所圖書室介紹我閱讀當時還被列為禁書的《新青年》與《魯迅全集》、《獨秀文存》、《李大釗文集》等相關雜誌、書籍。大三以後，每週至少一回來往於國立台灣師範大學和舊莊中央研究院的路上，當時的閱讀筆記至今我仍然保存著。

1981年大學一畢業，呂老師即介紹我進近代史研究所當臨時助理，至1985年春天出國念書前，可以說是我前半生最快樂的時光，整天在學術的大海中徜徉，接觸到相當多優秀的學者，也受到不少薰陶，對學問的真摯態度和「南港學派」的實證主義研究成為我一生的研究指南。

1985年春天，我踏上留學之途，在日本的求學過程中，剛開始時一切都不順利，有好幾回想放棄，每次給他寫信告知此意，他馬上來信勸阻鼓勵，我印象最深的一封信上呂老師寫著：

> 對所有的波折，也不要先只怪運氣和環境，事實上也必須時常考慮到自己本身的條件。一個中人之資，想要有所成就，只有加倍的努力。反之，能加倍的努力，中人之資，也往往都可以有上人之資的成就。對於讀書，實在沒有什麼奧妙，就是長期持續的努力而已。

1985至1989年，台灣正是最動盪的時刻，我在關東和張良澤老師一起渡過一段患難與共的「革命歲月」。前年，張老師提

前自共立女子大學靜靜退休，返鄉任教於真理大學台灣文學系，繼續逐夢，絕口不提過去名列黑名單，近二十年無法回鄉的海外流亡往事。他早年在台灣，壯年在日本埋下的台灣文學研究種子，這幾年陸續開花（但是尚未結果），他的耕耘與貢獻，相信在未來的台灣文學研究史上一定會有一席之位。

1987和1988年，父母遽然去世，打擊很大，關東的升學也不順利，心灰意懶之餘，想就此打道回台時，呂老師的來信改變了我的主意。毅然轉學關西，重新出發，在關西和北岡正子老師的相遇改變了我的人生。1989年剛到關西時，也不是非常積極向學，因留學生M氏的介紹，有幸到關西大學旁聽北岡老師的「魯迅研究」，重新燃起我對「五四時代」與「五四人」的研究熱情。

北岡老師對留學時期的魯迅研究、魯迅的詩論研究、魯迅的「摩羅詩力說」材源考，在「魯學」學界享有很高的評價。我從碩士班開始一直到博士班畢業，始終沒有間斷的旁聽北岡老師開的「魯迅研究」和「東京左聯研究」課程，收穫良多，「南港學派」與「北岡流」在學問之前的誠實謙虛態度和堅實無華之實證主義研究方法，對我影響很深。北岡老師不在乎我不是關西大學的學生，將我視同自己的弟子來訓練、指導，而我在日本發表的論文、提交的博士論文、博士論文的修正出版，她也都不厭其煩的指正，仔細的幫我修改。記得當時每次取回她幫我改過的論文後，我腦海中經常浮現魯迅對自己老師的回憶：

> 我拿下來打開看時，很喫了一驚，同時也感到一種不安和感激。原來我的講義已經從頭到末，都用紅筆改過了，不但增加了許多脫漏的地方，連文法的錯誤，也都一一訂正。

（魯迅，〈藤野先生〉）

　　至今心中仍和魯迅有相同的心情，我對北岡老師懷著很深的感動和感激。我的台灣時代許壽裳之研究，及從此延伸之研究，很多得自北岡老師的指導，本書中特別將北岡老師的許壽裳關於魯迅論著之版本考證論文附上，以補正拙著的不足之處。

　　從留學生時代到今天為人師，我真心要感謝的師友很多，請容我寫下特別想感謝的師友：免費治療我將近十年的躁鬱症、失眠症的陳永興醫師，引導我從事台灣研究的啟蒙老師國立台灣師範大學名譽教授王啟宗老師、張良澤老師、昭和大學名譽教授黃昭堂先生、國立台灣大學名譽教授鄭欽仁先生，留學生時代照顧、教導過我的故同志社大學阪口直樹教授、故東京大學名譽教授丸山昇先生、東京都立大學名譽教授岡部達味先生、慶應大學名譽教授山田辰雄先生、追手門學院大學名譽教授伊原澤周先生、阿賴耶順宏先生、立命館大學名譽教授筧文生先生、中村喬先生、立命館大學松本英紀教授、京都產業大學清河雅孝教授、中國文藝研究會和台灣文學研究會的眾師友們。學生時代回台北時，每回都樂意收留我住宿，忍受我打擾的友人世煜夫妻、炎憲、寶村、筱峰、豐祥等人都是令我感謝於心的。此外，從國中到現在的好友政諭、啟宗、志鏗，研究所時代的好友，現奈良女子大學野村鮎子教授，2001年在紐約一起共度911、打開我研究視野的廖炳惠教授和王德威教授，也是我要特別感謝的。

2007 年 11 月 11 日　於名古屋

徵引書目

中、日文

〈文藝家在哪裡？〉，《民報》，1946年11月25日。

〈台灣文化協進會章程〉第二條，《台灣文化》1卷1期（1946年9月）。

〈台灣文化協進會章程〉第六條，《台灣文化》1卷1期（1946年9月）。

〈台灣文化協進會業務要覽〉，收入許壽裳，《魯迅的思想與生活》（台北：台灣文化協進會，1947），封底。

〈台灣省行政長官公署公函〉，《台灣省行政長官公署公報》春字頁849-64（1947年3月24日）。

〈台灣省行政長官公署代電〉，《台灣省行政長官公署公報》春字頁833-48（1947年3月22日）。

〈台灣省行政長官公署訓令〉，收入台灣省行政長官公署宣傳委員會編，《台灣省政令宣導人員手冊》（台北：台灣省行政長官公署宣傳委員會，1946）。

〈台灣省行政長官公署教育處工作報告（1946年5月）〉，收入陳鳴鐘、陳興唐主編，《台灣光復和光復後五年省情》上（南京：南京，1989）。

〈台灣省行政長官公署組織條例〉，《台灣省行政長官公署公報》1卷1期（1945年12月1日）。

〈台灣省國語推行委員會組織規程〉，《台灣省行政長官公署公報》夏字頁105-20（1946年4月15日）。

〈台灣省電影審查暫行辦法〉，《台灣省行政長官公署公報》2卷1期（1946年1月20日）。

〈台灣省編譯館九月份工作報告〉，1946年9月30日，未公開，許壽裳家屬

提供。

〈台灣省編譯館工作概況——台「卅五」字第一四七號通知〉，1947年1月
　　18日，未公開，許壽裳家屬提供；部分內容收入《台灣年鑑：民國三
　　十六年》（台北：台灣新生報社，1947）。

〈台灣省編譯館組織規程〉，《台灣省行政長官公署公報》秋字頁499-564
　　（1946年8月2日）。

〈台灣省編譯館組織規程〉，《台灣省行政長官公署公報》春字頁511-26
　　（1947年2月10日）。

〈台灣省編譯館職員一覽〉，1947年4月，未公開，許壽裳家屬提供。

〈台灣接管計畫綱要——34年3月14日侍奉字15493號總裁（卅四）寅元侍
　　代電修正核定〉，收入陳鳴鐘、陳興唐主編，《台灣光復和光復後五年
　　省情》上（南京：南京，1989）。

〈台灣調查委員會工作大事記（1944年4月—1945年4月）〉，收入陳鳴鐘、
　　陳興唐主編，《台灣光復和光復後五年省情》上（南京：南京，
　　1989）。

〈本團訓練大綱〉，《台灣省地方行政幹部訓練團團報》1卷1期（1946年3
　　月1日）。

〈正氣學社三十六年度工作大綱〉，《正氣》1卷4期（1947年1月）。

〈民謠座談會〉紀錄，《台灣文化》2卷8期（1947年11月）。

〈宣傳員訓練班訓練實施辦法〉，《台灣省地方行政幹部訓練團團報》1卷1
　　期（1946年3月1日）。

〈吳乃光案〉，收入呂芳上等訪問，丘慧君紀錄，《戒嚴時期台北地區政治
　　案件口述歷史》第3輯（台北：中央研究院近代史研究所，1999）。

〈吳乃光等叛亂案〉，收入李敖審定，《安全局機密文件：歷年辦理匪案彙
　　編》（台北：李敖，1991）。

〈社論　國語推行運動的實施〉，《中華日報》，1947年1月26日。

〈初小國語編輯大要〉，初級小學適用《國語》第8冊（台北：台灣書店，
　　1946）。

〈巷の聲──日文廢止は時期尚早〉,《新新》6期（1946年8月）。

〈美術座談會〉紀錄,《台灣文化》1卷3期（1946年2月）。

〈教育處教材編輯委員會職員名冊〉,未公開,許壽裳家屬提供。

〈陳儀關於台灣收復後教育工作與陳立夫往來函〉（1949年5月10日）,收入
　　陳鳴鐘、陳興唐主編,《台灣光復和光復後五年省情》上（南京:南
　　京,1989）。

〈魏建功自傳〉,未刊稿,魏建功家屬提供。

《人民導報》,1946,台北:人民導報社。

《中華日報》,1946—1947,台南:中華日報社。

《文化交流》第1輯（1947年1月）,台中:文化交流服務社。

《台灣文化》1卷1期—6卷3、4期合併號（1946年9月—1950年12月）,
　　台北:台灣文化協進會。

《台灣月刊》3、4期合刊（1947年1月）,台北:台灣月刊社。

《台灣年鑑:民國三十六年》（台北:台灣新生報社,1947）。

《台灣省地方行政幹部訓練團團刊》1卷1期（1946年3月1日）—2卷7期
　　（1946年12月1日）（台北:台灣省地方行政幹部訓練團）。

《台灣省行政長官公署公報》1卷1期（1945年12月1日）—夏字頁537至
　　552（1947年5月7日）（台北:台灣省行政長官公署祕書處編輯室）。

《台灣省政府公報》夏字頁1至8（1947年5月16日）至夏字頁17至24
　　（1947年5月19日）（台北:台灣省政府祕書處）。

《民報》,1946,台北:民報社。

《改造》19卷4期（1937年4月）,改造社。

《和平日報》,1946,台中:和平日報社。

《政經報》2卷2期、3期（1946年1月、2月）,台北:政經報社。

《國語通訊》創刊號、2期（1947）。

《現代週刊》1卷9期、12期,2卷7、8期合刊、9期、10期（1946年2月
　　—8月）。

《新台灣》創刊號（1946年2月）,新台灣社。

《新生報》，1945—1949，台北：台灣新生報社。

《新新》6期、7期，2卷1期（1946年8月、10月，1947年1月），新竹：新新月報社。

大江志乃夫等編集，《近代日本と植民地8・アジアの冷戰と脫植民地化》（東京：岩波書店，1993）。

下村作次郎，〈戰後初期台灣文芸界の概觀——1945年から49年〉，《咿啞》24・25合併號（1989年7月）。

山本健吉，〈魯迅の作品について〉，《魯迅》（東京：河出書房新社，1980）。

中島利郎，〈日本殖民地下の台灣新文學と魯迅（上）——その受容の概觀〉，《岐阜教育大學紀要》24集（1992）。

中華全國木刻協會編，《抗戰八年木刻選集》（上海：開明，1946）。

方家慧等監修，陳紹馨等纂修，《台灣省通志稿・卷二・人民志》（南投：台灣省文獻委員會，1954-1964）。

王白淵，〈所謂「奴化」問題〉，《新生報》，1946年1月8日。

王白淵，〈告外省人諸公〉，《政經報》2卷2期（1946年1月25日）。

王白淵，〈在台灣歷史之相剋〉，《政經報》2卷3期（1946年2月10日）。

北岡正子，〈もう一つの國民性論議——魯迅・許壽裳の國民性論議への波動——〉，《關西大學中國文學會紀要》10號（1989年3月）。

北岡正子，〈《我所認識的魯迅》に異義あり〉，《關西大學中國文學會紀要》17號（1996）。

北岡正子、秦賢次、黃英哲編，《許壽裳日記：自1940年8月1日至1948年2月18日》（東京：東京大學東洋文化研究所附屬東洋學文獻中心，1993）。

北岡正子、黃英哲，〈《許壽裳日記》解說〉，收入北岡正子、秦賢次、黃英哲編，《許壽裳日記：自1940年8月1日至1948年2月18日》（東京：東京大學東洋文化研究所附屬東洋學文獻中心，1993）。

台灣省行政長官公署人事室編，《台灣省各機關職員錄》（台北：台灣省行

政長官公署人事室，1946）。

台灣省行政長官公署宣傳委員會編，〈宣傳小冊第一種〉，《國民革命與台灣光復》，無版權頁。

台灣省行政長官公署宣傳委員會編，《台灣一年來之宣傳》（台北：台灣省行政長官公署宣傳委員會，1946）。

台灣省行政長官公署宣傳委員會編，《台灣省行政工作概覽》（台北：台灣省行政長官公署宣傳委員會，1946）。

台灣省行政長官公署宣傳委員會編，《台灣省政令宣導人員手冊》（台北：台灣省行政長官公署宣傳委員會，1946）。

台灣省行政長官公署宣傳委員會編，《陳長官治台言論集》第1輯（台北：台灣省行政長官公署宣傳委員會，1946）。

台灣省行政長官公署祕書處編輯室編，《廣播詞輯要：34年》（台北：台灣省行政長官公署祕書處編輯室，1946）。

台灣省行政長官公署教育處編，《台灣一年來之教育》（台北：台灣省行政長官公署宣傳委員會，1946）。

台灣省行政長官公署編，《台灣省參議會第一屆第二次大會台灣省行政長官公署施政報告》（台北：台灣省行政長官公署，1946）。

台灣省行政長官公署編，《中華民國三十六年度台灣省行政長官公署工作計畫》（台北：台灣省行政長官公署，1947）。

台灣省政府新聞處編，《台灣光復廿年》（台中：台灣省政府新聞處，1965），頁參—1。

台灣省新聞處編輯，《台灣指南》（台中：台灣省新聞處，1948）。

立石鐵臣，〈黃榮燦先生の木刻藝術〉，《人民導報》，1946年3月17日。

伊藤金次郎，《台灣欺かざるの記》（東京：明倫閣，1948）。

全國政協文史資料研究委員會、浙江省政協文史資料研究委員會、福建省政協文史資料研究委員會編，《陳儀生平及被害內幕》（北京：中國文史，1987）。

池田敏雄，〈敗戰日記〉，《台灣近現代史研究》4號（1982年10月）。

西川滿，〈創作版畫の發祥と終焉——日本領時代の台灣——〉，《アンド
ロメダ》271號（1992年3月）。

何容等編，《台灣之國語運動》（台北：台灣省政府教育廳，1948）。

吳守禮，〈台灣人語言意識側面觀〉，《新生報・國語》1期，1946年5月
21日。

吳步乃，〈思想起黃榮燦（續編）〉，《雄獅美術》242期（1991年4月）。

吳密察，〈台灣人の夢と二・二八事件——台灣の脫植民地化——〉，收入
大江志乃夫等編集，《近代日本と植民地8・アジアの冷戰と脫植民
地化》（東京：岩波書店，1993）。

吳濁流，〈日文廢止に對する管見〉，《新新》7期（1946年10月）。

吳濁流，《夜明け前の台灣》（台北：學友，1947）。

吳瀛濤，〈台灣文化的進路〉，《新新》2卷1期（1947年1月）。

呂芳上，〈蔣中正先生與台灣光復〉，收入蔣中正先生與現代中國學術討論
集編輯委員會編輯，《蔣中正先生與現代中國學術討論集》第5冊
（台北：中央文物供應社，1986）。

宋斐如，〈如何改進台灣文化教育〉，《新生報》，1946年1月14日。

李允經，《中國現代版畫史》（太原：山西人民，1996）。

李何林，《李何林選集》（合肥：安徽文藝，1985）。

李敖審定，《安全局機密文件：歷年辦理匪案彙編》（台北：李敖，1991）。

李筱峰，《台灣戰後初期的民意代表》（台北：自立晚報社文化出版部，
1986）。

李翼中，〈對當前台灣的文化運動的意見〉，《新生報》，1946年7月28日。

李霽野，〈我的生活歷程（五）〉，《新文學史料》總第28期（1985年8月）。

沈雲龍，〈初到台灣〉，《全民雜誌》2期（1985年10月）。

阪口直樹，〈國民黨文化政策の展開と胡適〉，《季刊中國》33號（1993）。

周海嬰編，《魯迅、許廣平所藏書信選》（長沙：湖南文藝，1987）。

岡部達味，〈アジアの民族と國家——序說〉，《國際政治》84號（1987
年2月）。

林辰編，《許壽裳文錄》（長沙：湖南人民，1986）。

林瑞明，〈石在，火種是不會絕的──魯迅與賴和〉，《國文天地》7卷4期（1991年9月）。

河原功，《台灣新文學運動の展開：日本との文學接點》（東京：研文出版，1997）。

金關丈夫，《孤燈の夢》（東京：法政大學出版局，1979）。

胡風，〈關於魯迅精神的二三基點〉，《和平日報》，1946年10月19日。

若林正丈，《海峽：台灣政治への視座》（東京：研文出版，1985）。

若林正丈，《轉形期の台灣：「脫內戰化」の政治》（東京：田畑書店，1989）。

若林正丈，《台灣海峽の政治：民主化と「國體」の相剋》（東京：田畑書店，1991）。

若林正丈，《台灣：分裂國家と民主化》（東京：東京大學出版會，1992）。

若林正丈，《東洋民主主義：台灣政治の考現學》（東京：田畑書店，1994）。

若林正丈，《蔣經國と李登輝》（東京：岩波書店，1996）。

若林正丈編著，《台灣：轉換期の政治と經濟》（東京：田畑書店，1987）。

首峰，〈談本省語文教學〉，《新生報》，1946年10月16日。

夏濤聲，〈宣傳委員會之使命〉，收入台灣省行政長官公署祕書處編輯室編，《廣播詞輯要：34年》（台北：台灣省行政長官公署祕書處編輯室，1946）。

秦賢次，〈《台灣文化》覆刻說明〉，《台灣文化》覆刻本（台北：傳文文化，1994）。

馬若孟（Myers, Ramon H.）、賴澤涵（Tse-han Lai）、魏萼（Wou Wei）著，羅珞珈譯，《悲劇性的開端：台灣二二八事變》（*A Tragic Beginning: The Taiwan Uprising of February 28, 1947*）（台北：時報文化，1993）。

馬蹄疾、李允經編著，《魯迅與中國新興木刻運動》（北京：人民美術，1985）。

國分直一，〈戰後台灣における史學民族學界——主として中國內地系學者の動きについて一〉，《台灣考古民族誌》（東京：慶友社，1981）。

張兆煥，〈本省黨務概況〉，《台灣省地方行政幹部訓練團團刊》2卷6期（1946年11月15日）。

張良澤，〈台灣に生き殘つた日本語——「國語」教育より論ずる〉，《中國語研究》22號（1983年6月）。

張博宇主編，何容校訂，《慶祝台灣光復四十週年台灣地區國語推行資料彙編》中（南投：台灣省政府教育廳，1987-1989）。

張誦聖，〈「文學體制」與現、當代中國／台灣文學——一個方法學的初步審思〉，《文學場域的變遷：當代台灣小說論》（台北：聯合文學，2001）。

曹健飛，〈憶台北新創造出版社〉，《新知書店的戰鬥歷程》（北京：生活‧讀書‧新知三聯，1994）。

梁禛娟，〈戰後轉換期（1945-1949）における台灣教育政策の研究〉，《東京大學教育行政學研究室紀要》12號（1992）。

梅丁衍，〈黃榮燦疑雲——台灣美術運動的禁區（上）、（中）、（下）〉，《現代美術》67期—69期（1996年8月,10月,12月）。

梅丁衍，〈黃榮燦身世之謎‧餘波盪漾〉，《藝術家》48卷3號（1999年3月）。

許世瑛，〈先君許壽裳年譜〉，收入北京魯迅博物館魯迅研究室編，《魯迅研究資料》卷22（北京：中國文聯，1989）。

許世瑋，〈憶先父許壽裳〉，收入北京魯迅博物館魯迅研究室編，《魯迅研究資料》卷14（天津：天津人民，1984）。

許雪姬，〈台灣光復初期的語文問題——以二二八事件前後為例〉，《思與言》29卷4期（1991年12月）。

許壽裳，〈招待新聞記者談話稿——省編譯館的趣旨和工作〉，1946年8月10日，未公開，許壽裳家屬提供。

許壽裳，〈台灣文化的過去與未來的展望〉，《台灣省地方行政幹部訓練團

團刊》2卷4期（1946年10月）。

許壽裳，〈魯迅和青年〉，《和平日報》，1946年10月19日。

許壽裳，〈魯迅的德行〉，《和平日報》，1946年10月21日。

許壽裳，〈魯迅的精神〉，《台灣文化》1卷2期（1946年11月）。

許壽裳，〈「光復文庫」編印的旨趣〉，收入許壽裳編，《怎樣學習國語和國文》（台北：台灣書店，1947），封面扉頁底文字。

許壽裳，《魯迅的思想與生活》（台北：台灣文化協進會，1947）。

許壽裳，〈台灣省編譯事業的拓荒工作〉，《台灣月刊》3、4期合刊（1947年1月）。

許壽裳，〈魯迅的人格和思想〉，《台灣文化》2卷1期（1947年1月）。

許壽裳，〈台灣需要一個新的五四運動〉，《新生報》，1947年5月4日。

許壽裳，《我所認識的魯迅》（北京：人民文學，1952）。

許壽裳，《亡友魯迅印象記》（上海：峨嵋，1947；北京：人民文學，1955）。

許壽裳，〈許壽裳先生書簡抄〉，《新文學史料》總第19期（1983年第2期）。

許壽裳致謝似顏電報，1946年5月13日，未公開，許壽裳家屬提供。

許壽裳編，《怎樣學習國語和國文》（台北：台灣書店，1947）。

陳正茂，〈夏濤聲〉，《傳記文學》56卷3期（1990年3月）。

陳明通，〈派系政治與陳儀治台論〉，收入賴澤涵主編，《台灣光復初期歷史》（台北：中央研究院中山人文社會科學研究所，1993）。

陳煙橋，〈魯迅先生與中國新興木刻藝術〉，《台灣文化》1卷2期（1946年11月）。

陳鳴鐘、陳興唐主編，《台灣光復和光復後五年省情》上（南京：南京，1989）。

陳儀，〈民國三十五年度工作要領——三十四年除夕廣播〉，收入台灣省行政長官公署宣傳委員會編，《陳長官治台言論集》第1輯（台北：台灣省行政長官公署宣傳委員會，1946）。

陳儀，〈來台三月的觀感〉，收入台灣省行政長官公署宣傳委員會編，《陳
　　長官治台言論集》第1輯（台北：台灣省行政長官公署宣傳委員會，
　　1946）。

陳儀，〈訓練與學習──中華民國35年2月7日對宣傳人員與會人員班講〉，
　　《台灣省地方行政幹部訓練團團報》1卷2期（1946年3月16日）。

陳儀致許壽裳電報，1946年5月1日，未公開，許壽裳家屬提供。

陳儀致許壽裳私函，1946年5月13日，未公開，許壽裳家屬提供。

陸地，《中國現代版畫史》（北京：人民美術，1987）。

章微穎，〈36年6月、台灣省編譯館結束，賦短章呈翁師座〉，未公開，許
　　壽裳家屬提供。

彭明敏、黃昭堂，《台灣の法的地位》（東京：東京大學出版會，1976）。

游彌堅，〈台灣文化協進會創立的宗旨〉，《新生報》，1945年11月20日。

游彌堅，〈文協的使命〉，《台灣文化》1卷1期（1946年9月）。

湯熙勇，〈台灣光復初期的公教人員任用方法──留用台籍、羅致外省籍
　　及徵用日人（1945.10-1947.5）〉，《人文及社會科學集刊》4卷1期
　　（1991年11月）。

甦甡（蘇新），〈也漫談台灣藝文壇〉，《台灣文化》2卷1期（1947年1
　　月）。

黃昭堂，〈台灣の民族と國家──その歷史的考察〉，《國際政治》84號
　　（1987年2月）。

黃英哲，〈台灣における許壽裳の足跡──戰後台灣文化政策の挫折
　　（上）、（下）〉，《東亞》291-292號（1991年9月，10月）。

黃英哲，〈許壽裳與台灣（1946-1948）──兼論台灣省行政長官公署時期
　　的文化政策〉，「二二八學術研討會」宣讀論文，1991年12月28至29
　　日；後收入《二二八學術研討會論文集（1991）》（台北：二二八民間
　　研究小組，台美文化交流基金會，現代學術研究基金會，1992）。

黃得時，〈談台灣文化的前途〉，《新新》7期（1946年10月）。

黃榮燦，〈迎一九四六年──願望直前〉，《人民導報・南虹》2期，1946

年1月4日。

黃榮燦，〈悼冼星海〉，《人民導報・南虹》20期，1946年1月22日。

黃榮燦，〈給藝術家以真正的自由——響應廢止危害人民基本自由〉，《人民導報・南虹》29期，1946年1月31日。

黃榮燦，〈抗戰中的木刻運動〉，《新生報・星期畫刊》3期，1946年6月2日。

黃榮燦，〈新興木刻藝術在中國〉，《台灣文化》1卷1期（1946年9月）。

黃榮燦，〈中國木刻的褓姆——魯迅—石在・火種是不會滅的〉，《和平日報・每週畫刊》7期，1946年10月20日。

黃榮燦，〈悼魯迅先生——他是中國第一位新思想家〉，《台灣文化》1卷2期（1946年11月）。

黃榮燦，〈介紹人民版畫家KAETHE KOLLWITZ凱綏・珂勒惠支（1867-1945）〉，《和平日報・每週畫刊》12期，1946年11月24日。

黃榮燦，〈版畫家凱綏・珂勒惠支（1867-1945）〉，《台灣文化》2卷1期（1947年1月）。

楊逵，〈紀念魯迅〉，《和平日報》，1946年10月19日。

楊逵，〈魯迅を紀念して〉，《中華日報》，1946年10月19日。

楊逵，〈阿Q畫圓圈〉，《文化交流》1輯（1947年1月）。

楊逵譯，《阿Q正傳》（台北：東華，1947）。

楊雲萍，〈文獻的接收（上）、（中）、（下）〉，《民報》，1945年10月14-16日。

楊雲萍，〈台灣新文學運動的回顧〉，《台灣文化》1卷1期（1946年9月），頁10。

楊雲萍，〈紀念魯迅〉，《台灣文化》1卷2期（1946年11月）。

楊雲萍，〈文化的交流〉，《新新》2卷1期（1947年1月）。

楊雲萍，〈近事雜記（六）〉，《台灣文化》2卷5期（1947年8月）。

楊雲萍，〈許壽裳先生的追憶〉，《中外雜誌》30卷4期（1981年10月）。

楊聰榮，〈從民族國家的模式看戰後台灣的中國化〉，《台灣文藝》138期

（1993年8月）。

遊客，〈中華民族之魂！〉，《正氣》1卷2期（1946年11月）。

鈴木正夫，〈陳儀についての覺え書——魯迅、許壽裳、郁達夫との關わりにおいて〉，《橫濱市立大學論叢》40卷2號（1989年3月）。

雷石榆，〈在台灣首次紀念魯迅先生感言〉，《台灣文化》1卷2期（1946年11月）。

廖風德，〈台灣光復與媒體接收〉，《台灣史探索》（台北：臺灣學生，1996）。

榮丁（黃榮燦），〈婦女要求民主〉，《人民導報・南虹》35期，1946年2月11日。

榮燦（黃榮燦），〈怎樣利用假期〉，《人民導報・南虹》34期，1946年2月8日。

劉心皇，《現代中國文學史話》（台北：正中，1971）。

劉進慶，《戰後台灣經濟分析：1945年から1965年まで》（東京：東京大學出版會，1975）。

鄭啟中，〈台語、日語、國語在台灣〉，《和平日報》，1946年8月5日。

鄭梓，《本土精英與議會政治：台灣省參議會史研究（1946-1951）》（台中：自印，1985）。

鄭梓，《戰後台灣的接收與重建：台灣現代史研究論集》（台北：新化圖書，1994）。

賴澤涵主編，《台灣光復初期歷史》（台北：中央研究院中山人文社會科學研究所，1993）。

賴澤涵總主筆，《二二八事件研究報告》（台北：時報文化，1994）。

龍瑛宗，〈パパイヤのある街〉，《改造》19卷4期（1937年4月）。

龍瑛宗，《阿Q正傳》，《中華日報・文藝》，1946年5月20日。

龍瑛宗，〈文化を擁護せよ〉，《中華日報・文藝》，1946年6月22日。

龍瑛宗，〈中國近代文學の始祖——魯迅逝世十週年紀念日に際して〉，《中華日報・文藝》，1946年10月19日。

濱田隼雄，〈黃榮燦君〉，《文化廣場》2卷1號（1947年3月）。

濱田隼雄，〈木刻畫〉，《展》3號（1982年10月）。

謝里法，〈中國左翼美術在台灣（1945-1949）〉，《台灣文藝》101期（1986年7、8月）。

藍明谷譯，《故鄉》（台北：現代文學研究會，1947）

藍博洲，《幌馬車之歌》（台北：時報文化，1991）。

藍博洲，《消失在歷史迷霧中的作家身影》（台北：聯合文學，2001）。

魏至，〈魏建功傳略〉，未刊稿，魏至提供。

魏建功，〈國語運動在台灣的意義〉，《人民導報》，1946年2月10日。

魏建功，〈〈國語運動在台灣的意義〉申解〉，《現代週刊》1卷9期（1946年2月28日）。

魏建功，〈國語運動綱領〉，《新生報・國語》1期，1946年5月21日。

魏建功，〈何以要提倡從台灣話學習國語〉，《新生報・國語》3期，1946年5月28日。

魏建功，〈台語即是國語的一種〉，《新生報・國語》5期，1946年6月25日。

魏建功、邵月琴，〈通訊二則〉，《國語通訊》2期（未註明出版日期），約在1947年上半年。

關志昌，〈魏建功〉，收入劉紹唐主編，《民國人物小傳》第6冊（台北：傳記文學，1984）。

蘇新，《未歸的台共鬥魂》（台北：時報文化，1993），頁67-68。

英文

Mendel, Douglas Heusted, *The Politics of Formosan Nationalism* (Berkeley: University of California Press, 1970).

Myers, Ramon H., Tse-han Lai, Wou Wei, *A Tragic Beginning: The Taiwan Uprising of February 28, 1947* (Stanford, Calif.: Stanford University Press, 1991).

本書各章發表說明

按：本書的雛型是〈許壽裳與台灣（1946-1948）——兼論二二八前夕長官公署時代的文化政策〉，收入《二二八學術研討會論文集（1991）》（台北：二二八民間研究小組，台美文化交流基金會，現代學術研究基金會，1992）。

為配合本書編輯，全書各章節部分重新修改：

第一章　國民政府的台灣文化重建

第二章　言語秩序的重整——台灣省國語推行委員會

原題〈魏建功與戰後台灣「國語」運動（1946-1948）〉，《台灣文學研究學報》1期（2005年10月）。

第三章　傳媒統制——台灣省行政長官公署宣傳委員會

原題〈台灣省行政長官公署宣傳委員會研究（1945.11-1947.3）——陳儀政府台灣文化重編機構研究之二〉，《台灣歷史學會會訊》12期（2001年9月）。

第四章　教育‧文化內容再編——台灣省編譯館

原題〈台灣省編譯館研究（1946.8-1947.5）——陳儀政府台灣文

化重編機構研究之一〉，收入張炎憲、陳美蓉、楊雅慧編，《二二八事件研究論文集》（台北：吳三連台灣史料基金會，1998）。

第五章　新文化體制的確立──台灣文化協進會

原題〈「台灣文化協進會」研究──論戰後台灣之「文化體制」的建立〉，收入鄭炯明編，《葉石濤及其同時代作家文學國際學術研討會論文集》（高雄：春暉，2002）。

第六章　魯迅思想與戰後台灣文化重建

原題〈魯迅思想在台灣的傳播，1945-49──試論戰後初期台灣文化重建與國家認同〉，收入中央研究院近代史研究所編，《認同與國家：近代中西歷史的比較論文集》（台北：中央研究院近代史研究所，1994）。

第七章　魯迅思想傳播的另一章──黃榮燦

原題〈黃榮燦與戰後台灣的魯迅傳播（1945-1952）〉，《台灣文學學報》2期（2001年2月）。

第八章　台灣人對文化重建的反應

原題〈戰後初期台灣的文化重編（1945-1947）──台灣人「奴化」了嗎？〉，收入行政院文化建設委員會策畫主辦，雄獅美術月刊社承辦，《何謂台灣？近代台灣美術與文化認同論文集》（台北：行政院文化建設委員會，1997）。

附錄一
我對《我所認識的魯迅》的異議

北岡正子著[*]　黃英哲譯

　　許壽裳（1883-1948）是魯迅的摯友，他從1902年，在留學地日本的弘文書院結識魯迅以來，直到1936年魯迅逝世為止，既曾同簀生活，又為同事，儘管後來分隔他鄉生活，二人的心志情誼始終不渝。確切的說，如何改造中國人的國民性，是他們二人畢生共同的課題。

　　魯迅死後，許壽裳寫的有關魯迅的生活、思想、文學等文章，首次將魯迅的整個人格發展做了完善的呈現。

　　在戰後，在探知魯迅世界時，除了周作人、許廣平等親屬的回憶之外，我們所讀到有關魯迅的文章，最早是出自許壽裳之筆。時過半世紀的今天，魯迅研究的必讀文獻持續增多，仍不減許壽裳其文的價值。許壽裳的這些文章，以最通俗性的面貌出現的是，中華人民共和國成立後北京人民出版社出版的《亡友魯迅印象記》和《我所認識的魯迅》。前者是作者臨死數月前依上海峨嵋出版社之版本再版的[1]，其生前所出版的還有一本，那就是

---

[*] 日本關西大學名譽教授。

1 許壽裳，《亡友魯迅印象記》（上海：峨嵋，1947；北京：人民文學，1953）。

許壽裳在埋骨之地的台灣，亦即在去世前幾個月出版的《魯迅的思想與生活》[2]。然而，本書不論在台灣，或在中國大陸，都不曾再版。許壽裳平日在行文上的用心慎意，從其遺稿上的訂正和日記篇帙，可以得知。收入在他生前出版的兩本書中的各篇文章，可以說都經過許壽裳最後的校閱。《我所認識的魯迅》則是把《魯迅的思想與生活》和魯迅逝世後一週年，由魯迅紀念委員會編輯出版的《魯迅先生紀念集》[3]，以及刊登在報章雜誌未被收入的文章，彙編成冊，以其中一篇題名〈我所認識的魯迅〉為書名，於許壽裳死後出版。因此，九泉之下的許壽裳並不知道有這本書。

這本《我所認識的魯迅》出版後，曾增補且改版兩次，並將《魯迅的思想與生活》一書編入，約占了全書頁數的一半。由於《魯迅的思想與生活》一書不易覓得，同時也基於極難找出收入在這本書中文章的原載刊物的理由，所以《我所認識的魯迅》一書甚為方便。然而，筆者將《我所認識的魯迅》裡所收的文章，和原載刊物做比讀時，發現內容上有刪除、更動現象，其中有些部分刪除還高達數十行。無庸置疑，這當然是出自他人之手，絕非作者的本意。本文的目的，在於廓清其書的異同之處[4]。大家知道，如果把其書收入的《魯迅的思想與生活》和《魯迅先生紀

---

2 許壽裳，《魯迅的思想與生活》（台北：台灣文化協進會，1947）。

3 魯迅紀念委員會編，《魯迅先生紀念集》（上海：上海，1937）。

4 本稿是將之前製作的北岡正子、秦賢次和黃英哲編，〈許壽裳、魯迅關係著作一覽表（稿）〉，《許壽裳日記：自1940年8月1日至1948年2月18日》（東京：東京大學東洋文化研究所附屬東洋文獻中心，1993）中之北岡正子、黃英哲「解說」，再加上後來閱得資料，加以訂正，並重新明示差異之處。

念集》做一對照，或多或少有所差異，這不是什麼新發現。但筆者在此想把這些異同對照列出，因為一來是方便起見，一來也許可以就此窺知，在中華人民共和國成立後，對許壽裳的魯迅思想理解所下的評價端倪。

　　《我所認識的魯迅》一書共有三版。1952年初版、53年再版、78年三版，皆由北京人民文學出版社出版。1952年收入13篇文章，加上王士菁的〈編後記〉、作者和《浙江潮》、《河南》的照片共五張；53年版增加了兩篇文章，共計15篇，其〈編後記〉比52年版王士菁所寫的內容更為簡扼，同樣是五張照片，兩版文字的排列方式幾近相同，皆為直排。78年版又增加三篇，共計18篇，附有〈魯迅先生年譜〉，無刊載照片，也沒有後記和編者名，前頁只有〈出版說明〉，編排方式與前兩版不同，均屬橫排。

　　1952年版的〈編後記〉指出，《我所認識的魯迅》這本書，除了《亡友魯迅印象記》之外，收入了許壽裳紀念魯迅所寫的全部文章，這些作品均在1936至1947年國民黨黑暗的統治之下完成的；並寫道作者是在1948年「蔣匪」統治的台灣遭暗殺，還陳述了編輯方針：「在內容上，因為這是遺著，我們只做了一些編輯性的處理，即：凡有省略之處，均代以省略號（……），必要加註的地方，加以簡略的邊註；和在文字上訂正了一些從前的排字時的誤植。在基本觀點上，我們仍保持一位魯迅先生的老友對于魯迅先生的看法。[……] 但是，他們的對于歷史、社會、文學、藝術的觀點，卻並不是一致的。譬如說，即以許壽裳先生的對於魯迅先生和他的作品的評價為例罷，就大都值得商榷和討論的。但雖說如此，我們若把它當珍貴的有關魯迅先生的材料來看，我們還是必須懷著尊敬的心情來整理和閱讀的。」1953年版

的〈編後記〉，只有七行謹記，增補兩篇文章，在初版的編者註中，刪去不必要的文字。1978年版的〈出版說明〉，也只短短六行，在說明該版比53年版多增補的文章之後，寫道「其中有些論點或未盡正確，為便於讀者參考，仍按原貌排印」。總之，無論是1953年版或是78年版，都是沿用52年版，除多加了「編輯性的整理」，看不出與52年版的版本有何差異。那麼，何謂「編輯性的整理」？

魯迅逝世後，許壽裳寫有關魯迅的文章，除了《亡友魯迅印象記》之外，目前據筆者所知，有24篇[5]。其中，最後收入在1978年版《我所認識的魯迅》一書的，有19篇。以下表一，列出這24篇文章執筆時間的順序，以及曾經刊載的報章雜誌。

表一 「許壽裳、魯迅關係文章一覽表」

「紀」即《魯迅先生紀念集》（1937.10），「思」即《魯迅的思想與生活》（1947.6），「所52」、「所53」、「所78」即《我所認識的魯迅》的1952年版、1953年版、1978年版。「匯」即《魯迅研究學術論著資料匯編》（1985.3）的略稱。年號部分僅取西曆最後兩位數字；「未」則表示未見。

文章編號	執筆年月日	題目	原載出處（報紙雜誌・書刊）	收入書刊・雜誌
1	36.10.27	我所認識的魯迅	《新苗》11期（36.11.16）	紀、所52、所53、所78、匯
2	36.11.8	懷亡友魯迅	《新苗》11期（36.11.16）	紀、《月報》（37.1.15）（未）、思、所52、所53、所78、匯

---

[5] 許壽裳寫有關魯迅的文章，還有一篇是在魯迅生前執筆的〈上遂〈談「每下愈況」〉〉（《莽原》22期 [1925年9月18日]）。

文章編號	執　筆年月日	題目	原載出處（報紙雜誌・書刊）	收入書刊・雜誌
3	36.12.17	魯迅的生活	《新苗》13期（37.1.16）《新苗》14期（37.2.16）	〈二三事〉（《工作與學習叢刊之一》）（37.3.10）、夏征農編，《魯迅研究》（37.6）、蕭紅，《回憶魯迅先生》（41）、盧正義選輯，《魯迅論第一輯》（46）（未）、思、所78、匯
4	36.12.19	懷舊	《新苗》13期（37.1.16）未*	紀、所52、所53、所78、匯
5	37.3.18	魯迅古詩文的一斑	《新苗》16期（37.4.16）	林辰編，《許壽裳文錄》（86.9）、匯
6	37.5	"Lu Hsun's Life and Character" (by Hsu Show-Shang and Sheh Quincy)**	《新苗》17期（37.5.16）	沒有
7	37.5.24	魯迅先生年譜	紀	《大魯迅全集》卷7（改造社，37.6）、魯迅先生紀念委員會編印，《魯迅全集》（38.8）、《宇宙風乙刊》27期（40.8）、盧正義選輯，《魯迅論第一輯》（46）（未）、王冶秋，《民元前的魯迅先生》（47.9）、所78、匯
8	42.3.12	魯迅在杭州任教時的生活（未）	不明	沒有
9	42.4.14	王冶秋，《民元前的魯迅先生》序〉	王冶秋，《民元前的魯迅先生》（47.9）	思、所52、所53、所78、匯

文章編號	執筆年月日	題目	原載出處（報紙雜誌・書刊）	收入書刊・雜誌
10	42.7.8	周樹人	教育部《中國教育全書》（未）	沒有
11	42.10.17	關於「兄弟」	《文壇》2卷1期（43.4.30）（未）	思、所52、所53、所78、匯
12	44.5.4	《魯迅舊體詩集》序***	《新華日報》（44.5.14）	思、所52、所53、所78、匯
13	44.5.4	《魯迅舊體詩集》跋***	《雲南晚報》（44.7.30）（未）	思、所52、所53、所78、匯
14	44.10.18	回憶魯迅	《新華日報》（44.10.25）	所52、所53、所78、匯
15	45.10.15	魯迅的幾封信	《新華日報》（45.10.19）	所53、所78
16	45.10.18	魯迅與民族研究	《民主週刊》1卷2期（45.1.15）（未）	所52、所53、所78、匯
17	46.9.30	魯迅的精神	《台灣文化》1卷2期（46.11）	思、所52、所53、所78、匯
18	46.10.	魯迅的德行	《僑聲報》（46.10.14）	思、所78、匯
19	46.10.14	魯迅和青年	《和平日報》（46.10.19）	思、所53、所78、匯
20	46.10.29	魯迅的人格和思想	《台灣文化》2卷1期（47.1）	思、所52、所53、所78、匯
21	47.3.26	臺靜農藏《魯迅講演手稿——娜拉走後怎樣》跋****	沒有	沒有
22	47.5.4	《魯迅的思想與生活》序	《魯迅的思想與生活》（47.6）	思、所78、匯
23	47.7.28	魯迅的避難生活	《時與文》2卷6期（47.10.17）	所52、所53、所78、匯

文章 編號	執　筆 年月日	題目	原載出處 （報紙雜誌‧書刊）	收入書刊‧雜誌
24	47.9.30	魯迅的遊戲文章	《台灣文化》2卷8期（47.11）、《文藝復興》4卷2期（47.11.1）（未）	所52、所53、所78、匯

* 　4只見目次，未見內文。

** 　6，在目次裡，刊載作者名字為許壽裳、余坤珊。

*** 　12、13的題目即出自《魯迅的思想與生活》。

**** 21標題為筆者所下，許壽裳的草稿則為〈跋魯迅講演手稿──娜拉走後怎樣〉。

　　以上24篇文章之中，第5、6、8、10、21篇都沒有收入各版的《我所認識的魯迅》一書，而其中的8、10二文，僅在其日記中提及[6]。21一文屬個人收藏，未公開出版。除了《亡友魯迅印象記》之外，《我所認識的魯迅》一書，幾乎收入了許壽裳所寫的有關魯迅的文章，從這裡大抵可以讓我們理解作者的魯迅思想觀。把《我所認識的魯迅》收入的文章，和作者生前收入成書所載的文章做一對照時，不難發現其中的異同，現將比較對照之處，以表二表示。

　　表二的製作，以下列材料為基準：

　　（一）原則上以《魯迅的思想與生活》收入的文章，與《我所認識的魯迅》書中19篇文章作為比較對照的參考依據，因為本稿的旨趣在於探討許壽裳的文章在其死後受到何種程度的改動，所以把原載雜誌上的文章，作者親自推敲且最終思考完成的作

---

[6] 同註4，〈1942年3月12日〉，頁94；〈1942年7月8、9日〉，頁102。

品，作為比較依據，是最恰當的。符合這些比較的有2、3、9、11、12、13、17、18、19、20、22共11篇。

　　（二）沒有被收入《魯迅的思想與生活》的文章，則以最初發表在原載雜誌（書刊）上的文章作為對照依據。可比對的有1、7、14、15、23、24共6篇。

　　（三）剩下的兩篇中，4以《魯迅先生紀念集》作為對照依據，16則因未發現其原載雜誌，無法進行對照，留待日後探討。

　　（四）這裡必須指出，原載雜誌（書刊）和包括作為參考依據的許壽裳生前收入的書刊，以及收入書刊的各版之間，在內文上有些差異之處。關於原載雜誌（書刊）和《魯迅的思想與生活》之間的差異，除了引文錯誤和誤植之外，僅就內容作為理解作者思考過程的參考，筆者將隨時隨地的指出。至於對照依據的書刊和其他收入的（即非作者編輯、收入之書刊）書刊、雜誌之間的差異，則非本文的旨趣範圍，除特殊狀況，不予記述。

　　（五）誤植、引文、引用書刊等訂正以及句點和逗點的訂正、繁體字變更為簡體字、同義字、固有名詞表示記號的差異等，皆不在比較研討的範圍內。許壽裳在文中，幾乎都以民國○年（或民元前○年）表示年號，但在《我所認識的魯迅》一書中，則幾全改為西元紀年，在此不一一舉出。

表二　《我所認識的魯迅》所見差異對照表

1 〈我所認識的魯迅〉，《新苗》11期（*47-48*）	52 *1-5*/53 *1-5*/78 *1-4*
(1) *13* 　〈文化偏至論〉、〈摩羅詩力說〉等（《墳》），都是怵於當時一般新黨思想的淺薄<u>猥賤</u>，不知道個性之當尊，天才之可貴。	(1) *1* 新黨思想的淺薄，
(2) *13* 　他敢正視人生，衝破黑暗，<u>摘出</u>國民性的缺點。	(2) *2* 　，<u>指出</u>國民性的缺點。

(3) *15* 完全是為中華民族的生存而犧牲，一息尚存，不容稍懈；思想只管向前邁進，而主義卻是始終一貫的。他的著譯	(3) *4* ，不容稍懈。[……]他的著譯
2〈懷亡友魯迅〉，《新苗》11期（5-11）；《思》（45-56） (1) *45* （民元前——引者注）六年春——三年夏[7]在東京研究文學兼習德文俄文 (2) *45* 三年夏[8]—二年夏　歸國。 (3) *50-51* ，直到臨死的前日，還不能不工作如故，而且「要趕快做。」嗚呼魯迅！不幸而有此病，帶病奮鬥，所向無敵，而終於躺倒不起者，我看至少有三個原因： 　　㈠心境的寂寞，吶喊衝鋒了三十年，百戰瘡痍，還是醒不了沉沉的大夢，掃不清千年淤積的穢坑。所謂右的固然靠不住，自命為左的也未必靠得住，青年們又何嘗都靠得住。試讀他的「兩間餘一卒，荷戟獨徬徨」（《集外集》：〈題徬徨〉），「慣於長夜過春時」（《南腔北調集》：〈為了忘卻的紀念〉）就可想見其內心含著無限的痛苦，又讀他去年的一首〈殘秋偶作〉： 　　曾驚秋肅臨天下，敢遺春溫上筆端？ 　　塵海滄茫沉百感，金風蕭瑟走千官。 　　老歸大澤菰蒲盡，夢墜空雲齒髮寒。 　　竦聽荒雞偏闃寂，起看星斗正闌干。 俯仰身世，無地可棲，是何等的悲涼孤寂！ 　　㈡精力的剝削　他的生命是整個獻給我們中華民族的，「我以我血薦軒轅」這句詩可說是實踐到底，毫無愧色的，可是我們同胞沒有讓他能夠好好地整個兒貢獻，倒是重重剝削，各各齎分，有許多人都爭著挖取他的精神的一分。有些書店老闆借它以牟利，有些青年作家借它以成名。還	52 *6-17*/53 *6-17*/78 *5/14* (1) *7* ——〇九年春 (2) *7* 一九〇九年春 (3) *13* ，而且「要趕快做」。[……]（刪掉了「嗚呼魯迅！」至「多半是為了這經濟的壓迫」這一段）

7　根據《魯迅的思想與生活》勘誤表。

8　同前註。

有，他的生前和死後，版權毫無保障，翻版或偷印本層出不窮，單是一本《南腔北調集》，改頭換面的就不知道有若干種。自政府以至人民，自親朋以至社會，有誰曾經保護過他點什麼？贈給過他點什麼？畢生所受的只有壓迫，禁錮，圍攻，搾取。[……] 譬如一池清水，這個也汲取，那個也汲取，既沒有養活的源頭，自然容易枯掉。

㈢經濟的窘迫　他的生活只靠版稅和賣稿兩種收入，所有仰事俯畜，旁助朋友，以及購買印行圖書等費盡出於此。但是版稅苦於收不起，賣稿也很費力，只看那〈死〉中的一句云：「假使我現在已經是鬼，在陽間又有好子孫，那麼，又何必零星賣稿，或向北新書局去算帳呢 [……]」便可窺見他的隱痛了。在日本，雖有幾個雜誌社很歡迎他的文章，酬金也頗優，只是他不願多寫，必待屢次被催，實在到了情不可卻的時候，才寫出一點寄去，因為他自己知道文章裡免不了諷刺友邦。例如〈我要騙人〉的末尾有云：

> 寫著這樣文章，也不是怎樣舒服的心地。要說的話多得很，但得等候「中日親善」更加增進的時光。不久之後，恐怕那「親善」的程度，竟會到在我們中國，認為排日即國賊——因為說是共產黨利用了排日的口號，使中國滅亡的緣故 [……] 而到處的斷頭台上，都閃爍著太陽的圓圈的罷，但即使到了這樣了，也還不是披瀝真實的心的時光。[……]

我到後來才明白：他大病中之所以不請D醫開方，大病後之所以不轉地療養，「何時行與何處去」。始終躊躇著。<u>多半是為了這經濟的壓迫</u>。

(4) 52	魯迅的人格和作品的偉大稍有識者都知道，原無取乎多說。	(4) 13 原無須多說。
(5) 52	他對人是持平等觀的。看準了缺點，就要憤怒，就要攻擊，甚而至於要輕蔑，<u>但是即使輕蔑也還帶著悲憫之心</u>。他的最近作	(5) 15 他看準了缺點，就要憤怒，就要攻擊，甚而至于要輕蔑。他的最近作

(6) 55　總之，魯迅是偉大的。<u>竟不幸而孤寂窮苦以</u> 　　<u>終，是誰之過歟！是誰之過歟！</u> 　　然而，我確信將來他是愈遠愈偉大的。現在就 引用他的〈戰士和蒼蠅〉《華蓋集》中的幾句話 作為結束罷。 　　Schopenhauer說過這樣的話；要估定人的偉 大，則精神上的大和體格上的大，那法則完全 相反。後者距離愈遠則愈小，前者卻見得愈 大。 　　[……]有缺點的戰士終竟是戰士，完美的蒼 蠅也終竟不過是蒼蠅[……] 　　　　　（十一、八、魯迅逝世後十九日） 附記 　　自魯迅逝世，各方紀念文字看得不少，個人 覺得許季上[9]先生一首輓詩，最足以顯示魯迅 的真精神，附錄於此，以申同契。 　　　　哭周豫才兄　　　許丹 　驚聞重譯傳窮死，　（十月十九日夜，見日 　坐看中原失此人。　文晚報載兄死訊，述垂 　兩紀交情成逝水。　死前情況至為淒切。不 　一生襟抱向誰陳。　忍再讀。） 　於今欲殺緣無罪，　（子貢子路相與言曰， 　異世當知仰大仁。　「殺夫子者無罪，藉夫 　豈獨延陵能掛劍，　子者不禁」） 　<u>相期姑射出埃塵。</u>　（見慈仁惻隱，心如赤 　　　　　　　　　　子，而世人不省，伐樹 　　　　　　　　　　削跡，阨之至死。）	(6) 17　總之，魯迅是偉大 　　的。 　　[……] 　　　一九三六年十一月 　　八日魯迅逝世後十 　　九日（刪掉了「<u>竟</u> 　　<u>不幸而</u>」至「附記」 　　最後的文字）
3〈魯迅的生活〉，《新苗》13期（1-6）／《新苗》 　14期（1-8）／《思》（24-44）	78　15-38

[9]《魯迅先生紀念集》因人名部分誤植，成了「許季市先生」（頁11）。許壽裳發
　　現此錯誤，在日記上寫道：「今紀念集內季上誤作季市，急應更正者」（同註
　　4，〈1942年4月3日〉，頁96）。

(1) *28* 凡上下輪船總是坐獨輪車，一邊擱行李，一邊留自己坐。	(1) *20* ，一邊坐人。
(2) *32* 只見已經成了一片瓦礫場，偶爾賸著<u>破屋幾間</u>，門窗全缺。	(2) *24* <u>幾間破屋</u>，
(3) *32* 前期住在會館，散值的工作是：	(3) *25* ，散值后的工作是：
(4) *39* 四十七至五十六歲（十六年秋──二十五年十月十九日，	(4) *33* （<u>民</u>16年秋）
(5) *42* 前面既無序文，書尾也不貼<u>板</u>花	(5) *36* 書尾也不貼<u>印</u>花。

原載雜誌（《新苗》）與比較基準材料（《思》）之間的差異（《新苗》→《思》）

＊(1)　在《新苗》13期標題〈魯迅的生活〉之下，記有許季茀院長[10]講演、沈蘊芳記錄；14期標題〈魯迅的生活（續前）〉之下，記有許季茀院長講演、沈蘊芳、程季璱記錄。

＊(2)　十三*1*　原載雜誌開頭有這麼一段：

前兩天，王同學來說，定於今天下午三時半在本院開魯迅座談會，要我講點關于魯迅先生的生活情形。我便忻然的答應了，所以我今天所講的題目是關於他的生活。

＊(3)　十三*1*　魯迅照常穿著粗樸的藍布長衫，廉價的橡皮底的<u>中國跑鞋</u>，→24　<u>中國鞋</u>

＊(4)　十三*6*　到北京，住紹興會館，先在藤花館，後在<u>古槐書屋</u>，→32　<u>補樹書屋</u>[11]

---

10 許壽裳當時任北平大學女子文理學院院長，《新苗》是該學院的出版委員會出版的雜誌。

11 同註7。

＊(5)　十四6　分章是「思無邪」，「離騷與反離騷」→40　「思無邪」，「諸子」，「離騷與反離騷」，

＊(6)　十四8　但是竟還有人說他脾氣大，不易相處，這是我所不解的。→43　這是我所百思不解的。

＊(7)　十四8　原載雜誌，在文末有如下「附錄」。

附　　錄

張冷僧（宗祥）哭豫才詩：——

　　　老友飄零賸幾人，海濱驚報捐愁身。

　　　文章幾度疑戕命，魑魅千年見寫真。

　　　別有煩冤天莫問，但餘慈愛佛相親。

　　　嘔心瀝血歸黃土，天下黔婁識苦辛。

馬幼漁（裕藻）輓豫才聯：——

　　　熱烈情緒，冷酷文章，直筆遙師莉漢閣；

　　　清任高風，均平理想，同心深契樂亭君。

羅膺中（庸）集遺詩句輓魯迅聯：——

　　　荷戟獨徬徨，豈惜芳心遺遠者；

　　　大圜猶酩酊，如磐夜氣壓重樓。

4 〈懷舊〉，《新苗》13期（未）／《紀》（16-19）	52　24-29／53　25-29／78 39-44
(1) 16　因為每篇都是短兵相接，毫無鋪排，異於辭賦，而且中有我在。至於舊詩，	(1) 24　，毫無鋪排。至於舊詩，
(2) 16　我和他由海道北來，到北平後，	(2) 25　，到北京後，
(3) 19　俯視一切，感慨百端，沙漠前途，奮鬥益力，於悲哀絕望中，寓纖微的星光也。	(3) 29　，感慨百端，于悲憤中寓纖微的星光也。

| **7**〈魯迅先生年譜〉,《紀》(*1-10*)
(1)*1*（前二十四年）十一月,以妹端生十月即天,
　　當其病篤時,先生震驚隅暗泣,
(2)*2*（前二十年）,而對於二十多幀圖之〈老萊娛
　　親〉,〈郭巨埋兒〉獨生反感。 | *78 115-130*
(1)*116*　,先生在屋隅暗
　　泣,
(2)*116*　,而對於《二十
　　四孝圖》之 |

＊　　〈魯迅先生年譜〉刊登在《紀》書後,做了少許更動,再刊於《魯迅全集》(38.8)與《宇宙風乙刊》27期(40.8)與原載書刊的差異如下(《紀》→《魯迅全集》→《宇宙風乙刊》)。

＊(1)　*1*　年譜　凡例（五則）→（記載有）→（記載無）

＊(2)　*1*　先生震驚隅暗泣,→先生在屋隅暗泣→先生在屋隅暗泣

＊(3)　*2*　而對於二十多幀圖之→而對於《二十四孝圖》之→而對於《二十四孝圖》之

＊(4)　*5*　（十四年）八月,因教育總長章士釗非法解散北京女子師範大學,先生與多數教務職員有校務維持會之組織,被章士釗違法免職。→（同上）→因教育總長章士釗違法免職。

| **9**　王冶秋,〈《民元前的魯迅先生》序〉　王冶秋,
　《民元前的魯迅先生》　*8-14*《思》*64-68*
(1)*64*　他深切地知道革命先要革心,醫精神更重於
　　醫身體,
(2)*66*　我急忙穿衣逃出,還被店主派人領到另一家
　　旅店去。 | *52 75-80/53 91-96/78*
45-49
(1)*75*　他深切地知道醫精
　　神更重於醫身體,
(2)*78*　我急忙穿衣逃出,
　　一錢不花,還被店主
　　派人領送到另一家旅
　　店去。 |

原載書刊（《民元前的魯迅先生》）與比較基準材料（《思》）之間的差異（《民元前的魯迅先生》→《思》）

＊(1)　*12*　我急忙穿衣逃出，<u>一錢不花</u>，還被店主派人領<u>這</u>一到另一家旅店去。→*66*　我急忙穿衣逃出，還被店主派人領到另一家旅店去。

11〈關於「弟兄」〉，《文壇》2卷1期（未）／《思》*57-60*	**52**　*61-65/53　69-73/78 50-54*
(1)*60*，定要把它增訂一番，<u>至于荊有麟先生作〈魯迅的個性〉，末段有這樣的話：「許壽裳先生作《魯迅先生年譜》，說魯迅先編國民新報副刊者誤也。」這裡我不能承認有「誤」。魯迅之編〈國民新報副刊〉，我記得很清楚，只要翻一翻《而已集》中那篇〈大衍發微〉，就可以看到他自己在「周樹人」名下，明明白白寫著「國副編輯」。我何嘗有「誤」！</u>	(1)*65*　，定要把它增訂一番。（刪掉了「至于荊有麟先生」至「我何嘗有『誤』！」這一段）
12《魯迅舊體詩集》序　《新華日報》（44.5.14）／《思》（*61-62*）（沒有差異）	**52**　*81-82/53　97-98/78 55-56*

原載報紙（《新華日報》）與比較基準材料（《思》）之間的差異（《新華日報》→《思》）

＊(1)　（題名）《魯迅詩集》序→《魯迅舊體詩集》序

＊(2)　自余以景宋鈔本轉致建功後，不數月而抗日軍興，友朋四散。今得非杞先生廣事搜集，用力至勤，→*62*，友朋四散，<u>建功亦奔走南北，不遑寧居，其手書木刻尚未出版。</u>今得非杞先生（畫線部分加寫）

13〈《魯迅舊體詩》跋〉,《雲南晚報》(44.7.30) (未)/《思》63 (1) 63(題名)〈《魯迅舊體詩》跋〉12	52 *83-84*/53 *99-100*/78 *57-58* (1) *83*〈《魯迅舊體詩》跋〉
14〈回憶魯迅〉,《新華日報》(40.10.25) (1) 從此以後,我就更加親近, (2) 因為古今中外哲人所孜孜追求的,其說浩瀚,我 們儘可擇善而從,並不多說。 (3) 對於(二)的探索,便覺到我們民族最缺乏的東 西是誠和愛, (4),難見真的人!」又利用了茀羅伊特學說寫〈補 天〉,說明女媧氏創造力的偉大和美妙,而歸結 到判斷其自我犧牲精神的激底,說道:「伊的以 自己用盡了自己一切的軀殼,便在這中間(太陽 和月亮)耽閣,而且不再呼吸了。」這不是 (5) 北平辦公之暇,喜歡蒐集和研究古碑拓片等等, 都是為科學而科學,為藝術而藝術。這是魯迅讀 書治學的態度。 (6) 所以一到第二站,她急忙代為喚茶,魯迅只好推 託說現在不要了。 (7) 魯迅做事,不論大小,總帶一點不加瞻顧勇往直 前的冒險意味。	52 *18-23*/53 *18-23*/78 *59-63* (1) *18* ,我們就更加接 近, (2) *18* ,我們儘善而從, (3) *18* ,當時我們覺得我 們民族 (4) *20* ,難見真的人!」 ……這不是(78沒有 省略號) (5) *21* 北京辦公之暇,又 喜歡蒐集和研究古碑 拓片等等。(以下刪 除) (6) *22* 魯迅只好推說 (7) *22* 勇往直前的意味。
15〈魯迅的幾封信〉,《新華日報》(45.10.25) (1) 至上海嘉興又各小住數日,	53 *83-90*/78 *64-69* (1) *86* 又小住數日,
16〈魯迅與民族性研究〉,《民主週刊》1卷2期 (46.1.15)(未)	52 *50-54*/53 *58-62*/78 *70-73*
17〈魯迅的精神〉,《台灣文化》1卷2期(46.11) /《思》11-15 (1) 11 例如〈阿Q正傳〉(《吶喊》)是一篇諷刺小 說,魯迅提煉了中國民族一切傳統的結晶,創造	52 *40-49*/53 *40-49*/78 *74-80* (1) *41* 中國民族傳統中的 病態方面,

---

12 1978年版欄外註,寫有「此書後來未印行」。

出這個阿Q典型。	
(2) 11　因為阿Q本身是一個無知無告的人，承受了<u>數千年來封建制度的遺產</u>，	(2) 42　<u>數千年封建制度的壓迫</u>，
(3) 11　魯迅的短評及雜文，以鋒利深刻明快之筆，快鏡似的反映社會政治的日常事變，	(3) 42　以鋒利深刻明快之筆，反映
(4) 11　這樣巧妙的藝術，使讀者<u>彷彿受到催眠</u>，不能不俯首于真理之前	(4) 43　，使讀者不能不首俯于真理之前
(5) 15　所以鄙人敢以新文學開山目之」。蔡先生這話是<u>至言</u>。	(5) 49　是的確的。

原載雜誌（《台灣文化》）與比較基準材料（《思》）之間的差異（《台灣文化》→《思》）

＊(1)　3　魯迅倡導藝術，其實際上的工作範圍也很廣。㈠<u>搜集並研究漢魏六朝的石刻。㈡搜集並印行中國近代的木刻。</u>→也很廣。㈢14　搜集並印行中國近代的木刻。

＊(2)　4　所以鄙人敢以新文學開山目之。」真是至言。→ 15　蔡先生這話是真是至言。

18〈魯迅的德行〉，《僑聲報》（46.10.14）／《思》16-18	78 87-91
(1) 17　也親見也親見「<u>他的住室</u>陽光侵入到大半間之壁下，伏案寫稿，	(1) 88　陽光侵入到大半間，……可是他能在兩窗之間的壁下，
(2) 18　俯仰無怍，<u>處之泰然</u>。	(2) 89　，處處泰然。

原載報紙《僑聲報》與比較基準材料《思》之間的差異（《僑聲報》→《思》）

＊(1)　他的偉大，<u>就在他自己人格修養的偉大</u>，不但在創作上可以見到，→ 16　他的偉大，不但在創作上

*(2) 也親見，「他的住室陽光侵入到大半間，別人手上搖著扇
子，尚且流汗，可是他能在兩窗之間之壁下，伏案寫稿[13]，
→17 陽光侵入到大半間之壁下，

19〈魯迅和青年〉，《和平日報》（46.10.19）／《思》*19-23*	53 *50-57/78 81-86*
(1) *20* 總之，要先改造自己，努力前進。	(1) *53* ，先要改造自己
(2) *21* ，義無反顧的。他在〈出了象牙之塔後記〉一文中說道：「歷史是過去的陳跡，國民性可改造于將來，在改革者的眼裡，已往和目前的東西是等于無物的。」	(2) *54* ，義無反顧的。………
(3) *22* 末了，我要通知你，	(3) *55* 臨了，
20〈魯迅的人格和思想〉，《台灣文化》1卷2期／《思》*3-9*	52 *30-39/53 30-39/78 92-100*
(1) *3* 日本人本來是器小自慢的，獨對于魯迅作品的偉大，居然俯首承認，說是在日本作家中竟沒有一個人可以匹敵的。依佐藤春夫氏所說，魯迅占有左列四個作家的優點，可以列為算式如下：魯迅＝長谷川[14]＋二葉亭＋森鷗外＋幸田露伴。依林達夫氏所說，則為：魯迅＝森鷗外＋長谷川[15]＋二葉亭＋夏目漱石。小田嶽夫氏推尊魯迅尤至。	(1) *30* 日本作家中間有些人，本來是器小自慢的，（略——引用者），說是在他們中竟沒有一個人可以匹敵的。……
(2) *4* 他的政治識見是特別優越，歐美政治家多不能與之相比，因為他觀察社會實在來得深刻。	(2) *31* 是特別優越，因為他觀察社會
(3) *4* 何以會患肺結核而死呢？這是因為經濟的壓迫，環境的艱困，工作的繁重，助人的慷慨，弄得積勞過度的緣故。	(3) *31* 工作的繁重，弄得積勞過度的緣故。

---

[13] 這裡引自〈魯迅的生活〉。原載報紙（《僑聲報》）的引文與〈魯迅的生活〉記載相同。收入之際，許壽裳自己似乎把部分刪掉了。

[14] 許壽裳遺留的草稿中，這裡寫有「如是閒」等字，這裡是指長谷川如是閒。

[15] 同前註。

(4) 5　他是一位為民請命，拚命硬幹的人，	(4) 33　他是一個為民請命，
(5) 6　我親眼看見他每每忘晝夜，忘寒暑，甚而至于忘食。	(5) 34　每每忘晝夜，甚而至于忘食。
(6) 7　一切片面的不合理的制度文物莫不施以猛烈的無情的抨擊。	(6) 36　一切不合理的
(7) 8　，匕首似的刺入深際，又快鏡似的反映社會政治的日常事變，	(7) 38　刺入深際，反映社會政治的
(8) 8　他說明皇和貴妃兩人間的愛情早已衰歇了，	(8) 38　明皇和貴妃間的
(9) 9　而歷來所見的農村之類的景況，也更加分明地再現于眼前。	(9) 39　再現于我的眼前。
(10) 9　我們中華民族是偉大的，因為首出了魯迅這樣有偉大人格和偉大思想的人物，足夠增長我們民族的自信力了。	(10) 39　是偉大的。出了魯迅這樣
22《魯迅的思想與生活》自序，《思》　*1-2* (1) 2　（〈哭魯迅墓〉一詩其文末有這麼一節：） 　　楊君雲萍，搜集我的關於魯迅的雜文十篇，名曰《魯迅的思想與生活》，將由台灣文化協進會出版，其熱心從事可感。因書數語於此。	78　*101-102* (1) *102*　上記文末的一節刪掉了。
23〈魯迅的避難生活〉，《時與文》2卷6期　*20-21* (1) *20*　小報記者盛造謠言，或載我之罪狀，或敘我之住址，意在諷喻當局，加以搜捕。其實我之伏處牖下，一無所圖，彼輩亦不知，而滬上人心[16]， (2) *20*　其中三封已錄入拙著《亡友魯迅印象記》第二十二章，茲不贅。此外尚有數封，述劫後的情形及其他，特摘錄兩封[17]下： 　　　　（一） 季市兄： 久未通啟。想一切尚佳勝耶？喬峰事迄今無	52　*55-60*/53　*63-68*/78 　　*103-107* (1) *58*　加以搜捕。[……]而滬上人心，

16　這部分引自魯迅致李秉中書簡（1931.2.4）。
17　這兩封信收入《魯迅全集》卷12（北京：人民文學，1981），「三二○五一四」（1932.8.1）和「三二○八○一」（1932.2.4），各有二字不同。

復文，但今茲書館與工員，爭持正烈實亦難於措手，擬俟館方善後事宜辦竣以後，再一託蔡公耳。

此間商民，又復悄然歸來，蓋英法租界中，仍亦難以生活。以此四近又漸熱鬧，五月以來，已可得申報及鮮牛奶。僕初以為恢復舊狀，至少一年，由今觀之，則無需矣。

我景狀如常，婦孺亦安善，北新書局仍每月以版稅少許見付，故生活尚可支持，希釋念。此數月來，日本忽頗譯我之小說，友人至有函邀至彼賣文為活者，然此究非長策，故已辭之矣，而今而後頗欲艸草中國文學史也。專布。並頌

曼福。
　　　　　　　　　　弟樹啟上　五月十四夜

　　　（二）

季市兄：

上午得七月卅日快信，俱悉種種，喬峰事蒙如此鄭重保證，不勝感荷。其實此君雖頗經艱辛，而仍不更事，例如與同事談，時作憤慨之語，而聽者遂掩其本身不平之語，但摭彼語以上聞，藉作取媚之資矣。頃已施以忠告，冀其一心於饢，三緘厥口，此後庶免於咎戾也。

王公膽怯，不特可哂，且亦可憐，憶自去秋以來，眾論譁然，而商務館刊物，不敢有抗日字樣，關於此事之文章，東方雜誌只作一附錄，不訂入書中，使成若即若離之狀。但日本不察，蓋仍以商務館為排日之大本營，館屋早遭炸焚，王公之邸宅，亦淪為妓館，迄今門首尚有紅燈赫耀，每於夜間散步過之，輒為之慨焉興歎。倘其三閭大夫歟，必將大作離騷，而王公則豪興而小心如故，此一節，仍亦甚可佩服也。

近日刊物上，常見有署名「建人」之文字，不知所說云何，而且稱此名者，似不只一人，此皆非喬峰所作，顧亦不能一一登報更正，反致自擾也。但於便中，希向蔡先生一提，或乞轉告雲五，以免誤會為幸。原箋附還。此復即頌。

(2) 59　，茲不贅 [……]。
（刪掉了從「此外尚有數封」到「同夜又及」）

曼福　　　　　　　　　　弟樹上　八月一日夜	
蔡先生不知現寓何處，乞示知，擬自去向他一謝。<u>同夜又及</u>。	
24〈魯迅的遊戲文章〉，《台灣文化》2卷8期　*1-2* (1) *1* 他的<u>器</u>度，又「汪汪若千頃之陂， (2) *1* 我們聽了，立即把它搜出，又吃個精光。 (3) *2* 有所指<u>摘</u>，貌雖近乎遊戲，而中間實含無限嗟歎！	52　*66-74*/53　*74-82*/78　*108-114* (1) *66* 他的<u>氣</u>度， (2) *67* 大吃個精光。 (3) *71* 有所指<u>責</u>，貌雖近乎遊戲，

　　對照表的排列依據是按：一、每段文章都分成上段為基準材料，下段為《我所認識的魯迅》書中的部分。二、各段文章首先會先列出上段：文章編號（與表一同）、題名，原載雜誌（書刊）以及頁碼、比較基準材料名（略號的表示方式與表一同。但與原刊登雜誌相同的情況則不特別列出），以及刊載頁碼；下段：《我所認識的魯迅》的出版年份（以西曆後兩位數表示）以及刊載頁碼。收入超過一個版本的情況下，在對照上則以較早出版的版本為主。接著，欲比較的文章項目上下並齊對照，並在該文章項目編號下標出頁碼。頁碼部分以斜體字表示。三、欲比較的文章，有關基準材料則以文意可通的範圍列出，而《我所認識的魯迅》只列出差異處的前後文字，簡扼縮簡。文中的省略號（……）表示與上文相同，差異處則適當地以符號或說明表示。四、原載雜誌（報紙、書刊）與比較基準材料之間的差異記載於欄外，表示方式大致如右。

　　此表中所見的差異，有的是詞彙和短句表現的更動，而刪掉的部分，有的少則寥寥數語，多則達數十行。前者在表現內容上，沒有什麼太大的更動，但後者卻抹卻、刪改了作者想要傳達的訊息。由於篇幅所限，在此僅就後者討論。就許壽裳想要傳達的訊息受到刪改，大致可分為三點：（一）關於國民性改造的問題；（二）牴觸了體制下備受期待的魯迅形象和牴觸了魯迅的評價；（三）其他。

　　（一）有關魯迅自日本留學時期即把改造中國的國民性作為

救國的緊急課題思考一事，只有許壽裳在很早以前就有所提及。
而這個課題後來成了魯迅文學思想的核心，只要讀過魯迅的著作
都能從中領會。許壽裳回憶說，他們二人同在弘文學院讀書期
間，就如何改造國民性不停地展開討論一事，最令他終生難忘，
記憶猶新。不，應該說，這個課題決定了他們往後的人生。魯迅
逝世後，許壽裳對他的回憶，同時也道出了他自己目前持續實踐
的問題，這也就是許壽裳在為文談到魯迅的文章中，時常出現國
民性改造的問題的因由。類似這樣的文章被刪除更改的有9(1)、
14(3)、17(1)、17(2)、19(2)。

9(1)使人憶及魯迅在〈吶喊自序〉中談到之所以棄醫從文的
一節：現在最重要的是，改造那沒有意義的警示教材以及只能成
為看客的「愚蠢國民」的精神。被刪掉的「革命先要革心」，表
現了魯迅思考的「革命」，是以國民的「心」的「革命」作為中
心課題的。如果刪掉此句，把前後文銜接起來的話，便失去強調
的意味了。14(3)是談他們二人同在弘文學院展開國民性議論的第
二點（中國民族欠缺的是什麼？）之理由，其中的「便覺到」，
被更改為「當時我們覺得」。長久以來，中國大陸的魯迅研究指
出，有關魯迅的國民性問題的提出是缺乏「階級的觀念」。這個
問題的研究，有段時期曾被視為「禁區」，避諱不談[18]。而插入
「當時……」這句話，是否暗示著魯迅的青年時代如此，到了晚
年卻不再堅持？17(1)和17(2)是對以阿Q這個典型的形象呈現國
民性改造議題寫成的小說《阿Q正傳》的評價，文中，魯迅是從

---

[18] 北岡正子在〈另一種國民性論議──對魯迅、許壽裳的國民性論議的迴響〉，
《關西大學中國文學會紀要》10期（1989年3月）已有詳述。

「中國民族所有的傳統菁華」，創造了阿Q這個典型人物，被更改為從「傳統中的病態面」創造的；此外，阿Q是繼承了數千年來封建制度的「遺產」，被更改為是受到封建制度的「壓迫」。由此看來，前者是限定出創造阿Q這個角色的基礎，後者則只賦予阿Q被害者的一面，終其結果，導致許壽裳對《阿Q正傳》的評價受到了扭曲。19(2)裡的這句話，是從魯迅經常說必須改造國民性這段文章而來的。許壽裳引用了廚川白村《出了象牙之塔》的〈譯後記〉，明確地傳達出魯迅的意圖，亦即永遠也不能放棄改造國民性的希望，但這一段被刪掉了。

（二）許壽裳對魯迅的理解，是基於與魯迅為畢生心靈相通的摯友，而形塑出魯迅形象的，光從魯迅的文章是無法完全窺知的。綜觀被刪改的部分，總令人覺得許壽裳懷著哀切和些許悲憤，來看待魯迅內心深處的寂寞、勇敢的獻身、陷入經濟的壓迫；亦即描摹出站在舞台上的魯迅搖曳的身影。2(3)、2(6)、4(3)、20(3)都是這一類文章。2(3)介紹了魯迅晚年的詩作〈殘秋偶作〉；4(3)談到了許壽裳這首詩的理解。必須指出或許是因為這段被刪掉，戰後沒被傳讀之故，以致即使現在對〈殘秋偶作〉這首詩的解讀仍不完備。

至於在有關魯迅的思想、精神方面，跟體制給予魯迅公認的評價有分歧的部分也被刪除了。像1(3)似乎要否定魯迅的思想是由進化論往唯物論發展的這種評價，以及14(4)許壽裳為了提出魯迅對事物的價值判斷是正確的，而引用了魯迅藉由佛洛依德學說所寫的〈補天〉；以及14(5)說明魯迅的「讀書治學」態度，是為藝術而藝術，為科學而科學的，這些都被刪掉了。此外，2(5)、14(7)、20(2)、20(3)、20(10)等文，雖然只受到些許更改，但從

這裡可以看出許壽裳魯迅觀中的某些部分遭致否決。譬如，17(4)
——魯迅的文章不可有催眠作用；14(7)——魯迅不可能有不加瞻
顧的一面，可以說14(7)刪改得相當巧妙。 20(1)的刪改是為了跟
2(3)的表現相呼應。至於20(10)被刪除，即便是魯迅也不可以冒
犯「中華民族」偉大崇高的首要地位。

　　（三）其他部分。首先是20(1)，作為台灣省編譯館館長，為
戰後台灣的文化工作鞠躬盡瘁的許壽裳，為幫助長久生活在日本
文化中的台灣讀者對此書的理解；以及22(1)在同事台灣人楊雲萍
的協助下，表明公開出版此書一事，也都被刪除了。職是之故，
可以從這些文章讀取到的歷史性背景全消失了。此外，像11(1)對
於加諸於《魯迅先生年譜》批評的反駁部分，和23(2)許壽裳所藏
公開魯迅書簡的部分，也全被刪除。這些書簡後來已獲出版，這
顯示出許壽裳所寫的文章是有真憑實據的。

　　最後還要指出的，這些被刪除的部分，並不全然是以省略號
（……）來表示。

　　《我所認識的魯迅》初版和第二版出版之際，馮雪峰是人民
文學出版社社長兼總編輯。編者王士菁是魯迅死後第一個撰寫魯
迅傳的人，當時他協助馮雪峰從事《魯迅全集》的編纂工作[19]。
當我們探討他們的經歷時，會聯想到表二所出現的刪改更動，有

---

[19] 王士菁，《魯迅傳》（上海：新知書店，1948）。王士菁還寫過關於魯迅的著
　　作，在文革以後出版的作品有《魯迅早期五篇論文注釋》（天津：天津人民，
　　1978）、《魯迅的愛和憎》（天津：天津人民，1982）。後者又收入了〈一個無
　　私的忘我的人——紀念雪峰同志〉這篇〈附錄〉（原載《新文學史料》2期
　　[1981年5月]），這是一篇回憶人民文學出版社創業之初，為編輯《魯迅全集》
　　備嘗艱辛，感人肺腑的文章。

多大程度是出自編者的意圖呢？譬如，雖然有關前述「一」的國民性改造問題部分做了刪改，但讀其刪改過後的部分，也沒有明顯地損及許壽裳言之未及的意旨。這些刪改也許是編者的苦心孤詣，雖然許壽裳和魯迅「歷史、文學、藝術的觀點並非一致」，但希望將許壽裳的文章傳諸後世。我們從〈我們必須懷著「尊敬的心情」，把它當珍貴的材料來閱讀許壽裳的遺文〉一文中，或許可以看出編者的真意。可是相對於「二」刪除的部分過多，不可否認地這影響到許壽裳描繪的魯迅形象是不完整的。許壽裳死後編輯刊印的《我所認識的魯迅》一書，有上述的差異，而且這裡面一旦有摻雜第三者的意圖，這本書就必須對照許壽裳生前的文章，予以嚴正的還原。筆者認為，《魯迅研究學術論著資料匯編》的編輯[20]，是此良機。但令人遺憾的是，這本書編得過於草率。

　　附記：撰寫本文時，蒙《許壽裳日記》的合編者黃英哲先生提供大量的資料，若沒有他的協助，本文將難以完成，在此表示致謝。

1995 年 11 月 7 日

（本文 [日文] 原載《關西大學中國文學會紀要》17 期 [1996 年 3 月]）
（本文 [譯文] 曾刊載於《中國文哲研究通訊》8 卷 1 期 [1998 年 3 月]）

---

[20]《魯迅研究學術論著資料匯編》收入的許壽裳移居台灣後所寫的 17、18、19、20、22、23、24 及在這之前執筆的 3、11、14，皆採用《我所認識的魯迅》一書收入的文章。但為何 15 沒有收入進去？姑且不論沒有收入《我所認識的魯迅》5 篇中的 8、10、21，就連原刊載於《新苗》的 6 也沒被選入。

評《台灣文化再構築1945-1947の光と影： 魯迅思想受容の行方》

許雪姬[*]

前言

　　1945年8月15日日本投降，原為日本統治下的台灣由中華民國政府接管，台灣面對此情境可謂憂喜參半，憂者曾與日本並肩侵華，一旦回歸將面臨何種命運；喜者戰爭終於結束，各種嚴厲的統制都告終止，有說不出的輕鬆。然而面對不同的政府，新來的政府必定會指責過去政府的罪惡，力圖排除其影響力；而作為過去政府統治下的台灣人又將如何自處？如何削足適履全面投向號稱祖國的新政府？政治上的全面改正，經濟上的全面接收，文化上的全面改造是殖民地人民被重新建立的國家塑造成國民之宿命。

　　1945至1947年這兩年是台灣各方面變動最大的時期，台灣中國化是陳儀政府最終的指標，也是最迫切執行的工作，然而在文化方面的成效如何？迄今少有學者研究[1]。本書作者有鑑於

---

* 中央研究院台灣史研究所研究員兼所長。

此，乃企圖對戰後初期這兩年陳儀政府的文化重塑做一番研究，以補足過去研究的缺點。

一、作者介紹

　　黃英哲，1981年畢業於師大歷史系，以後在中研院近史所工作過一段時間後，1985年赴日留學，幾經波折於1991年3月以「在台灣的許壽裳，1946-1948」為題，取得大阪追手門學院大學大學院碩士學位；同年4月進入京都立命館大學大學院博士課程，1996年以「戰後初期台灣文化重建之研究——以台灣省行政長官公署時期1945-1947為中心」得到博士學位，目前任職日本愛知大學現代中國學部助教授。除了碩、博士論文外，他和關西大學文學部教授北岡正子合編《許壽裳日記》；1995年又與下村作次郎等合編《よみがえる台灣文學：日本統治時期の作家と作品》（《復甦的台灣文學：日治時期的作家與作品》）；1995年合著《グレータ・チャイナの政治變容》（《大中華的政治變貌》）；1998年又與陳芳明等合編《張深切全集》；1998年與中島利郎合編《周金波日本語作品集》；1999年合編《日本統治期台灣文學：台灣人作家作品集》[2]。此外，還有不少翻譯作品，

---

[1] 有關戰後台灣文化的研究幾乎未有學者研究，比較接近的研究除本書頁9-11所介紹之外，還有下村作次郎〈《台灣文化》目錄稿〉（《天理大學學報》155集[1987年9月]），針對台灣文化協進會的機關誌《台灣文化》做初步的研究。此外台大研究生曾士榮的碩士論文為〈戰後台灣之文化重編與族群關係——兼以「台灣大學」為討論例案（1945-50）〉（1994）。

[2] 《許壽裳日記：自1940年8月1日至1948年2月18日》（東京：東京大學東洋文

如黃昭堂的名著《台灣總督府》[3]。

　　黃英哲雖是史學出身，但一向有當作家的夢，其研究著力在文化史、文學史絕非偶然。據其書中所載，往後仍將致力於台灣文化變遷的研究[4]，請讀者拭目以待。

二、內容介紹

　　本書共有六章、結論，並附有跋、主要參考文獻、戰後初期台灣的文化年表、項目（名詞）索引，及人名索引。茲介紹內容於後。

　　第一章台灣省行政長官公署的具體政策：此章主要是談台灣文化再建中國政府方面的具體計畫。1943年開羅會議後，依「日本將盜取自清人的滿州、台灣及澎湖島都要歸還中國」的「開羅宣言」，國府於1944年在中央設計局下設立台灣調查委員會，由陳儀任主任委員，主要目的是計畫台灣的接收，做成「台灣接管計畫綱要」。依據此綱要，台灣光復後國府的文化政策是增強台灣人的民族意識，掃除奴化的思想，給予廣泛的教育機會，提高其文化水準，使台灣中國化。當日本終於投降，8月29日陳儀被

化研究所附屬東洋學文獻中心，1993）、《よみがえる台灣文學：日本統治時期の作家と作品》（東京：東方書店）、《グレータ・チヤイナの政治變容》（東京：勁草書房）、《張深切全集》（台北：文經社）、《周金波日本語作品集》（東京：綠蔭書房）、《日本統治期台灣文學：台灣人作家作品集》（東京：綠蔭書房）。

[3] 先由自由時代出版社於1989年出版，爾後由前衛出版社於1994年出版，至1999年止已出版四版。

[4] 見《台灣文化再構築1945-1947の光と影》，頁203。

任命為台灣省行政長官公署長官,依〈台灣省行政長官公署組織條例〉組織台灣省行政長官公署,台灣有了特殊的行政體制:一是軍政一元化,即陳儀既是行政長官又兼任台灣警備總司令;一是行政長官公署不採合議制而由行政長官獨斷,且有絕對的委任立法權。當時陳儀來台主要目的是要在台從事政治、經濟、心理建設、加速台灣的中國化。針對心理建設方面,公署認為必須由宣傳與教育兩方面著手,於是設置了宣傳委員會,及編譯館來達成目的。

戰後初期的台灣,在政治上雖然回歸中國,但仍在日本語文化圈內,公署似乎有改變此情況的迫切性;另一個原因,是來台、不懂日語的國府官員,認為台灣的日本文化不僅沒有價值,且認為是奴化的象徵,唯有中國文化才是典範,因此不論主客觀因素,都促使公署必須即刻對台灣進行心理建設,使台灣急速中國化。

第二章分析台灣省行政長官公署宣傳委員會的角色。宣傳委員會由夏濤聲掌舵,負責的主要業務有四:1.電影、戲劇,2.新聞與廣播,3.圖書出版,4.政令的宣傳與指導。依陳儀的指示,宣傳委員會必須要報導真相,讓台人正確地認識祖國中國,另一任務是調和民情,讓台人知無不言,作為政府施政的參考。然而由台灣省行政長官公署宣傳委員會辦事細則來看,宣傳委員會是要統制大眾傳播,以達成文化宣傳的目的,唯有經該會檢查過的才能報導、才是真相,哪能算「真相」?而偵知輿論的動向來施政,又哪曾辦到?

宣傳委員會具體的工作為設立政令宣導員,以便對台人解釋中國的政治制度及法令,到1946年底宣導員已達398人,幾乎是

一個地區就有一人，這些人選由各縣市區鄉鎮市府、公所的台籍
公務人員擔任，先送到台灣省行政幹部訓練所訓練三個月[5]才能
擔任。他們除了政令宣傳之外，必須在一定的時間內廣徵民意。

第二項重要工作是編集宣傳文書，如《政令講解大綱》、
《台灣月刊》（向中國讀者介紹台灣情勢；或向台人介紹中國文化
的綜合雜誌）、《新台灣建設叢書》（介紹台灣接收狀況及施政狀
況）、《台灣通訊》（編集台灣主要的新聞，每週發行一次），此
外，就是宣傳小冊，大概每冊十頁上下，主要發給台灣全省各機
關學校、人民團體及個人，透過小冊的內容，將中華民族意識注
入台灣人的腦中，到1946年底共發行八種，冊數達31萬5千本。
以《國民革命與台灣光復》這冊為例，將中國的國民革命和台灣
光復聯結在一起，希望台人對中國產生認同感。

宣傳委員會的第三件工作是圖書及電影的檢查，唯未對報紙
檢查，此政策主要是要禁閱日治時期出版各種有害國府統治
的書[6]，電影檢查大抵也用相同的標準[7]。依政府公布的資料，到

---

5 每週上課30小時，課程是（一）精神講話（每週2小時），（二）三民主義、國
父遺教、總裁言行（每週6小時），（三）國語國文（每週6小時），（四）本國
歷史、地理（每週4小時），（五）各種文化宣傳法律講座（每週2小時），（六）
宣傳概說（每週4小時），（七）世界情勢（每週2小時），（八）唱歌（每週2
小時），（九）軍事訓練（每週1小時），（十）國父紀念週（每週1小時），此
外有課外活動（包括個別交流與分組討論，每週6小時）。見《台灣文化再構築
1945-1947の光と影》，頁42。

6 （一）誇讚皇軍的戰績；（二）鼓舞或激勵人民參加大東亞戰爭；（三）報導
占領我國國土的狀況；（四）提高日本的武功；（五）誹謗總理、總裁及我國
國策者；（六）曲解三民主義；（七）有損我國權益；（八）宣傳犯罪立法，
妨害治安的圖書、新聞、雜誌、畫報完全禁止販賣。見《台灣文化再構築1945-
1947の光と影》，頁46。

1946年10月底台北市共禁了836種（七、三○○餘冊），全省合計約一萬餘冊，電影共501種，有47種不合格。

總之，宣傳委員會是要透過對大眾媒體的統制來掃除日本文化的遺毒，故將中華民族思想編印成冊發布全台作為宣傳；派政令宣導員到各地去解說與宣傳國府的政令。1947年3月15日，宣傳委員會被廢止了，其政令宣傳、指導的工作轉到民政處；4日後，設立新聞室，以公署祕書張延哲任新聞室主任來整理宣傳委員會留下來的工作。至於何以被廢止，可能是業務量龐大無法對應，又或者是為了應付二二八事件後的新局面所致。

第三章台灣省編譯館的角色：心理建設由宣傳與教育著手，宣傳委員會主導宣傳工作，學校教育、社會教育的工作則交給了台灣省編譯館。

陳儀曾留學日本，故對日本文化有一定的認識，他招聘來台的官員中，有些是懂日語、留學日本的知日派，他認為非得有這樣的人不能完成促進台灣中國化的目標，他之所以設立省編譯館，是著眼於台灣人的國語程度及尚未對中國有充分的認同感，必須為此而編訂適合的教科書或參考書才能達成目標，首先是中小學校的國文、歷史教科書；二是中小學老師用的參考書；三是為宣傳三民主義與政令向公務員與民眾宣傳的書；四是一般的參考書，譬如說是辭典；五是翻譯名著500本，使大學生或中學老師得以閱讀[8]。他特地找到同鄉（浙江紹興）且是留日時代的知

友許壽裳來擔任。許壽裳畢業於東京高等師範，曾任浙江兩級師範學堂教務長、教育部普通教育司第一科長，戰爭結束時在重慶任考試院考選委員會專門委員。許壽裳留日七年，知曉日本文化，且國學底子好，長期從事教育工作，因此陳儀以許壽裳為不二人選。

　　許壽裳之所以願意來台，主要是他和南京的政治氣味不合；且認為當時的台灣較為安定，故希望在此完成其撰寫魯迅傳、蔡元培傳的宿願。1946年6月25日台灣省編譯館成立，7月8日命許壽裳為館長，並合併部分教育處的業務[9]。正式於8月7日運作。依「台灣省編譯館組織規程」，其主要的任務和陳儀上述五項期許大致相同[10]，為達成此目的將編譯館分為六個組室，較為重要的是學校教材組、社會讀物組、名著編譯組、台灣研究組。

　　學校教材組編輯中小學教科書，著重在喚起民族意識、發揚民族精神、陶冶國民道德；社會讀物組編社會讀物，總稱光復文庫，主要在推進普及國語和國文，傳播中國文化，而其內容為中國歷代人物、儒家經典、中國史地介紹，對日本的批判及婦女教育；名著編譯組以翻譯名著來培養台人的中文能力，其中有中文創作與外國譯著；台灣研究組可能是許壽裳本身的構想而設立，主要目的在於繼承日本學者研究的風氣，也要整理日本人遺留下來的台灣關係文獻。許壽裳的想法是，台灣在日本統治下的軍閥侵略主義非根絕不可，但其純學術上的研究不可抹殺其價值，且

9　將其中「中等國民學校教材編輯委員會」及「編審室」統合在編譯館，人員也同時轉入。

10　其中和陳儀期望略微不同為六、關於其他文明、文化及高深學術者。

非得繼承不可。

如果依陳儀、許壽裳的願望，編譯館在三、五年內可以做出成績，可惜的是二二八事件後，行政長官公署改組為省政府，隔天（5月16日）即決定廢止編譯館，其業務為省教育廳接辦，該館由成立到廢止前後只有十個月。何以編譯館被廢？主要原因是編譯館的成立乃陳儀之意，陳儀既去，人亡政亡；許壽裳極力反對CC派的教育文化政策，廢編譯館與CC的祕密指示有關；另一原因是耗費不少，未有具體成果，且思想有問題[11]。

短短十個月的省編譯館是否已達成加強台人的心理建設，對中國全土負有促進文化、顯示模範的責任之終極目標？在終止業務的時刻已刊行二十多種刊物[12]，尚留未刊稿300萬字，編譯館的四組中，除台灣研究組由1948年6月成立的台灣省通志館接收外，其餘三組交由教育廳編審委員會繼續執行。

第四章台灣文化協進會的角色。台灣文化協進會於1945年11月開始籌畫，以游彌堅（台北市長）為主軸，其成立的主要目的在協助政府宣傳三民主義，傳播民主思想，改造台灣文化，普及國語文，正式成立於1946年6月16日。此會設15到21個理事，由這些理事選出5個常務理事，再由常務理事推一人為理事長，另設監事九人（常監3人）。由台灣文化協進會的成員來看，

---

11 見《台灣文化再構築1945-1947の光と影》，頁83, 85。

12 有教科書共97種（見《台灣文化再構築1945-1947の光と影》，頁69），社會讀物刊行的有許壽裳，《怎樣學習國語和國文》；朱雲影，《日本改造論》、馬祿光、謝康，《中國名人傳記》、梁甌倪，《美國的女子》、袁聖時（珂），《龍門》（童話集）、黃承槳，《經典淺說》，至於翻譯的名著有劉文貞譯、哈德生著，《鳥與獸》、李霽野譯、吉辛著，《四季隨筆》。

這是一個半官半民的組織，更明確的說是行政長官公署的外圍團體，與台灣省編譯館是行政長官公署台灣文化重塑的兩翼。

如果由參加的成員來看，擔任要角的不是戰前台灣的左翼運動家，就是戰前活躍於台灣文化界的人士，如理事兼總幹事（協助理事長推動工作）許乃昌，理事兼宣傳主任蘇新，理事兼教育組、服務組主任為王白淵，文化界活躍人士如楊雲萍、陳紹馨[13]。此外參加此一活動的不僅限於本土人士，也包括了中國來的進步作家。

台灣文化協進會進行的活動多種多樣，如文化講座、文化座談會、出版刊物、音樂活動、舉辦展覽會、推行國語運動、經營招待所、收集文化消息、代訂圖書雜誌等。上述活動中，最重要的有三：一是出版《台灣文化》，此刊物創刊於1946年9月15日，主要在正視台人的文化問題，由於創作語言已由日文改為中文，台灣人盡失表現的工具，且失去刊登文章的園地，《台灣文化》就是要提供發表場所，讓台灣文化界活絡起來。此雜誌到4卷1期（1949年3月）就無法再維持其綜合性雜誌的內容，而轉變為僅限於研究台灣的相關雜誌，此情況一直維持到6卷3、4期（1950年12月）合併號為止。

就雜誌的內容言（1卷至4卷），全部239篇文章中以文藝類205篇最多，就文藝類而言，以文藝評論、文藝介紹占83篇最多，隨筆、散文64篇居次，主要在介紹中國的文化，並圖台灣與內地文化的交流。就撰稿者而言，以內地來的作家為多，其中臺靜農、李霽野都曾是「未名社」的成員，黃榮燦向魯迅學木版

13　見《台灣文化再構築1945-1947の光と影》，頁102-103。

畫，可謂都是受過魯迅思想啟迪的人[14]。台灣作者較少，其中有
王白淵、楊雲萍等戰時活躍於台灣文壇者。台灣文化未能昂揚，
文藝界寂寥的主要原因，在於台人作家對「國語」這個寫作工具
尚未熟練所致。另一種人為戰前《民俗台灣》的執筆人，戰後被
留用的日人學者之作品，如國分直一、金關丈夫、岩生成一等，
他們對台灣研究所發表的學術論文，占所有論文的五分之一，由
此可知，協進會與編譯館一樣並不否定留在台灣的日本學術文化
遺產。

除《台灣文化》外，還出版《內外要聞》，以中、日文對照
來報導國內、國際間的重要大事以方便學習中文，此外也出版許
壽裳在台的創作《魯迅的思想與生活》一書。

文化講座是台灣文化協進會另一重要的工作，主要目的在介
紹、傳播中國、西洋文化，確立台灣的主體性，剷除日本文化的
影響。文化座談會則討論有關台灣面臨的文化問題，如音樂座談
會，當時談論的是台灣民眾被禁唱日本歌，結果民眾無歌可唱，
如何解決沒有大眾音樂之苦的問題。又討論台灣人如何跳脫日本
服裝的影響，而有自己的服飾品味[15]。

前已提及省編譯館和台灣文化協進會人員交流密切，互相提
攜；然而好景不常，二二八事件發生，理事林茂生、徐春卿失
蹤，王白淵被捕，呂赫若亡命途中死亡，吳新榮下獄，這些打擊
挫折了台灣文化協進會，不僅《台灣文化》不再是綜合性雜誌，
停刊於1950年底，同一命運的編譯館則早在省政府成立後隔日即

---

[14] 1卷2期即出版「魯迅逝世十週年特輯」可見一斑。見《台灣文化再構築1945-
1947の光と影》，頁118。

[15] 見《台灣文化再構築1945-1947の光と影》，頁109-12。

解散。如上，台人左翼作家與中國人進步作家的合作（協力）關係不滿兩年即告終。

　　第五章台灣文化重建的思想基礎。主要針對三個主題，一是支持編譯館館長許壽裳台灣文化再建的基礎是什麼？許壽裳認為台灣的文化運動，不僅在民主與科學，還要進一步做道德實踐與民族主義，因此他認為台灣文化重建的支柱在於魯迅精神。什麼是魯迅精神？其思想的本質是人道主義，其方法則是戰鬥的現實主義，至於其德行則是誠實、勤勉、志操、謙虛，其中有以誠愛為其主要的人格特質，許壽裳要透過對魯迅的介紹來改造缺乏誠愛的國民性，在改造國民性這點上，受異民族統治過的台人和還未改造完成的中國人是無分軒輊的。

　　二是台灣知識界對魯迅思想的接受度：台灣早在一九二〇年代即多多少少認識魯迅的作品，且透過日人的翻譯，看過《大魯迅全集》，知識界對魯迅並不陌生。戰後台灣採用新五四運動的文化政策形成社會潮流，大量介紹中國新文學作品，但沒有一個人能如魯迅般地被有系統的介紹，在1945至1948年間，魯迅的作品以中日對照方式出版的單行本《阿Q正傳》等5冊[16]，《台灣文化》的魯迅逝世十週年的紀念專號，教科書也採用魯迅的文章。本書以三個台灣知識分子對魯迅的認識做例子，來看知識界的不同看法。

16　楊逵譯，《阿Q正傳》（台北：東華，1947）；王禹農譯，《狂人日記》（台北：標準國語通信學會，1947）；藍明谷譯，《故鄉》（台北：現代文學研究會，1947）；王禹農譯，《藥》（台北：東方，1948）；王禹農譯，《孔乙己·頭髮的故事》（台北：東方，1948）。見《台灣文化再構築1945-1947の光と影》，頁148-49。

　　1. 龍瑛宗：小說家，他認為魯迅是具有民族精神的愛國者，不論台灣或中國，對民族精神的覺醒都極為必要。

　　2. 楊逵：小說家、社會運動家，他認為魯迅是被壓迫階級之友，是和反動勢力、保守主義鬥爭不屈不撓的文學者，側重其在政治性、教育性的鬥爭精神。

　　3. 藍明谷：翻譯魯迅的作品《故鄉》，他認為魯迅是入世的實踐者，是反帝、反封建運動的指導者。

　　台人對魯迅的了解和學習，和許壽裳預期的以魯迅精神作為台灣重建的動力是不同的，反而在政治性、社會性受其啟發，藉著紀念魯迅批判國府對台措施。

　　三是國民黨台灣省執行委員會的文化政策：省黨部主張，只有三民主義才是戰後台灣必要的精神，宣傳要「黨化新台灣」，這種由CC所主導的國民黨文化政策，常有民族主義及文化保守主義的傾向。國民黨雖高度評價五四運動的愛國民族主義及提倡民主、科學的啟蒙文化運動，但認為上述這些三民主義都已包含在內，而對五四的評價有所保留。對魯迅生前批判國民黨且響應中共支持抗日統一戰線深惡痛絕，直到魯迅死後仍受到強烈的批判，可知國民黨不容許許壽裳在台灣推行文化政策，因此二二八後，台灣省編譯館被解散，而許壽裳也在1948年遇害，一般咸信是CC一手造成的。國民黨的做法、想法和台灣知識界的看法有所差距，他們以三民主義的政權之官方意識形態作為台灣人的國家認同，故要求台灣人國民黨化，國家就是國民黨的國家。總之，不論國民黨、台灣省編譯館、台灣文化協進會高舉三民主義的旗幟，也都提倡台灣文化改造，但可說各吹各的調。

　　第六章台灣人對台灣文化重建的反應。陳儀早在重慶台灣調

查委員會時期，即表示台灣人在日本奴隸化教育下長達49年，接收台灣後最重要的工作是在心理上根絕台人的奴隸化。中國官員看到台灣的日本化，視之為皇民化、奴隸化，故接收台灣後要一掃日本人留下來的文化、思想及風俗習慣，然而陳儀又認為台灣人在日本人教育下養成自治習慣和對知識探求的熱心是好的；許壽裳也認為日治留下的學術文化應予繼承，上述看法可見陳儀及其帶來的所謂知日派官吏對日本文化充滿愛恨交織、正反兩極的感情。

作為被認為奴隸化的台人十分不服氣，而且十分反感，《新生報》的社論就指出，在台灣的民族之文化教養不比祖國差，而其普遍的文化教養也絕不低於祖國，自認為雖然受日本人壓制，但是已受過高度資本主義的洗禮，不再殘存封建的毒害，事實上壓低台灣文化，一切以奴化概之[17]，主要是以此為藉口，認為台人尚不配享有政權。

1946年9月14日，陳儀政府宣布中學校禁說日語，10月25日「光復」一週年中止報紙、雜誌中的日文版。吳濁流對此有深刻的批評，認為日文是無罪的，是工具的，台人有日文能力值得珍惜，且可透過日文了解世界文化；此時禁用日語、日文，有封閉台人耳目之嫌，但台人面對「祖國化」的壓力，即使反對，亦

---

[17] 見《台灣文化再構築1945-1947の光と影》，頁176，引《新生報》上〈所謂「奴化」的問題〉，指出以前台人在日人支配下，「皇民化」這三個字令人氣惱，光復後又來了奴化這個字眼，不斷地對我們壓迫，台灣今日指導者諸君開口，就說台灣同胞受奴化、政治奴化、經濟奴化、文化奴化、言語文字奴化，連姓名也奴化，好像不說台灣奴化就不能做台灣省的指導者，就會失去為政者的資格。

屬莫可奈何。

　　台人對台灣文化和政府的看法不同，並不否認台灣文化受日本文化影響很大，但認為此一文化已達到世界的文化水準；對台灣文化和中國漢民族文化比較，尚未中國化的部分也多，如何去除中國文化中壞的部分，吸收好的中國文化自是當務之急。換言之，台人認為台灣文化受到已達世界文化水準的日本文化之影響，固然要吸收中國文化，但兩者間必須調和；更進一步說，不反對中國化，但台灣的中國化不可以是將台灣黑暗化、貪污化、腐敗化，主張台灣優先，唯有在內、台互相信賴下才有文化交流的可能性，更持平的看法是「不僅不拒絕中國化，外省人也應台灣化」。

　　總之，台人透過日文所接觸到的世界文化或經由已達世界文化影響的台灣文化，都應保留，不能全面中國化。要台灣中國化，重建台灣漢文化必須吸收的是祛除缺點的好的漢文化，且與世界文化調和才可能成功。

　　上述台灣文化重建的兩年時間，卻因二二八事件而有了大的轉變，台灣人已無資格再強調台灣文化的主體性、優先性；一切唯有祖國化、一元化，才能在紛擾、腐敗的政治中生存下去。

　　結論：戰後初期，國府對台灣文化的重建是由上而下的國民建設過程，也是一種占領指導，當時面對的問題是如何使日本化的台灣人「國民化」？約而言之，就是將台灣中國化，將台灣人中國人化。此一任務由行政長官公署負責，陳儀設立宣傳委員會以宣導政令和調和民情為主軸，但此舉是透過消極性的檢查出版品、電影來達成掃除日本餘毒的目的；積極性的重建台灣新文化則有賴政府的台灣省編譯館和半官方的台灣文化協進會。

　　陳儀為了要達成台灣文化重建工作，招來同鄉、中外學養俱佳、有七年留日經驗的知日派官員許壽裳來擔任這項工作，許壽裳引進魯迅精神作為台灣文化再建的精神力量，同時也肯定日人在台的學術研究，擬接收、繼承這方面的成果。不過來台官員將台灣視為日本皇民化、奴化，於是剛性強制學習國語、全面中國化於焉展開。然而這種由上而下，由外而內的文化重建工作，台灣人卻有很大的反彈，台人不認為自己被奴隸化，反而主張日本化中亦含近代化、世界化的因素在內，台灣文化的重建，不僅只是中國化，還要世界化，就是繼承日本留在台灣的遺產，雖然陳儀、許壽裳都不全面否定日本文化，但只是願意繼承日本留下來的學術研究遺產。對陳儀政府而言，台灣文化的重建只能是一元化即中國化，二二八事件發生，台灣人再也沒有資格主張台灣文化的主體性，此後唯有中國化才是唯一的道路。

三、主要貢獻

　　有關台灣戰後初期的研究，誠如作者在前言所指出的以有關政治、經濟方面的研究為多，真正觸及到戰後文化只有如下村作次郎〈戰後初期台灣文藝界之概觀──一九四五年至四九年〉、許雪姬〈台灣光復初期的語文問題──以二二八事件前後為例〉及作者自己的〈在台灣許壽裳的足跡──戰後台灣文化政策的挫折〉[18]，比起相關的政治、經濟研究相差很多，因此本書是截至

---

[18] 見《台灣文化再構築1945-1947の光と影》，頁9-11；另梁禎娟，〈戰後轉換期（1945-1949）台灣教育政策的研究〉，作者認為本文對當時與文化重建無法分

目前為止研究戰後初期台灣文化最重要的論著。

（一）就資料而言：本書研究的重點之一在許壽裳任台灣省編譯館館長任內從事的工作，有關許壽裳的資料，作者能充分掌握。先是作者在1990年春天得到秦賢次先生與北京魯迅博物館魯迅研究室主任陳漱渝的協助，發現尚未公開的日記（1940年8月1日至1948年2月18日）[19]，以後與北岡正子教授合編《許壽裳日記》出版[20]，由編輯此日記更能了解許壽裳的思想。除了日記外，許壽裳的後人也提供了許氏在台灣省編譯館期間的相關檔案，如陳儀於1946年5月1日寄給許壽裳的信，許壽裳於1946年5月13日寄給謝似顏（編譯館社會讀物組編纂，畢業於東京高等師範學校）的信；許壽裳於1946年8月10日的稿件〈招待新聞記者談話稿〉、1946年9月30日〈台灣省編譯館9月份工作報告〉、1947年1月18日〈台灣省編譯館概況〉、1947年4月〈台灣省編譯館職員一覽〉。此外他對戰後來台與台灣文化重建有關的官員、學者、作家，其作品、回憶錄，戰前戰後在中國出版的都能

割的教育內容的重整及當時教科書的編集完全沒有觸及到，是一大缺點，而若林正丈的《台灣：分裂國家與民主化》，對當時的文化面論述不多。劉進慶，《戰後台灣經濟分析：1945年到1965年》中的第一章「起點——戰後社會經濟的重整過程」描述戰後的接收及接收後繼續而來的經濟混亂和農地改造這三個面相來考察過去（1945-1949）台灣社會經濟構造重整的過程。至於戰後的政治變化除了作者在前言所說及的外，1998年畢業於東京大學大學院總合文化研究科國際社會科學的何義麟，其博士論文〈台灣人の政治社會と二・二八事件——脫植民地化と國民統合の葛藤〉，有較深刻的分析，其論文中也有兩部分談到文化統合下的祖國化教育，或對言語及文化隸屬性的抵抗。

[19] 見《台灣文化再構築1945-1947の光と影》，頁201，〈跋〉。

[20] 北岡正子、秦賢次、黃英哲編，《許壽裳日記》，頁4，北岡正子，〈まえがき〉（〈前言〉）。

充分掌握，作者在資料搜集工作上相當用心。

　　（二）就研究的切入角度：就研究的切入點來看，他選擇宣傳委員會、台灣省編譯館、台灣文化協進會三者所進行的工作來看當時台灣的文化重建工作，而未由教育處的業務來視察國府對台灣的文化統合工作，事實上教育處應該是最重要的機構，何以作者不由此點切入？作者並未說明。然就筆者對此段史實的了解可以知道，教育處雖是重要的機構，但仍歸教育部管理，陳儀對教育處的控制上較難得心應手；而台灣省編譯館是陳儀利用行政長官的職權設立的，為各省所無，因此得以受其直接控制、貫徹其命令，台灣文化協進會又是半官方的文化外圍團體，兩者不僅人員有重疊[21]，而且業務上相輔相成。至於宣傳委員會，他指定由青年黨人夏濤聲來擔任，以便擺脫來自國民黨的控制；更進一步說，當時接收《台灣新報》（後改為《新生報》），也由青年黨人李萬居來擔任社長[22]，其背後的原因應該是相似的。由這三個機構的成立、工作目標、實際工作狀況到廢除的原因來分析陳儀在台的文化重建工作，可謂抓對了筋脈。按陳儀當時在台的施政，受沈仲九影響，似擬由國民黨、共產黨之外走出第三條道路[23]，故其文化政策與教育部由CC掌控者不同是可以理解的。陳儀聘請許壽裳來台，受到信任，可知許宣傳魯迅思想作為重建台灣的

---

[21] 見《台灣文化再構築1945-1947の光と影》，頁124-25。舉例來說，當時編譯館的台灣研究組主任是楊雲萍，他當時擔任協進會的理事兼編集組的主任，並編輯《台灣文化》。

[22] 楊錦麟，《李萬居評傳》（廈門：廈門大學，1992），頁103。

[23] 戴國煇，〈陳儀的為人為政及治台班底〉，《時報周刊》（美洲版）357期（1991年12月28日），頁59。

文化精神支柱,是受到陳儀支持的,然而作者也注意到許與陳之
間看法有些不同,許重視日人遺留下來的學術文化研究,在編譯
館中任用日本學者使其做學術傳承的工作。

另一方面本書也提出省黨部的看法和陳儀路線不同之處及台
灣知識界對台灣文化重建的另類思考,藉此來說明陳儀為台灣文
化所做重建工作在二二八發生、他離職後就沒能繼續貫徹下去。

(三)本書另一個貢獻是探討台灣知識人對魯迅思想各種不
同的接受度,並分析二二八事件的文化背景,指出魯迅思想不是
許壽裳大力引入、做片面的輸入;在台灣本地早已有魯迅文學的
流行,換言之,台灣人對魯迅並不陌生,且多少吸收了魯迅文學
中的思想。戰後脫殖民地化的台灣,也大量介紹魯迅的作品,藉
由魯迅思想的滲透台灣,台灣知識人如楊雲萍、楊逵等受其作品
中政治性、社會性的觸發,對於國府的貪官污吏在台灣跋扈的現
況強烈批評,尤其在紀念魯迅的文章中,也表明了對現狀的不滿
及批判接收台灣社會的腐敗國府官僚,作者認為此一現象也誘發
了二二八事件,並發展成自治運動。

也許讀者會問假如沒有魯迅思想的傳入,難道台灣人就不會
向國府的腐敗展開批判?又或許會問假如沒有魯迅思想的觸發就
不會有二二八事件?答案是否定的,因為即使沒有魯迅,台灣人
對自己的文化仍有一定的認識及堅持,魯迅思想只是讓台灣知識
人更具鬥爭的精神而已,當時台灣知識界,甚至認為當時的台灣
社會比中國社會要來得好,有這樣的自信自然不容許國府官員或
中國的知識人用「奴化」來羞辱業已形成的台灣文化,更不能以
不懂國語、國文為理由剝奪台灣人應享有的政權。上述看法以王
白淵的看法最值得重視,他比較戰後台灣和中國的情況,他說台

灣雖在帝國主義的壓抑統治之下，但也在高度工業資本主義下生活了半個世紀，因此台灣的意識形態、社會組織、政治理念，都已進入工業社會的範疇。中國在八年抗戰之中，當然在很多方面極為進步，但是還未能脫卻殖民地的性格，大半還在農業社會，這是缺點。這次接收的過程，我們對農業社會與工業社會的優劣有更清楚的認識。接收台灣也等於在接收日本，換言之，是低級社會組織要接收高度社會組織當然不是一件容易的事。王白淵於1932年加入日本左翼文化聯盟的下部組織「台灣人文化サークル」（台灣留學生文化團體），因此被岩手女子師範學校辭退，且自1937年起約度過了八年的牢獄生活。戰後他以文學家的眼光敏銳地觀察台灣社會，加入台灣文化協進會，以他這樣的出身背景的人，應該沒有被「奴化」的可能，對日本也不會有太高的評價。然而面對台灣惡劣的政治環境，使台灣知識分子遽然而驚，中台文化是有鴻溝的，台灣非得以台灣文化為主體不可，因之不願盲目接收中國文化，換言之，不能完全接受統合文化。

文化原無高低，台灣知識界了解台灣和中國社會間有巨大的鴻溝存在，但仍不拒絕接受優秀的中國文化，卻因政治問題影響到文化的正常交流，在此情況下許壽裳實行一年餘的文化政策——企圖透過文化的交流縮短彼此的距離，不但未有具體成果，反而加深了兩者間的距離，這一諷刺性的結果，已為二二八事件的發生提供重要的文化背景。

四、可以加強的部分

本書以「台灣文化的重建1945-1947年的光和影」為主題，

探討戰後初期台灣人對魯迅思想接受的方式，由題目可知是以台灣為主體考量出發，然而在中國官員的腦中是否有「台灣文化」這樣的觀念是值得討論的。如果以國民政府或台灣省行政長官的立場來看，應該是台灣中國化的問題，或者是文化統合的問題。然而在中國化的過程及其手段，國府和行政長官公署也有明顯的不同，前者以三民主義為依皈，後者以魯迅思想為支柱。台灣人對此「祖國化」的過程，雖有發言的餘地，卻無參與決策的權利，且所謂「台灣文化」的內容是什麼，恐怕也沒有完全相同的看法。如果將本書的題目改為《台灣省行政長官公署的文化政策與施行》，再加上副標題可能較為切題。

魯迅思想在台灣的發揚及台灣人的接受方式可以說是本書的主軸，對許壽裳主導的台灣省編譯館及台灣人對魯迅思想的吸收為重點。這固然是研究台灣文化戰後重建的主題之一，然而最重要的部分是台灣省編譯館所編的教科書內容為何？他們代表了何種訊息，這一重點應被仔細研究與評估。然而本書一如作者所批評的梁禎娟之文章，幾乎全未觸及[24]。舉例而言，書中曾提到面對日本歌被禁唱，台灣人無歌可唱，為了解除此一窘境，台灣文化協進會召開「音樂座談會」、「民謠座談會」來加以探討，而前一座談會在1946年12月以前召開。事實上，同年10月10日已經由台灣省公民訓練委員會編訂《台灣省公民訓練課本音樂》，經由台灣省編譯館校閱後出版[25]。要台灣人成為中國公民要學習

---

[24] 見《台灣文化再構築1945-1947の光と影》，頁9-10。

[25] 台灣省公民訓練課本，共分國父遺教、總裁言行、國語、本國歷史、本國地理、地方自治、本省施政概要、音樂共8冊。

的歌是什麼呢？

　　（一）〈國歌〉：總理訓詞、程懋筠曲；（二）〈國旗歌〉：Schwarz作曲、吳研因改詞；（三）〈青天白日滿地紅〉：黃自曲；（四）〈總理紀念歌〉：黎錦暉詞曲；（五）〈領袖歌〉：杜康修作曲；（六）〈新生活運動歌〉：未註明作詞曲者；（七）〈愛國歌〉：陳儀詞、蔡繼琨曲[26]；（八）〈注音符號歌〉（二部輪唱曲）：王潔宇詞、羅松柏曲；（九）〈勝利之歌〉：未註明作詞曲者；（十）〈滿江紅〉：岳武穆詞、舊曲；（十一）〈大路歌〉：孫瑜詞、聶耳曲；（十二）〈職業無貴賤〉：陳儀詞、蔡繼琨曲[27]；（十三）〈中國國民〉：戴季陶詞、杜庭修曲。

　　其（七）、（十二）是在台灣創作的，其餘11首都是由中國大陸傳來，這些歌雖不必是學校教育所需，但卻對社會教育與國語教育的推展有益。但是這些歌尤其是陳、蔡合作的歌未見流行。二二八事件時還有人唱日本歌，中央通訊社台北分社主任葉明勳稱：「最不可原諒的就是街頭巷尾居然有人高唱日本歌，舞著武士刀，幾乎忘卻自己是炎黃子孫，身上流著是中華民族的血

---

26 蔡繼琨，福建晉江人，為行政長官公署交響樂團團長。台灣省行政長官公署人事室編，《台灣省各機關職員錄》（台北：台灣省行政長官公署人事室，1946），頁201。據稱為陳儀義子。歌詞為：歷史五千年，文明燦爛，世界無雙。縱橫八千里，河山錦繡，世界無雙。同胞四萬萬五千萬，聰明勤儉，世界無雙。國父孫中山，領袖蔣介石，忠孝仁愛信義和平，世界無雙。這是我們的國家，這是我們的國民，前進！前進！高興！高興！我是中國人！前進！前進！高興！高興！我是中國人！

27 〈職業無貴賤〉的歌詞如下：職業無貴賤，勞動最快樂，為人群服務，謀自己生活！工作是道德，懶惰是罪惡，忙碌是幸福，閒空是墮落。願同胞，戒頹廢，齊振作，建設我國家，復興我民族。

液。」[28] 由這些事實更可證明陳儀推動的台灣文化重建工作，至少在音樂方面並沒有預期的效果。

諸如此類的資料與印證工作應是不可少的。

有關國語推行委員會，及相關語言所涉及的文化層次也應該探討，此點作者已有自覺，但涉入不深。文化工作需教育手段來落實，陳儀政府的教育政策共分為學校教育、社會教育、國語教育三方面，其中以國語教育的成效較大，主要是因國語普及是無論CC國民黨與國民黨政學系都以剛性的推行國語來達成國語普及的目標。因此，行政長官公署在1946年4月2日設立台灣省國語推行委員會（在各縣市設立國語推行所），以魏建功、何容為主任、副主任，全會共有27個人[29]。陳儀在任福建省政府主席時（1934-1941），也曾在福建大力推行國語，以此經驗行之台灣應是駕輕就熟。不料因來台者國語並不標準，也帶來問題[30]。雖然台人曾熱心學台語，國語推行委員會也一度以台灣話作為學國語的媒介，但因二二八事件發生，台灣話媒介的角色完全被否定，且認為方言影響了國語的學習[31]，以後推行國語乃是強迫推行[32]。這些轉變實與台灣文化重建的過程有關，作者應該進一步探討。

---

[28] 葉明勳，〈不容青史盡成灰——二二八親歷的感受〉，收入台灣新生報編，《衝越驚濤的時代》（台北：台灣新生報，1990），頁206。

[29] 《台灣省各機關職員錄》，頁221-23。

[30] 許雪姬，〈台灣光復初期的語文問題〉，《思與言》29卷4期（1991年12月），頁166-67。

[31] 何義麟，〈台灣人の政治社會と二‧二八事件〉，頁134。

[32] 《戡亂時期重要文件分案輯編》第38冊：政治——台灣二二八事件（下）（1955），頁188，監察委員何漢文，〈建議台灣事件善後處理辦法乞核奪〉，1947年4月9日。

　　最後一個根本的問題是在談台灣文化重建，或者說是文化統合中重要的關鍵，那就是台灣意識的問題。要讓台灣徹底祖國化必須面對的是台灣人的台灣意識，台灣意識的產生原非用來抵抗中國意識，而是殖民地統治下反抗日本所形成的，其完全確立要在台灣民眾黨（台灣人第一個政黨）成立後，然而七七事件中日戰爭爆發，日本推動皇民化運動，全面壓抑台灣人意識，一直到「光復」，究竟陳儀政府所面對的台灣人有沒有台灣意識？台灣意識在日治後期受壓抑而成為伏流，是否在戰後噴出；還是經日人統治後已不復存在？陳儀政府並未能面對這個問題；也未能正確評估日治50年台灣所形成的文化及台灣人共同的遺產[33] 即制定相關政策；再加上政治不清明、經濟的蕭條，使得台灣文化重建工作在二二八事件前遭到挫折，而不得不在事件後改弦更張。

結論

　　本書實為目前為止有關台灣省行政長官公署戰後初期在台從

---

[33] 日治時期被稱為「協力者」板橋林家的林熊祥他對日治時期日人對台的統治有深刻的看法，「……日據當時，頗乘人竊其新興朝氣，著手建設台灣，而種族上之不平等待遇，經濟上之榨取的手段，恃其威力，無所不用其極。我台人當日本接收之時，深具夏不淪夷思想，於唐景崧等草創台灣民主國之後，誓死抵抗，前仆後繼者殊不乏人。其後，雖日政權漸定，台胞屈處於威壓之下，得機即舉義旗者，猶不下十數起。但關於台灣之建設方面：如科學知識之昌明，農工鑄商經濟之發展，現代國家政治機構之訓練，則於此時代逐年見其進步以成乙酉光復當時之台灣。蓋台人之於日本，參與其文明 civilization 而不合作其文化 culture。故日本之現代的建設及台人之民族的抗爭為此時代之特徵」（王國藩輯，《林文訪先生詩文集》[台北：青文，1982]，頁51）。

事文化重建過程的一部力作。以往研究影響台灣社會往後發展的
事件──二二八事件時,並未做深入的文化背景分析,本書正好
補足了這一空缺。透過本書得以了解台灣省行政長官在台的文化
重建工作,作者使用前人未曾利用的資料,增益許壽裳在台工作
的內容,使讀者清楚地了解許壽裳如何忠實的執行陳儀所交付的
工作,卻又在繼承日人在台留下的學術工作上與陳不同;而陳利
用台灣省編譯館及台灣文化協進會作為其改造台灣文化的兩翼,
使兩者間相輔相成以達到目的,然而省黨部的文化政策顯然與行
政長官公署不同,前者希望推廣魯迅思想,並以此掀起新五四運
動改造台灣,將五四新文化運動的精神注入台灣,掃除日本文化
的影響,完成台灣的中國化。後者則認為一切以三民主義為中心
思想來改造台灣文化;而在台灣人心裡植入國家認同。

但作為被「中國化」的台灣知識界,不僅肯定台灣文化有其
優越性,也不排拒中國化,重要的是兩者如何調和,由於受到戰
後政治、經濟腐敗的刺激,台灣人汲取魯迅思想中的戰鬥精神,
著眼於批判現狀,藉著紀念魯迅抒發其不滿。作者深刻地、且由
不同的角度來分析戰後台灣文化的重建,有其見地,是開創之
作。

不過書名是以台灣為主體的思考模式,實則當時主導文化重
建者為行政長官公署,如果以《台灣省行政長官公署的文化政策
與施行》也許較為合適,此外有關語言、教科書,及台灣意識的
問題都可以加強探討,作者在書末也指出,戰後國語問題,及教
科書的編纂有必要加以考察;而魯迅思想的傳播情況及其影響也
可更詳細地檢討。另海峽兩岸接受魯迅思想者皆遭殘酷的整肅,
此點也應研究。美術史、木版畫運動方面也值得注意[34]。希望未

來能看到作者黃英哲教授繼續探討台灣省政府時期（1947-1949），及1949年中央政府遷徙來台後的文化政策。

（原載《國史館館刊》復刊29期 [2000年12月]）

34　見《台灣文化再構築1945-1947の光と影》，頁203。

人名索引

Uprooting Japan; Implanting China: Cultural Reconstruction in Post-War Taiwan (1945-1947)

Copyright © 2007 by Ying-che Huang

Edited by David D. W. Wang,
Professor of Chinese Literature, Harvard University.
Published by Rye Field Publications, a division of Cité Publishing Ltd.
11F., No. 213, Sec. 2, Xinyi Rd., Zhongzheng District, Taipei City 100, Taiwan.

麥田人文 118

「去日本化」「再中國化」：戰後台灣文化重建（1945-1947）

Uprooting Japan; Implanting China: Cultural Reconstruction in Post-War Taiwan (1945-1947)

作　　　者	黃英哲（Ying-che Huang）	
主　　　編	王德威（David D. W. Wang）	
責 任 編 輯	胡金倫	
總 經 理	陳蕙慧	
發 行 人	涂玉雲	
出　　　版	麥田出版	

城邦文化事業股份有限公司
100台北市中正區信義路二段213號11樓
電話：(886) 2-2356-0933　傳真：(886) 2-2351-6320；2-2351-9179

發　　　行　英屬蓋曼群島商家庭傳媒股份有限公司城邦分公司
104台北市中山區民生東路二段141號2樓
客服服務專線：(886)2-2500-7718；2500-7719
24小時傳真專線：(886)2-2500-1990；2500-1991
服務時間：週一至週五上午09:00-12:00；下午13:00-17:00
劃撥帳號：19863813；戶名：書虫股份有限公司
讀者服務信箱：service@readingclub.com.tw
麥田部落格　http://blog.pixnet.net/ryefield
香港發行所　城邦（香港）出版集團有限公司
香港灣仔軒尼詩道235號3樓
電話：(852) 2508-6231　傳真：(852) 2578-9337
E-mail: hkcite@biznetvigator.com
馬新發行所　城邦（馬新）出版集團【Cite (M) Sdn. Bhd. (458372U)】
11, Jalan 30D/146, Desa Tasik, Sungai Besi, 57000 Kuala Lumpur, Malaysia
電話：(60)3-9056-3833　傳真：(60)3-9056-2833
印　　　刷　中原造像股份有限公司
初 版 一 刷　2007年12月15日

售價：NT$360
ISBN：978-986-173-314-2

城邦讀書花園
www.cite.com.tw
書店網址：www.cite.com.tw

國家圖書館出版品預行編目資料

「去日本化」「再中國化」：戰後台灣文化重建（1945-
1947）＝ Uprooting Japan; Implanting China: Cultural
Reconstruction in Post-War Taiwan (1945-1947)／黃英
哲著. -- 初版. -- 臺北市：麥田, 城邦文化出版：
家庭傳媒城邦分公司發行, 2007.12
　　面；　公分. --（麥田人文；118）
參考書目：面
ISBN 978-986-173-314-2（平裝）

1. 臺灣文化　2. 文化政策　3. 臺灣光復　4. 臺灣史

733.4　　　　　　　　　　　　　　　96020635